鹏◎著

长篇历史小说

大儒

李二曲

关学大儒系列

西安出版社

图书在版编目（CIP）数据

大儒李二曲 / 靳晓鹏著. — 西安 ：西安出版社，2019.7（2021.5重印）
ISBN 978-7-5541-4043-7

Ⅰ.①大… Ⅱ.①靳… Ⅲ.①李颙（1627-1705）—生平事迹 Ⅳ. ①B249.9

中国版本图书馆CIP数据核字(2019)第145573号

DARU LIERQU
大儒李二曲 靳晓鹏◎著

出 版 人：屈炳耀
稿件统筹：李宗保
责任编辑：赵郁芬
出版发行：西安出版社
社　　址：西安市曲江新区雁南五路 1868 号影视演艺大厦 11 层
电　　话：(029)85210377
邮政编码：710061
印　　刷：永清县晔盛亚胶印有限公司
开　　本：720mm×1020mm　1/16
印　　张：24
字　　数：287千
版　　次：2019年 7 月第 1 版
印　　次：2021年 5 月第 2 次印刷
书　　号：ISBN 978-7-5541-4043-7
定　　价：68.00 元

序　言

刘学智

靳晓鹏先生从周至带来他的新著《大儒李二曲》，希望我能为该书作序，我欣然应允了。我之所以应允，既是为先生的真诚所感动，也是出于一种好奇。我想：二曲的学术思想艰深而生活道路平实，如何以通俗的语言和纪传的文体对其人生加以呈现，使之既不失文学的灵动和趣味，又不失哲理的深刻和高雅，做到雅俗共赏、哲理性与文学性兼顾？我抱着先睹为快的心情答应了。当我初读时，即为其生动的故事性和优美的语言所吸引，一个本来在我心中"哲理"得十分"僵硬"的形象一下子活了起来。我深深地进入二曲的生活世界，于是索性放下手头正在进行的繁忙工作，靠在沙发上嗜读起来。

作为清初最有影响的关学大儒，李二曲是关学研究者绕不过去的一座山。当时，面对明清易代的社会剧变，许多读书人坚持高蹈的士人情怀，对新的王朝采取抵抗或不与合作的态度，他们或以身殉国，或隐遁山林，或隐居著述，或讲学民间。二曲则选择了安贫乐道、民间讲学和隐居著述的艰辛之路。他以反思明亡教训、"明学术、正人心"、拯救时弊为己任，旨在为民众指明修身齐家之精神方向，为有国者揭示康济群生之治世良方。他承继晚明冯从吾的致思路向，对先前的学术思想进行了清醒的反思和系统的总结，创造性地提出“悔过自新”“明体适用”等学说，标出有清一代新风，深受学界推崇。二曲“以绝学为关西之表”的地位，使他成为张载、吕大临、吕柟、冯从吾之后，关中无人与之比肩的一代鸿儒。

书中二曲之父的出场及其与恶人的搏斗，为他“抉齿别妻”、效命疆场和这些对二曲气节形成的影响，作了极好的铺垫。二曲之母彭孺人鼓励丈夫为国建功的凛然大气和丧夫之后引导儿子在贫穷艰苦的窘境中坚持自学读书、以成圣成贤为目标而放弃功名举业的方向指引，成为二曲巨大的精神支柱；她自己日夜纺绩昼夜操劳，成为二曲自学读书主要的生活来源。书中真实生动地展现了一位难得一见的巾帼丈夫的形象。二曲尽管炕无苇席，衣不蔽体，食不果腹，甚至过着“一半糠皮一半野菜”的生活，但仍甘原宪之贫，立志冰坚，几十载如一日，不移其志。我相信，此书的每一位读者都能从中得到激励。

二曲无钱购书，却又无书不读。作者对其借书阅读整个过程的记述，正好与二曲的为学及其学术思想的形成、发展相契合。先读《小学》《程子遗书》《朱子大传》，说明他是从了解理学开始的。继之上溯，读儒家经学，包括九经、十三经等。后通读史学著作，前《四史》及诸史、《通鉴》，逐一通览。其他史书如《三通》、诸《会要》，无一遗漏。并且读且思，早年即撰成《二十一史纠谬》。他把读史过程中形成的治世理念，写成能指导治国的《帝学宏纲》。他广泛涉猎理学书籍，张载的《正蒙》、真德秀的《大学衍义》、孙复的《春秋尊王发微》以及李觏、邵雍、王安石、胡宏、陆九渊、王阳明等人的著作，一一博览。由此一套经国宏论磅礴而出，遂开始了《经世蠡测》的创制。作者对其读书和思想创获的过程作了翔实的记述，使读者明晰地感受到二曲这样的“鸿儒”是怎样炼成的。

如果说理学家如张载等是先广泛涉猎释、老，知无所得而后归之六经正学，二曲则是在广泛阅读了儒家典籍的基础上，为了对邪正是非有一个全面的认识，又艰难地攀登另一座大山，开始了对佛教《大藏经》、道教《道藏》等典籍的研读。作者生动地记述了二曲与楼观道士云霞逸人论道的情景。二曲对葛洪的评论颇耐人寻味。他认为葛洪的理论不仅没有发展老庄思想，而且把道家引向炼丹、求长生、求神仙的虚幻世界，使经国治世的学说蜕变为养生、避世、追求长生成仙的学说，使道家走向了死胡同。如这样精辟的评论在史上并不多见。云霞逸人则从出世、超世、顺世、游世方面，洞析了道家的四个境界，指出葛洪只是在第二个境界即“超世”上下功夫，而对顺世、游世则几未涉及，从而揭示了葛氏走向死胡同的真正原因。二人都洞察到葛翁之失，然其路径则有所不同。书中如这样生动而又有哲理性的记述还有多处，从而演绎了二曲思想发展的真实历程。读者可以明晰地发现，二曲是因为洞悉了儒释道三教，方达到了如此谨严的理论高度，与周程张朱等理学家的为学之路极为相似。

二曲的思想尽管有很强的哲理性，但作者巧妙地通过相关的历史事实、故事记述，通俗地加以表达。如书中生动地记述了二曲在康海剧艺厅的演讲，以揭橥“悔过自新”说提出的过程，指出这四个字标出二曲修养功夫的宗旨。“悔过自新”是要在日用伦常间自反省察、反身内求以存心复性、直探本源的作圣功夫。“悔过自新”的目的在于成圣成贤，在于经国治世。不过，二曲意识到，以存心复性为目的的“悔过自新”说，虽可以独善其身，却无涉于康济时艰，这事实上并没有超越前人的思想高度。于是他开始了新的理论创造，提出了“明体适用”说。

“明体适用”是二曲思想成熟时期的学说。面对程朱之学的支离、阳明后学的空疏，以及社会上一些腐儒、俗儒对儒家经世致用之学的偏离，也针对士人专注于“辞章记诵之末技”而致“儒学晦”的境况，二曲强调学术要“关系生民休戚、世运否泰”，以康济群生，匡正时弊。所谓“明体适用”，就是“穷理致知，反之于内，则识心悟性，实修实证；达之于外，则开物成务，康济群生”。二曲反对那种“纸上道学”，也反对仅仅滞于寻章摘句而不切于世务、不关心民瘼之徒，认为“明体”和“适用”统一而不可分：如果只“明体”而不“适用”，是“腐儒”；只“适用”而不“明体”，是“霸儒”；既不“适用”也不“明体”，便是异端。作者对二曲于康熙七年（1668）和康熙八年（1669）赴同、蒲诸州讲学一事述之颇详。是年同州学者白焕彩、王化泰遣党克材到周至迎二曲东行，此次讲学获得极大的成功。康熙八年（1669）十月，张敦庵向二曲求教“明体适用”之学，二曲为其分别开列了一系列“明体”和“适用”的为学书目，为其研究指明了方向。张随后将其整理成书，这就是《体用全学》。作者把二曲思想的形成与具体的人物事件相结合，从而较明晰地交代了其著述形成的时间和背景，这在书中有多处表现。如康熙七年（1668）五月，在蒲城白含章书塾，二曲与之论学，后由二曲口授、白含章执笔而成《学髓》一文；康熙十四年（1675）二曲避难富平，与李瑸、孟舆脉、李因笃等论学，后由惠少灵整理成《富平答问》；康熙十六年（1677）九月，二曲与王宏撰相互论学，后二曲写了《频阳手札》，而王宏撰则写了《频阳札记》，这成为可与朱陆鹅湖之会相媲美的关学史上有历史意义的一场论争。而二曲于康熙十二年（1673）应鄂善之邀主讲关中书院，则是关学在冯从吾之后几十年由沉寂转而复兴的重要事件。作为关中书院的学长，二曲以自己的教育思想为指导，撰写了《关中书院会约》，对关中书院的教育教学管理作了详细的规约，这在陕西书院史上有着重要的意义。书中把学术思想事件的发生与二曲的著述相联系，是其鲜明的特点，从而使读者可以在轻松的阅读中，了解二曲思想发展的历程、基本脉络及其思想精髓。

不与当朝官府交往，是二曲个人生活中突出的一面。这既是他的独立人格、士人气节和风骨节操的体现，也与他淡泊名利的心境、宁静致远的精神境界相联系。顺治三年（1646），小有名气的二曲竟谢绝了县令樊嶷的延请；而他与另一位周至县令骆钟麟的交往以及骆对二曲学识和人格的仰慕及多次资助，则是书中浓墨重彩的一笔。书中骆钟麟的出场极富传奇性。作为县令的骆钟麟初登极度贫困中的二曲家，二曲竟对之不予理睬，既“没有回头，也没有抬眼”，几近傲慢无礼。然而骆县令没有因此而发怒，却更加仰慕他。当二曲了解了骆钟麟的人格境界和学识品行之后，则欣然与之结交。之后的谈学论道、谈古论今，则成常态，其交往弥深，感情弥笃。骆后来对二曲尽力帮助，力加保护，还邀请二曲赴南方讲学，扩大了二曲的学术影响。书中对二人的交往和情感的描述，非常到位。二曲虽平生坚持不入官府，但陕西的几任总督如鄂善、布哈等，都对二曲非常尊重和仰慕。周至的多任县令也都对二曲礼遇有加。骆钟麟之后的县令高宗砺、张芳、程奇略、章泰等，都与二曲相知颇深，保持着深厚的友谊。可以看出，二曲并非不切世事的冷面目之人，而是一位有情有义、有胆有识、有鲜明是非观念和原则性的仁人君子。

书中诸多形象生动的故事记述，既展现了二曲学术思想的发展历程，也勾勒出清初关学传衍的大致面貌。作者所记述的二曲与关中学人惠思诚、朱景含、王所锡、刘矿、李因笃、王宏撰、李楷、张珥、张敦庵、白焕彩、白希彩、李子燮、王化泰、李士瑸、马栗若、马逢年等的交往、论学，以及对二曲与省外名士硕儒顾炎武、杨甲仁、范彪西、傅山等交往史实的记述，使得本书既是一部二曲的纪实性传记，也是一部二曲的思想演进史，甚至还可视其为一部清初关学史和清代前期理学发展史。读者可以通过这些故事，对清初关学有一个直观的了解和认识。

书中还有诸多二曲重礼义和重气节的记述，如对二曲襄城招魂的生动记述。二曲对其父战死沙场、尸骨未能归葬、孤魂羁游他乡之事，总是如刀割心，招魂归里总萦绕心间。二曲于康熙九年（1670）在父亲去世近三十年后，踏上东去襄城之路，步行千里，寻觅父亲遗骨，为父招魂。这不仅彰明了二曲的孝心，也实现了其母的一个心愿，同时也使他自己的心灵得以安慰。此心此举的确动天地、泣鬼神，襄城官民理所当然为其施以仁义。二曲对亲人无比地爱，但对自己不认同的清朝廷则采取了绝对不合作的态度。书中不仅对二曲力拒朝廷征召和当局所施的多种对策述之颇详，也对当时以二曲为首包括李因笃、王宏撰、孙枝蔚、李念慈等在内的抗拒清廷“博学鸿儒”征召的关学群体的事迹，作了翔实而生动的记述，从一个侧面印证了有独立人格的关学学人重气节操守的鲜明特征。康熙帝亲来陕西要见二曲，二曲却坚决力拒。他以一身正气、铮铮铁骨，挺立天地间，不卑不亢，没有丝毫的奴颜媚骨。作者对二曲展示出的君子人格、贤者风范，作了翔实而客观的记述，让人感动和信服。

可以说，本书比较客观地处理了历史真实与合理虚构的关系。作者力图在不违背基本事实的基础上进行合理的虚构，使其有了更多的趣味性和可读性；而虚构的故事又基本上是以历史的真实为基础的，使人不觉得夸张和虚假。趣味性、可读性与哲理性、历史真实性的统一，为这部传记赋予了特别的意义。书中所述事实，大多与《二曲年谱》等历史记载相符合，所述基本是可信的。当然，书中也有个别事件有考之不周之处，如关于李壮士“抉齿别妻”之事，目前尚属孤证，且为后人所述，二曲并未提及，虽

目　录

一 穷苦身世

周至县衙的西边，不到一里的地方，有个蔬菜市场。明天启七年（1627）正月二十五日晨，天刚麻麻亮，附近村社的菜农肩挑车推，就把各种蔬菜摆列两行，有的蹲在一旁抽烟，有的心怀恐惧，在菜摊严守。一会儿，人群哗然，有十来个地痞提着秤来到市场，强逼菜农把货发给他们，谁有反抗，或骂、或打、或抢，最后总要把货弄到手。然后囤积居奇，抬高市价，从中牟利。他们如此欺行霸市，搅得菜农人心不安，人们怨声载道。大家都盼有人能把这群地痞撵出市场，让大家公平地做生意。

这天，一枯瘦老人把一担春韭刚担进市场，这些地痞就围住老人，要求抢发。老人说："我务菜不容易，想零卖多赚几个钱糊口，你们就饶了我吧。"还没等老人把话说完，领头的就扇来一记耳光，打得老人鼻孔鲜血直流。一回头领头的就又指令几个爪牙过秤。口说过秤，实则抢拿。老人死捉住菜担不松手，领头的头一摆，五六个泼汉就把老人按倒，向路边拖去。就在此时，一个大汉夺步过来，一把揪住地痞头头的衣领，厉声喝道："让他们把老人放了！"领头的一打量，其人高个头，大眼睛，宽隆鼻头，一脸怒气。心想："老子在这里干了好几年，官府也不敢咋样，你小子吃了豹子胆，竟敢在太岁头上动土！"便握紧拳头，朝其人胸口打去。大汉眼疾手快，一手接住来拳，紧紧攥住，往后一扭，将其拳与臂钳在了脊背。霎时，只见领头的腰一猫，身子一拱，头往上一顶，竟把大汉推出老远。十多个泼皮一看这阵势，蜂拥而上，把大汉团团围住，像饿狼似的扑来。大汉挥拳扫腿，手脚并出，只用了三五下，就把这十多个泼皮打得趴在了地上。领头的跳过来，用头朝大汉撞去，大汉一闪身，使之虚晃而过；领头的又转身来撞，大汉铁腿扫来，使之倒地翻爬，大汉即刻骑在他身上，拳头像雨点似的砸在其头上。大汉边打边问："以后还来不来这里欺行霸市，还敢不敢欺负穷人？"围观者拍手叫好。有几个老成人劝大汉住手，免得闹出人命，上前把大汉拉开了。那个领头的爬起来边走边指着大汉说："你记着，我叫你娃三辈子都不得安然！"大汉也指着那领头的说："你再来市场撒野，我见一次打一次，看你还能把你爷怎样？"这时，人们认出了大汉是城西菜园堡的李可从，都伸出大拇指，称他是个壮士。那几个老成人说："李壮士，以后你可要当心，那个领头的是城西这一带的霸主，叫刁江海，啥坏事都干得出来。"李壮士说："谢谢各位提醒，以后，他们再来市场撒野，大家一股劲和他斗，不能让种菜的吃亏。"

这时，天下起了蒙蒙细雨，李可从淋着雨卖完菜，挑着担子离开市场。人们都用敬佩的目光看着他魁梧的身材、宽厚的肩背，相互示意说："这世道，就是要这样的壮士出来，给咱们主持公道。"

李壮士进了村子，老远看见自家门前乱乱嚷嚷，心里有点发毛，加快了脚步。刚走进院子，他大嫂就笑着迎了过来，说：“兄弟，你有后了。你媳妇生了个男孩。”李可从定了定神，高兴中靠门框蹲下，心里一阵喜悦，但随后心头又不觉掠过一缕悲凉，自语道：“娃生到咱家，将来肯定要受苦。”孩子的啼哭声招引他不自觉地走到炕边。炕上没铺芦席，弟媳和邻家老妪正在收拾清扫。妻彭氏脸色蜡黄，和衣躺在炕上。她看了一下可从，笑着说：“给娃起个名字吧。”可从稍一沉思，随口说：“我看就叫土生吧。”彭氏用手抚摸着土炕，眼睛里滚出一串泪珠，伤心地说：“也好。”这土生，就是后来闻名海内的思想家李颙，字中孚，号二曲先生。

家贫缺粮，母亲吃不好，奶水自然就少，二曲吃不饱，总是哭闹。加之屋中少有柴火，土炕烧热的时候少，冰凉的时候多，幼小的孩子遭受着饥饿和寒冷，天长日久，得了严重的婴疾，面黄肌瘦，昼夜啼哭。壮士夫妇四处求医，百般护爱，但总是不见好转。孩子老是病病恹恹的，一家人多有忧愁，少有欢快，日子过得很是恓惶。

那天，李可从把刁江海等泼皮赶出市场一事，在县城的大街小巷纷纷传扬，县令孙兆禄闻知，派人把李可从请到县衙。两人一见如故，从仲春午后，一直谈到暖风唱晚，明月初上。孙兆禄说：“与壮士一席深谈，方知你有理想、有抱负，忠直刚烈，勇武热肠，且谋略在胸。以后有机会，我定尽力推举。”李壮士感到平生遇到了知己，一种喜悦之情浮上心头，久久不能释怀。

邻居家的孩子五六岁就进了学堂，二曲长到九岁才被送到村中的私塾发蒙。《三字经》是他的课本。此书是南宋末年朱熹的门人王应麟所编，开篇几句是孔子、孟子对人性的看法及论断。当二曲读了“人之初，性本善；性相近，习相远”后，他幼小的心灵对这几句话的含义产生了质疑：人生来的性格原本是善良的，又为什么说人性有差异呢？这是自相矛盾，不能自圆其说。于是，他就问老师："性既本善，如何又说相近？"老师对这个千古以来就存有争论的问题也无法解答，但很是称奇，觉得这娃刚入学，就善于思考，勇于发问，竟提出这等问题，将来肯定有出息，便鼓励二曲多学、多思、多问。然而，二曲入学不到二十天，老病复发，只好辍读停学。之后几年，他跟舅父读《大学》《中庸》，然而旧疾不断发作，只好时读时停。如此，二曲因病耽误了宝贵的求学时光，使岁月蹉跎，他常面墙而泣，悲叹不已。

二 失怙哀痛

大明王朝到了万历时，已开始走下坡路了，朝政不整，吏治败坏，国家贫困，民不聊生，全国上下呈现一派萧索之气。其时，东北地区的后金政权，励精图治，厉兵秣马，首领努尔哈赤宵衣旰食，且雄才大略，于是，后金很快强大起来。他们图谋向关内发展，意在消灭明的统治，然后取而代之。如此，就不断蚕食明的疆土。明选派多任大将驻军防守，常年抗击，但怎么也阻挡不住后金军队的入侵。大明外患堪忧，国运垂危。

常年战争使国库空虚，于是，朝廷便加重人民的赋税；加之自然灾害肆虐，灾荒连绵，饥民成群载道。官逼民反，各地农民起义风起云涌，陕西尤甚。天启七年（1627），先有农民王二在澄城起义，后陕北的高迎祥、张献忠、李自成先后揭竿而起。官府调兵遣将，大力征剿，但起义军日益强大，摧枯拉朽，不可阻挡。数年之间，战火燃遍了陕西、河南、四川等地。

崇祯十四年（1641），李自成起义军在河南征战。这年冬天，起义军先后占领了叶县、南阳、淯川、许州、长葛、鄢陵，并围攻开封，朝廷指令陕西巡抚汪乔年率军征讨。汪乔年，浙江遂安人，天启二年（1622）进士，授刑部主事，后升迁青州、平阳知府及陕西提学、按察使，再升为陕西巡抚。他受命后，竭力网罗人才。时孙兆禄由周至县令升为西安府同知，此人素谙用兵之道，且沉毅勇武，汪乔年多次与他商讨军中事务及布阵攻守之法，极为赞赏他的才华，遂拜为军门监纪，并让他推荐有才能的人到军中。孙兆禄首先想到了李可从，立即派人到周至招募。李可从认为这是报国建功的机会，慨然应答："我愿挥戈上阵，疆场效命，尽忠靖寇。"并即刻回家告知妻子。妻彭孺人说："我一向知道你有建奇功、立名当代的志向，不然就不会有出头的日子。今天有此机会，你就去吧，不要留恋妻儿。"李可从遂抉下一颗牙齿，交给彭孺人说："战场上有生有死，万一我流血沙场，你看到这颗牙齿，就如同看到了你的丈夫。"彭孺人急忙捂住丈夫的嘴，镇静中有点生气地说："还没上战场，就说这不吉利的话，你是想丢下我娘儿们不管？"李可从随手抱起刚进屋的孩子，对妻说："把娃照看好，甭让别人欺负。"又对二曲说，"好好听你娘的话。"三人相望，互嘱保重。李可从便转身出门，与前来招募的军汉跨马飞奔而去。二曲看着父亲高大的身影渐渐远去，不觉泪如泉涌。母亲彭孺人劝慰着二曲，泪水也簌簌流下。想不到李可从这一去，竟是永远的别离。其时，是崇祯十四年（1641）腊月二十四日。

李可从到西安军中先拜会了孙兆禄，孙兆禄立即领他去见汪乔年。汪乔年见李可从气度超凡，便与之交谈，甚为称奇，脱口赞道："壮士果然智勇沉毅，不同凡响。"遂委任为标下材官，让其侍从孙兆禄左右，听候调遣，并郑重地问："你如果立了战功，愿接受什么军职？"李可从施礼答道："我抉齿别妻，应征从军，志在报国，必当竭力效命，决不辜负汪、孙二公知遇。”汪乔年甚是欢喜，吩咐他先好好休息待命。

隆冬的军营，晚上特别寒冷。李可从望着天上的那轮明月，自然想到了周至的妻儿。他想自己生性刚烈，疾恶如仇，在乡间得罪了不少像刁江海那样的泼皮无赖。自己在时，是妻儿的屏障，谁也不敢欺负他们；现在离乡从军，妻儿失去了保护，为之奈何？他心神不安，万分焦虑。腊月二十七日，李可从写信给大哥和妻兄，让他们关照好妻儿。崇祯十五年（1642）正月初五，大军东进潼关，候命待发，他又给大哥和妻兄写信，把二曲托付给他们，千叮咛万嘱咐要他们给予呵护。忽然一天，有军中战友对李可从说：“听说你儿子被奸人陷害，已被关进牢房。”远在数百里之外，无法证实消息真假，可从心急如焚，立即又寄信大哥、妻兄，让他们即派堂侄李居与妻兄家的仆人速来潼关，就二曲的安全一事，当面吩咐。二人昼夜兼程，等赶到潼关，大军已开赴前线，未能见面。李可从离家仅仅二十四天，就连发三封家书，让至亲保护妻儿，足见其情之深、虑之远。

崇祯十五年（1642）正月十八日，汪乔年率总兵贺人龙、郑嘉栋、牛成虎等三万将士出潼关。其时，李自成正与镇守郾城的左良玉作战。汪乔年率轻骑经郏县直奔襄城，欲从背后出兵，与左良玉形成夹击之势，包围起义军。于是，昼夜兼程，疾驰猛进，于二月二日进驻襄城，即派贺人龙、郑嘉栋、牛成虎率三路大军距城四十里布阵，声援左良玉。李自成洞察出汪乔年的计谋，随机应变，改变作战方略，趁汪乔年初入河南，脚跟未稳，先予歼灭。于是，以少量兵力牵制住左良玉，暂时放弃对郾城的围攻，调重兵直奔襄城而来。贺人龙、郑嘉栋、牛成虎三人，看起义军声势浩大，难以抵挡，率军不战而退。起义军趁机掩杀过来，官军大溃，四散逃奔。起义军穷追不舍，一举将官军剿灭。只剩汪乔年、孙兆禄率五千将士孤守襄城。汪乔年命副将四人把守四门，让参幕孙兆禄留军中。李可从持戈骑马，跟随孙兆禄左右。起义军急攻城，组织勇士杀到城下，于城墙上凿洞为隙，置火药，引导线，点炮破城，威力极大。汪乔年急命士兵取荆囤，实以土，筑而成墙，守如故。相持了五天五夜，矢尽粮绝，城破，汪乔年被杀。李可从血战巷口，拼死厮杀，体无完肤。混战中，孙兆禄被俘，李可从执戈来救，起义军蜂拥而上，一阵搏击，孙、李二人罹难襄城街头。这天，暴雪纷飞，掩盖了双方将士的尸首。

李可从生于明万历二十七年（1599）十一月十九日，阵亡于崇祯十五年（1642）二月二十七日。死讯传到家中，李二曲和母亲抱头痛哭，几度昏厥。彭孺人对来安抚他们的亲人说："天哪，我的丈夫死了，可他的牙齿还在，这和他活着一样。"既而又说，"我丈夫是为国尽忠而死，他也能瞑目了，我还有什么难受的？"忽而又痛哭欲绝，对着二曲说，"娃呀！你爹走了，今后谁来护佑你呢？"母子相抱，又是一阵大哭。忽然，彭孺人止了哭声，双手捧着二曲的头说，"你爹为国尽忠而死，我难道就不能为你爹死而完节？！"说着便走到炕边，把破旧的被单撕成条状，拧成绳，打成死结，欲悬梁殉夫。二曲死死抱住母亲的双腿，哭着说："我爹为国死，你为我爹死，我必为你死，这样，咱一家不就完了吗？"众人围住彭孺人百般劝说，才算有个缓解。母子五昼夜不吃不喝，众亲人一直守候在旁，才避免了意外的发生。

三 荒野遇险

李可从蒙难襄城，二曲家的灾难很快像洪水暴发，奔腾而来。租种的土地被收回，断绝了赖以生存的依托。在村中所租的小屋，因无钱续交房租，被主人赶了出来。母子俩失去遮风挡雨的房舍，没了归宿。他们像断了线的风筝，苦苦挣扎。夜晚，农家小舍的村人，都在自家的炕头就寝，二曲和母亲却在暗夜的小道上相互扶持着赶路，寻找住宿的着落。雨天，人们都在自家的屋内歇闲，二曲和母亲却蜷缩着身子在他人的屋檐下躲避。荒村边落的小庙、远巷静僻的祠堂、富人临街大屋的檐下、田野护看庄稼的草棚、沿山沟坡的庵寺……都留有他们坐卧的身影，都记有他们难眠的愁绪。东移西徙，居无定所，空中的星月也在为他们叹息，冷飕飕的寒风也在为他们呼啸，人世间的饥寒、困苦、冷嘲、热讽、白眼、鄙视，内外夹击，一齐煎熬着二曲母子。

李可从在世时，租地耕种，闲时做佣工，勉强维持一家人的生计。壮士常对孺人说："我少时读书，长大习武，总想干一番事业。想不到日子过得这等酸楚，真是对不起父母妻儿。"

彭孺人，周至县北新村人，出生在一个中产人家，生性沉静贤稳，质朴庄重，温柔中具刚毅，勤俭中具慧巧。彭孺人少时曾读书识字，所以较一般农家妇女有见地。及笄之年，嫁给邻村李可从壮士。虽说家贫如洗，但夫妇互以忠义相激励，以恩爱相慰藉。彭孺人劝慰壮士说："以你的才能，咱们是不会这样长期贫贱下去的，你不要太责备自己。如果有机会，你一定会为了国家建功立业的，那时咱们的日子将会是怎样了呢？"这既是对丈夫的安抚鼓励，也是对未来生活的憧憬，更是对改变贫穷面貌的一种向往。所以，丈夫离家从军，归无定期，且生死难卜，作为妻子心里不能不明白，然而，她没有阻拦，而是分析情况，支持鼓励，彰显了一个女中丈夫的凛然大义。面对灭顶之灾，她考虑过死，但她丢不下孩子，而且丈夫临行前的叮咛，总在她耳边回响。可如今没了房子，没了土地，日子怎样往前走？但不管多苦多难，她坚定一个想法，就是要把孩子照看好。可自己和孩子都要吃喝，晚上得有睡觉的地方，这些都该咋办？生活的担子，沉重地压在彭孺人的肩头。

正当彭孺人一筹莫展之时，村中的几个老妪来找她，劝她说："现在你们孤儿寡母，没处住，没啥吃，这日子咋能往头掀呢？乡里人常说，人挪一步活，为了你和孩子都有一个落脚的地方，为了娃不受苦，不如另嫁个人，一河水就开了！"彭孺人一听，眼泪唰唰直流，她说："你们的好心我领了，但我不是随遇而安的人，我们女人活的就是个节气。我的丈夫刚过世，改嫁这事我做不出来，也不会做。"老妪们知道彭孺人性子刚烈，听她这口气觉得再劝说也没有用，便安慰多时，叹息着转回。

二曲的舅父博通古今，是个以教授生徒为业的私塾先生，中产家境，土地、房舍、仆人一应俱全。妹夫在时，他每年柴米粮油多有接济；如今，妹子和外甥的处境，让他很伤心。于是，他决定帮衬这母子迈过这道门槛。遂派仆人到附近村子寻找空房，自己出资租赁，让孺人、二曲母子居住。仆人跑遍了县城周边，在新庄堡租到三间茅厦。舅父让人清扫干净，盘好土炕，垒好锅台，备了些米粮，送了些柴火，又亲自把妹子和外甥寻回来。从此，彭孺人和二曲结束了流浪生涯，有了定居之所。李壮士这年二月二十七日蒙难，三月底彭孺人母子就被赶出所租房屋，在外流浪了三个多月。这期间，他们受了多少艰难，流过多少泪水，有谁能说得清道得明呢？而彭孺人对幼儿的护养所付出的艰辛，又怎能用语言说得清呢？定居后，彭孺人给人纺线挣钱糊口，二曲到田野拾柴挖菜，生活暂时趋于平稳。

襄城战役于崇祯十六年（1643）二月结束，李自成在襄阳建立政权，起义军声势更加浩大。朝廷又派孙传庭任陕西总督，率军出关剿攻起义军，结果官兵又败于河南。起义军乘势而进，十月，攻破潼关，孙传庭阵亡；十一月十一日，李自成起义军占领西安。消息传到周至，城中的大明驻军发动了兵变，他们冲出县城，奔进周围的村子，抢劫财物，焚烧房屋，屠杀无辜，掳掠妇女。这里虽然不是两军对垒的战场，但失去控制的士兵就像疯人手中的剑，挥舞到哪里，哪里就是一片血迹，民众万分惶恐。

这天，二曲迫于生计，在躲避逃奔之时，到新庄堡南边的田野里拾柴火，一群散兵围过来，将他俘获，反捆双手，脚踏其背，一士兵挥刀朝他的头颅砍去。另一个士兵看二曲眉清目秀，脸上有一股英武之气，与常人迥异，甚为称奇，急用弓箭挡住挥舞的大刀说："算了，这娃与一般人长得不一样，将来可能是个人物，且衣衫褴褛，如此兵荒马乱之时，还出来拾柴，肯定家里穷，就放了他吧。"欲挥刀的士兵随之踢了二曲一脚，说了声"滚"，便收了刀。二曲吓得出了一身冷汗，头也不回，匆匆离去。这件事在二曲心里造成了极大的创伤，几十年后，想起来他都还后怕。

四 自学求知

崇祯十七年（1644）正月初一，李自成建立大顺政权，定都西安，号称西京。随即挥师北上，直捣明都北京城。三月二十九日，起义军攻破京师，李自成骑白马，着蓑衣，持长戈，进紫禁城，登太和殿。崇祯皇帝从紫禁城后门出走，上煤山，在万分痛苦和自责中，悬树自缢，宣告了明王朝的终结。起义军被胜利冲昏头脑，士兵们于万苦中求得一时安乐，却失去了斗志。正当他们沉浸在胜利欢歌之时，山海关守将吴三桂投降清政权，招引清兵入关。李自成仓促应战，终不敌战，兵败西逃。清军乘势拥兵南下，入主中原，在北京建立政权。历史长河波谲云诡，江山易代，明清政权在这一年进行了更迭。

这年，二曲已是十七岁的青年，他看到山河破碎，异族主政，内心和全国各地的民众一样，燃烧着愤怒的烈火。况且，改朝换代，不但没有给他和母亲的生活带来一点转变，还因兵荒马乱、政局动荡，他们的生活陷入更加艰难困窘的状态。富家逃荒避难，谁还经营家业、耕田雇工？二曲和母亲都失去了为人做佣工的机会，没一点收入，常常几天揭不开锅，生存没了保障。他们母子又陷入水深火热的煎熬之中。

此时，清朝地方政权亟待建立，急需一批胥吏、捕快、衙役。二曲父亲生前挚友们的儿子与二曲年龄相当，大都进入了清廷的县衙，有的当了胥吏，有的做了捕快，他们都邀请二曲出来一起共事。这天晚上，明月当空，村中大槐树下聚集着一群年轻人，围着二曲进行劝说："你已是十七岁的人了，还靠你娘给人纺线养活你，这也不是个事情。你得自己有个职业，养活母亲，你想这难道不是人之常情吗？"二曲想了想说："这确实是个机会，但我父亲是为大明王朝尽忠死于疆场，我们都是大明的遗民，给清朝的衙门做事情，就是变节，就是失身，这种羞耻的事情我不能干。"那几人一听，都气愤地指责二曲："大明已被清灭了，你还为它守什么节？""你不挣钱养活你娘，这是大大的不孝！""为了一个空洞洞的气节，居然想饿肚子，怕有些划不来！"二曲心想，这些穷兄弟，太不懂家国之事了，站起来想争辩。那几人一哄而散，都对二曲投来不屑的目光，并扬言再也不与他来往。二曲在村中陷入孤立和尴尬的境地。

这群青年里有个人叫李志远，村人传说他们家族是唐代李淳风的后代。他父亲李易渊继承了先族的天文卜卦之技，通六经要义，精周易之学，自诩满腹经纶。但生不逢时，不能报效国家民族，而流落乡野，靠为人算命谋生。李志远回家给父亲说了二曲所说的话，李易渊大惊，想不到这般穷困的孩子，竟有如此的志向，有点激动地说："你们都不如他。他是块璞玉，你们都是些酒囊饭袋，世上就需要这些有家国情怀的青年。为了使他们母子摆脱贫困，我决意把平生所学传授给他，让他掌握一技之长，好养家糊口，渡过暂时的难关。”李志远忙去告诉二曲。二曲和母亲商量后，确属万般无奈，决定去拜师学艺，让二曲当个算命先生。

新庄堡的西边有所学校，校舍是座破庙，十多个学生端坐在教室里，年迈的老学究正捧着课本，领着学生读《论语》。琅琅的读书声，透过窗棂，传向村中的茅屋、田野。彭孺人领着二曲，去找李易渊拜师。弯弯的小路直通学校的门口，这读书声像磁石似的吸引着二曲，他把头伸进学校的门口往里看，又趴在学校的窗口听老师读讲，心里忽然像长河的流水起了浪花。他忽然醒悟读书是自己的最爱，只有读书才能使自己走向理想的未来，才能博大自己的胸怀和视野，才能左右自己人生的走向，改变未来生活的状况。想到此，二曲的心中像照进一束阳光，豁然开朗，他回头握住母亲的手，笑着说：“娘，咱不去学算命，我想走读书这条路。”彭孺人上下打量一下二曲，也望了望庙里正在读书的学生，说：“读书是一条正道，只要你有决心，娘吃多大的苦，也要成全你这个愿望。”

彭孺人和二曲返回家中，母子二人坐在土炕边仔细筹思。这读书不是说读就能读的，彭孺人问二曲：“你想到哪里念书？”二曲说：“我舅办有学堂，我就到他那里念书。”彭孺人说：“你舅给咱的帮衬太多，这次他能不能收你这个学生，我也拿不准。不过咱们可以去试一试。”二曲说：“我舅不会拒绝，咱们走。”彭孺人领着二曲，直寻到哥哥办的学堂。哥哥刚下课回到房子。彭孺人说明来意，没想到哥哥一言不发，眼睛只是盯着二曲。二曲觉得舅父的目光很可怕，心突突地乱跳。彭孺人在一旁央求哥哥：“娃有读书的志向，你就成全他吧！”这时舅舅才对二曲说：“你现在都十七了，能掮桩子拉锄把了，回去给人佣工干活、挣钱养活你娘是主意。读书这个念头你就打消算了，回去吧。”

舅父的话像一根闷棍打在二曲头上，他顿时脑子一片空白，失去了意识。他不知是怎样向舅父告别，怎样走出学堂的。在路上二曲仔细一想，舅父的话也不是没有道理，他想排除读书这个念头，可怎么从心里也赶不走。彭孺人看出了二曲的心思，说："娃呀！不要因为你舅父不收你当学生，你就另打主意。走，咱们再寻个学堂试试。"

突然，乌云从西边涌来，一会儿风雨交加。母子俩顶着风、淋着雨，在小道上急急赶路。泥里水里，低一脚高一脚地走到了王塘村的私塾，衣服都湿透了。见到先生，二曲跪倒在地，求先生收他当学生。先生知道这是李壮士的儿子，现在他们孤儿寡母，穷得叮当响，哪有钱交学费？就对彭孺人说："娃是个念书的娃，可咱这学堂地方小，现在学生都坐满了。你到别处再看看。"彭孺人听出了先生的意思，觉得求情也无益，就辞别先生，领着二曲走出学堂，走进了茫无边际的旷野。

回到家，二曲怅然若失，心情沮丧万分。他靠门站着，一时没了主张。彭孺人看二曲这样子，心里也难受，便鼓励二曲说："没有学堂就不念书了吗？没了老师就不学习了吗？咱屋就是你的学堂，古时的圣人就是你的老师。只要你有心念书，走自学这条路，一样也能把书念成！"二曲猛然醒悟，转忧为喜。他取出过去的课本《大学》《论语》《中庸》，慢慢辨识着来读。逢人问字，找人正句，一点一滴地学习。

自此，彭孺人为人纺织换取米粟，杂以糠皮、野菜，母子二人几天才能吃上一顿饱饭。二曲外出拾柴火、挖野菜，也怀揣书本，手不释卷。无钱买油点灯，晚上他就去村中祠堂的长明灯前、财主家马厩的照明灯下就读，有时到天明才回家。书中的道理，有时弄不懂，解不开，他往往要思考终日。亲友们见二曲学习这么刻苦，有人给他《海篇》字典一部。自此他随读随查，随查随记。时间不知不觉过去，二曲识字渐广，书理渐通，熟读精思，兴趣越来越高。走自学之路虽说艰辛，但学习自由度大，空间多，且能督促自己不断思考。于是，二曲在学业的荒原上飞速前进，决心把丢失的时间夺回来。

村中的人听到二曲自学读书，都感到诧异。一个近乎赤贫的家庭，母子二人的性命且难以存活，却让一个十七岁的男儿去干不能养家的事，实在不是穷苦人的举动，真让人难以理解。可二曲的志向、彭孺人的胸怀，有谁又能看得透呢？

五 定位究研

自学没有私塾上课的时间框限，又有无师派读的自由空间，可以在知识的海洋里任意徜徉，二曲如饥如渴地苦读各类书籍。他首先研读了儒家的五部经典，领会了其中的要义，又旁及汉魏的赋体文章、唐代的诗、宋代的词、元代的杂剧、明代的小品。

有一天，二曲得到了一套专门论述忠孝节义的书，其中文章发理极其透彻顺畅，语言慷慨悲壮，情致详尽感人。二曲认真拜读，每学一篇，都被其中的哲理所折服，无不赞美惊叹，对作者周钟更是崇拜钦佩。周钟，崇祯十六年（1643）进士，官授翰林院庶吉士。崇祯十七年（1644），李自成破帝都，主京师，周钟变节投降，并为李自成登基草拟诏书，乡中宗亲邻舍闻之，皆振臂揎拳，义愤填膺。李自成兵败，周钟也离京回到了家乡，乡人即擒拿其送往金陵诏狱。大司寇披牍见情，知周钟平日里谈忠说义，倡孝论节，而自己却背其所言，不忠不孝，不仁不义，无气节可言，欺哄了天下近二十年，不能让这种人玷污清班，遂痛责二十，即日提请肆市正法，以快人心。

二曲得知这些情况后，如同受了极大的羞辱，当即举火焚烧了这部书。从此认为文人不足信，文名不足重，绝口不谈文艺。通过这件事，二曲杜绝了文学艺术方面的书籍。此举虽说有些偏激和片面，但他在学习上有了主见，认为自学苦读在于积累知识、增长学问、开发智力、拓展智慧，从而使自己腹有诗书，胸有浩气，这就是私己之学。再者，就是要明白读书求知是为了修身正己，培养高尚的人格，铸炼标范的道德，雕塑洁美的情操。于是以后不仅要多读书，而且要多读好书，对所读之书，必须有所选择，这便是正己之学。有了知识，有了品格，用这些智慧和力量去干什么，这便是读书的宗旨和起码的境界旨向。知识和品格绝不是用来炫耀自我的，而是用来为国家谋强盛，为民族谋振兴，为黎民谋幸福，这便是为人之学。从二曲自学读书所悟出的这三个节点，可以看出他不但克服了自学苦读的盲目性，而且像在满天星辰的太空中，标示出要以北斗七星为指向的学习目的。同时，让人们了解了一个有为青年构建思想大厦的基础历程，以及彰显个人品德和弘扬民族气节的早期萌动。

二曲摒弃了文学艺术的学习以后，便注重于历史和哲学方面的知识。他借读了晋杜预著的《春秋左氏传》、汉何休著的《春秋公羊传》、晋范宁著的《春秋谷梁传》，以及《性理大全》《伊洛渊源录》，究研两宋理学创建者周敦颐、张载、程颢、程颐、朱熹等人的著述及人生历程和言行的推介。读史，使二曲洞明了天下兴亡的道理；读四大学派的大著，使二曲对宇宙生化、心性学说、伦理道德的儒学思辨理念有了明晰的了解。二曲掩卷慨叹说："这些著述，才是儒家学说的正统之论。读书不读这些书，人生不按这些书中的指导践行，就不能算是个读书人。"他立志从事性理哲学方面的学习和研讨，要在这样一个荆棘遍野的荒原之上，踏出一条路子，来传扬儒家学派的治世经国宗旨，从而对孔、孟、墨、老以来的人文精神及气节情怀更加向往。坚定了研习方向，确定了要走的路，这在二曲自学的历程中，翻开了重要的一页，为他日后创派立说奠定了基础，把稳了航舵。

二曲在向知识的高山攀爬，在向知识的海洋探宝，然而，他每天赖以充饥的却是野菜糠皮，时间长了，面呈菜色，人们都不叫他李颙，而呼他"李菜"，后来称他"菜夫子"。二曲不但不反感，反而把这种称呼当作是对自己的鼓励。于是，他钻研学问的兴趣越来越高，收揽知识的意志越来越坚定。

顺治二年（1645）十二月二十二日，李自成起义军的余部贺珍、贺宏器等，从甘肃的兴安、固原向东进发，攻打西安。路过周至时，攻克了县城及周围村堡。县令崔鹿鸣逃跑，县丞杨居士守城战死。二曲所居的新庄堡人口不满一百，起义军鱼贯而入，但军情瞬息突变，他们又很快撤退东进。村人幸免于难，大家都以为这是天幸。当起义军攻打新庄堡时，村中的男女老少都惶悚悲号，惊恐万分。而二曲却如平常一样镇静，在生死攸关的时候表现得自若超凡。其时县教谕左之谊在这个村堡避难，看到这种情况，甚为惊异，便与二曲交谈。二曲说："史圣司马迁认为，人固有一死，或重于泰山，或轻于鸿毛。今天，村人的死都达不到这个层面。因为这是乱兵过境，烧杀掠夺，无所顾忌，人们的死叫作无辜。既然是无辜而死，惊恐无用，哭喊无用，不如处静面对，或搏斗抵抗，或怒骂而亡，死得壮烈些，才无愧于自我。"左之谊闻之肃然起敬，他没想到这小村荒堡，还有如此见地的青年。

起义军退却后，县境凶乱如故，左之谊在村中盘桓了一整天，与二曲对坐在院中的香椿树下论学。左之谊说："你刚读了《春秋左氏传》这本书，不知你有何见解？"二曲说："这本书是左丘明所著，他和孔子是同时代人。这部编年史是顺着隐、桓、庄、闵、僖、文、宣、成、襄、昭、定、哀十二个鲁君的世次来记载，叙事清晰，议论精辟，独具史实，具有独创性，真实详细地记载了春秋时代各国的政治、外交、军事和社会事件，通过这些来宣扬民本思想，像书中的《曹刿论战》《师旷论卫人出君》《沈伊戌论抚民》等；再者是推介爱国思想，如《弦高犒师全郑》《申包胥乞师救楚》《幼童汪锜执干戈以卫社稷》等；继而是以委婉尽致之笔法，叙写复杂的战争事件，以此来揭露战争给国家和人民带来的灾难，表达人们渴求和平的愿望，如《晋楚城濮之战》《秦晋殽之战》《吴楚柏举之战》等。书中不少篇章，对为国家和人民做了贡献的政治家、社会活动家，如子产、叔向、晏婴等，都给予了歌颂和赞扬。这部书言简句精、语曲意达、富丽华艳、铁铸铜炼的史学笔法，给后人提供了以德治国的宝贵借鉴。仅此见解，请先生正之。”

左之谊手拍双膝，连呼：“精辟！精辟！”接着又谈到《国语》。二曲说：“《国语》是一部分国记事的史书。书中有《周语》《鲁语》《齐语》《晋语》《郑语》《楚语》《吴语》《越语》。叙写的特点是通过当时历史人物的言论、对话及相互辩论驳难等手法，来反映各国的政治、外交、军事等重大事件，是一部叙说国家兴亡的史书，对国家的治理很有借鉴意义。”左之谊极为惊叹，说：“吾足迹半天下，没有见到过如此聪慧的青年。人长得风标伟岸，知识又出奇卓绝，真是世间少有的杰出才俊。”

别时，北风劲吹，小雪乱飘，虽近年关，但人们还深陷在惊恐之中。看二曲穷困，左之谊拿出财物赠送，二曲谢绝。从此以后，左之谊逢人便说：“周至县有个生来就博通的人，不经老师教导，自己发愤求学成才。你知道他是谁呀？他就是李二曲先生。”

六 县令访贤

顺治三年（1646），二曲刚满十九岁，这年他借读了《小学》《近思录》《程子遗书》《朱子大全》《正蒙》等理学典籍，深解前人之学养，体悟其中之要领，使自己思路开发，学有积淀，胸中慢慢升腾了自华之气。

这年，周至县令是山西平阳人樊嶷，此人慈良厚重，礼贤爱民，有循史之风。他的老师是山西河汾理学大师辛覆元，其传世著述有《理学言行录》《养心录》《四书记》《五经管窥》等十余部，樊嶷自然以探研理学为学务。这年夏天，樊嶷听到二曲勤奋自学的事迹，便派胥吏去延请。二曲以庶民百姓不入公门为理由，委婉推谢。樊嶷屏退前呼后拥的公差，步行到新庄堡的公共场所，与二曲会晤。

酷暑炎夏，天气像火似的灼热，可此时，二曲还穿着一件褴褛的棉袄，脚上蹬着毡袜破鞋，既寒碜又不合时宜。但他气宇轩昂，襟怀潇洒，对于县令的到来不卑不亢，不冷不热，应酬甚为得体。樊嶷上下打量，左右观察，欣然称异，顿生敬感，便与二曲隔桌对坐，亲热地攀谈起来。樊嶷问："你读圣贤书，体会其中的真义是什么？"二曲说："孔、曾、思、孟立言垂训，就是要学者领会要旨，树德成圣，诸行实践，去强国富民，安抚社稷。这样，以所学为指导，以所用为辅世，才算是真学真做。否则，如果想通过学习，求高官，揽富贵，这就不是圣贤立言的初心，也不是国家所期望的本义。"樊嶷说："听君之言，乃为'外王''内圣'的统一之说。你能进一步讲清楚吗？"二曲说："'外王''内圣'本为一体，不可割裂。只是在孔子之后，有两个学派发生了歧议。以荀子为主的'外王'之学，着力强调'制天命而用之'，意在通过对外部世界的征服，来成就充满事功的'圣王'之业。孟子却全力阐述'内圣'的仁学，指出欲意经世者，必先修身治家，知礼识仁，然后才能'治国平天下'。孟子的性善论、养气论、仁政论，就是以此为出发点。然之后很长的历史过程中，'内圣'之学有些黯淡，而'外王'之学盛行于天下。秦皇、汉武、唐宗、宋祖，都在践行'外王'的经世路线上，创建了空前显赫的功业。到了两宋，理学家们对'内圣'之学重整旗鼓，张载、二程、朱熹等指出正心诚意的内在修身是治世的根本，否则，治国平天下就是空谈。把修养心性、正身范世推崇到本体的高度。使'外王'的事功政治活动从属于'内圣'，以'内圣'为旨归，力主心性论谈高于政治方略、圣贤位置胜过世俗功勋。然而，如此的学术路线，造成了强大的空疏。天下学子鄙弃事功，脱离现实，低头拱手，高谈性命，把国计民生视为末务，于是国危民困，皆手无良策，唯以死相报为说。大明之亡，不能不说与此无关。所以，要使儒教振兴复胜，必舍虚就实，重辟新路。妥否，请县宰指正。"樊嶷大为惊叹。想不到眼前的这位青年，将儒家学说梳理得这么清楚。他们谈历史，论道学，议时势，从盛夏午后，一直谈到热风唱晚。二曲送樊嶷到村口，两人都频频挥手，依依惜别。

第二天，樊嶷制作了“大志希贤”的匾牌，送表其门。又制作一身单衣，送给二曲，先让其换季。继而，又计划资助二曲，并作诗自庆，以表对二曲的颂赞：

漫道高贤不易逢，而今此地有潜龙。
英年独步颜曾武，定识遥承孔孟宗。
浊世狂澜堪砥柱，俗儒圭角已陶镕。
千秋声气应还在，濂洛关闽岂绝宗。

樊嶷此年初上任，他下乡体察民情，治河兴修水利，观文风，揽人才，筹资大兴学校，政声四起，县内一片赞誉之声。然小人进谗，长官偏信，访谈了二曲后的第五天，知府通知他离任。乡绅结聚挽留，无济于事。临别樊嶷又想到了二曲，伏案疾书，写信对二曲进行鼓励：“昨晤吾子，知吾子必为大儒无疑也。幸陈人有缘得一见之；怅陈人无缘，将不得常常而见之。虽然，气声自在，一日亦千古也。幸甚，快哉！担当世道，主持名教，非吾子其谁耶？区区行且拭目以望矣！”意浓言真，厚望切切，二曲怎能不为之感动，又怎能不勤奋自励呢？

樊县令与二曲的相识、相交、相助、相励，在当时确实是一件奇异的事。论地位，樊嶷是地方的父母官，二曲仅是一位穷僻村堡的乡民；论身份，樊嶷是县令，二曲是衣不遮体的寒门子弟；论学位，樊嶷是有学位的贡生，二曲是无师自励的学子；论年龄，樊嶷已是阅事很深的壮年，而二曲才是一位英姿勃发的青年。两者之间条件的差距是何等的悬殊。然樊嶷不顾身份、地位，竟折节下士，步行访贤，这虽然是地方官的本分，更重要的体现了樊嶷爱贤、敬贤的崇高品德。其时，二曲的容貌、风度、仪表、志向、抱负、才识、卓见都有特殊的过人之处，才使这位县令折服倾倒。对这样一个有造就的有为青年，他怎能不破格推崇表彰和激励呢？

这年冬天，下了几天雪，到了冬至日，雪停天晴，关中平原银装素裹，显得那么静谧肃穆。二曲家的茅屋厦房，檐头吊挂一尺多长的冰凌，整齐地排列成序，在阳光的照射下，闪烁着金光，使这所小屋焕发出生气和新意。二曲坐在门前看书，突然听到有人问："这是李中孚先生的家吗？"抬头一看，一个文雅的士人站在院中的雪地上，二曲忙让进屋。刚坐定，那人就说："我是广济南留村的惠思诚，闻先生苦学博识，志欲济世，特来就教。"二曲握住惠思诚的手说："仁兄乃周邑粹德高士，胸藏万卷，孝友孚于乡邦，忠心可贯金石。当年求学时，学友们钦佩你的言行，都愿意与你交谊，每日相见，皆整衣谦敬，礼让先行，中孚早有所闻。今见兄沉稳潜深，简言厚重，使我爽然流连，兴怀向往，相见恨晚，不知兄能否与弟相交！"思成见二曲如此坦率赤诚，没有丝毫的委蛇作态，实乃君子之率性、文人之情怀，慨然应诺："弟不嫌兄之鄙陋寡识，我们可与共学。"二曲听后，欢喜若狂，心投意合，欣然忘形，拍手叫好，从此拉开了两人交谊四十年的帷幕。

这天，他们从中午直谈到傍晚。二曲送惠思诚到普济桥。此桥在新庄堡与南留村之间，两处距桥均十里，由此分手，两人可同时抵家。以后，他们互访，对方皆送到普济桥。后来，周邑民人为赞誉这两位学人的友谊，将此桥更名为"送别桥"。

惠思诚，字含真，周至名士，长二曲十岁，是二曲一生中很密切的益友，学问上共同探讨，危难时挺身而救，生活上时有资助。二曲后来写道：“余多言而躁，一生多口过；君静默寡言，居恒鲜尤悔；余性卞急，君性舒徐，自初交以至垂老，未尝见君有疾言遽色；时相聚首，借以自律。”

七 借书苦读

彭孺人常对二曲说："娘和你租屋居住，没有一厘土地，靠娘给人纺线供你读书，春冬之交，常常几天揭不开锅。你读书可要用心，别辜负娘的一番苦心。"二曲每听到母亲这样劝导，就涕泪长流，点头称是。家境如此贫困，没有钱买书，所以借阅读书是二曲治学的唯一途径。周邑之内，出名的有两家藏书最丰，其中之一是县东尚村镇大水屯村的赵函和赵于逵叔侄二人，人称二赵。赵函是明代有名的金石学家，著有《石墨镌华》等书。赵于逵在明万历三十八年（1610）中进士，曾出任云南道御史、直隶按察司督漕运、赠太仆卿。他们家藏书数十万卷，建有藏书楼，名曰"傲山楼"。清嘉庆年间，翰林院庶吉士路德曾为二赵的藏书楼撰写了一副楹联：

醉墨堂中，石不能言胜金玉；

拥书楼上，山犹可傲况丘陵。

道光年间，刑部主事王禹堂曾为“傲山楼”赋诗以记：

村深感废畴，漠漠水云流。
万卷千秋傲，名山让一头。

路德和王禹堂是二曲身后近百年的朝野名流，他们对二赵藏书都感慨系之，可见当年“傲山楼”藏书之富。

李复聘，周至县南辛街里人，字叔征，号秦麓，周至人亲切地呼他“南李”。明嘉靖四十一年（1562）进士，先后任山西闻喜县知县、广东道御史、四川按察司佥事、江西参议等官职。家中亦有十多万卷藏书，供邑人借阅拜读。

二曲除了在本县借阅以外，还跑到眉县杜氏家借阅。杜氏一族距张载的故乡横渠镇不远，几代人都在朝做官，子弟多专研性理之学，家中藏有濂、洛、关、闽诸子之作及元、明两朝各大家理学论著，还有大量史书列架，且乐于出借，视借书为作善之举。

寒气从北来，落叶满长安。这年深秋，二曲到县东大水屯二赵家借书。什么时候出发，他不知时辰，反正是冒黑蹚过了侵骨的黑河、泥河、田峪河等大小十多条河流。到了大水屯村天还没有亮，二曲便在“傲山楼”的门前靠坐等候，不觉困乏入睡。其时，二赵家是赵于逵的孙子赵熹与其妻王淑人主持家务。王淑人黎明即起，到四处查看，发现“傲山楼”门前有一人靠门入睡，上前细瞧，认出是常来借书的李二曲。王淑人看他衣着单薄破旧，且北风正急，寒气逼人，便唤醒二曲，请他到前院的客厅取暖，并吩咐女婢上饭。二曲推辞不吃，王淑人说：“走了一夜，还要背着沉甸甸的书走回去，你又不是铁人，不吃饭咋能行呢？”二曲推辞不过，吃完饭，刚放下碗，王淑人就派一人陪二曲上藏书楼，并说：“你想看啥书就拿啥书，走时报个本数就行。”

这天，二曲带了两个褡裢，都装得满满的，一个肩头搭一个，走下楼，放在院子，去报本数。只见赵熹正在大厅抚琴抒怀，王淑人站在一旁，招呼二曲坐下。一曲终了，赵熹才与二曲搭话，问今天都拿的什么书，二曲一一作了回答。赵熹让管家唤来一个家丁，吩咐道：“今天你去把二曲先生送送，送过黑河你再回来。”二曲多次推谢，但总拗不过诚挚和良善。家丁到院子扛上褡裢准备出门，二曲忙告别赵熹夫妇，并说：“书看完后，立即归还。”赵熹夫妇说：“不着急，你慢慢看。”女主人的贤惠善良、男主人的诚挚厚道，使二曲的心如蜂蜜滋润，甘之如饴。

新庄堡到辛街里都是旱路，二曲到此借书常用邻家的独轮小车。李复聘的第五代孙子李渭州，其时主持家务。他是大明最后一科举人，现为私塾先生，对二曲这位家贫自学的青年特别敬佩。从二曲的所借书目，他渐渐明知了其治学之路，心里有些担忧。这天，他把二曲叫到自己的书房，上好茶，恳切地对二曲说：“贫困自学，成为国家栋梁的人，自古至今历代都有。你这么有志向，应以这些人为榜样，将国家的兴亡、民族的振兴、农人的苦难牢记于心，多读些历史书籍，将来为经国治世做借鉴，这是一条踏实的路。你如果走性理深研之路，这当然也是圣贤修身的学问，但你绝不能成为空洞的性理学者，而应在求实的路上去下功夫，否则你将会白费精神，于国、于人、于己都无所教益。”二曲面对年近花甲的老学人的谆谆教诲，心中涌起阵阵热浪。其实，将来的路究竟怎么走，二曲自己也还没有定下主意，但他觉得老人的提醒和点化很有道理，便站起来深深地给老人鞠了一躬，微笑着说：“我会牢牢记住您所说的话，回去好好想想。”老人说：“要记住，空路坚决走不得。”二曲再次点头致谢。李渭州帮二曲把所借书籍绑在独轮车上，取出家中存放的油单纸，把书苫好，以防路上淋雨。看着二曲推着小车走出老远，老人才回到家中。

隆冬，滴水成冰，鸡刚叫过头遍，彭孺人还在熟睡，二曲悄悄起床，轻轻地拉开门，怀里揣着母亲早已准备的菜疙瘩，迎着刺骨的寒风，朝眉县杜氏家奔去。杜氏家管事的老太太江夫人，年轻时跟丈夫在山西太原府的任所居住。丈夫去世后，她又被儿子接到江阳的府衙养闲。虽说是妇道人家，却走过大地方，见过大世面，且性格开朗和善。每每二曲来借书，她都邀至内厅，问二曲母亲的起居，问周至的风土人情，让二曲进厅用饭。二曲心想，借人家的书，还吃人家的饭，很不好意思。所以，后来每次借书如遇到饭时，他就先不到杜家，而是坐在村外关帝庙的檐下，等过了饭时再去借书。江夫人看出了端倪，等二曲借完书，便让女仆把包好的几块馍，偷偷放进二曲的褡裢里。

这天大雪纷飞，二曲脱下自己的外衣把褡裢裹住，以防融雪渗透，弄湿了书籍。江夫人忙阻止说："你的衣服本来就穿得单薄，风大雪大，感冒了怎么办？"立即让丫头取来两条被单，一条让二曲裹住褡裢，一条让二曲披在身上，以挡风雪。临别，江夫人对二曲说："眉邑有个青年叫李柏，像你一样爱读书。"二曲听后，顿生同类相惜之感，对江夫人说："我很想见见他，您能传个话吗？"江夫人说："这能办到。"

回家路上，二曲想，古时候宋濂借书苦读，常遭人白眼，心中很是酸楚。自己借书，尽遇些好人家，如果再不刻苦，连这些人都对不住。到家已是半夜，二曲像个雪人似的推开半掩的家门，见母亲还坐在炕边，一直等他回来。

二曲很讲信誉，书读完之后，就立即归还。书中重要的地方，他就抄录下来，做了笔记。而且他特别爱书，读过的书不许有折痕或有弄脏的地方，尽量保持书的清洁和原貌。数载之间，上自天文河图、九流百支，下至稷官野史、壬奇遁甲，莫不研及。从此，人们再不呼他李菜，见到他，就用眼睛示意，崇敬地说：“这就是李夫子。”就连儿童走卒也都对二曲以“夫子”相呼。

二曲家贫，无钱交资而被迫自学，凭借自己的勤奋坚忍、刻苦自励和颖悟才智，从一个逢人问字、靠翻查字典为学的青年，经数年苦读，终成大儒。这在他同时代的学者中，绝无仅有。当时学界泰斗顾炎武先生就说：“艰苦力学，无师而成，吾不如李中孚。”

八 初识李柏

李柏，字雪木，自号太白山人，崇祯三年（1630）生于眉县曾家寨。其父李可教识墨通古，独爱田园青山，不应考出仕，很有文人气节。李柏少入塾所，读《三字经》《百家姓》《千字文》等儿童启蒙之类。九岁失父，母王孺人含辛鞠养，盼其苦读入仕，改变家庭穷困之貌。李柏却受父影响，酷爱陶渊明怡情田园的闲适风韵，门前植柳，园中种菊。十岁时，赋诗曰：

茅屋虽然如斗大，诗风酒月度年华。
客来陋巷不知处，五柳柴门第一家。

李柏聪慧之名轰动县邑，学使田心耕视察学校的时候，熟读其诗赋文章，大为赞赏，指令塾师精心护教。谁知李柏对制义帖括之类的八股套文，反感痛绝，尽焚案上的这类范文及写作要义，倾心阅读史传性养的典籍文牍。老师痛责，学友惋叹。学使田心耕亦甚觉遗憾，便登门拜见李柏的母亲，让她劝劝李柏，参加眉邑的童子考试。

李柏至孝，不敢违拗贤母之意，赴凤翔府就试。几场下来，文章的灵气浮动考卷，主考圈点为第一，文名远播，众人景仰。

就在李柏的前程看好之际，天崩地裂，山河破碎，大明王朝寿终正寝，清王朝主政中华大地。面对异族的奴役统治，李柏心中所生的家国情怀，鼓满了胸腔。他誓不做逆子贰臣，坚决不与清政府合作，拒不参加朝廷招揽人才的科举考试。为了避免家人和学正的强逼，他外逃林野，或日暮投古庙，坐达旦不寐，或深入智井三日夜，或潜走旷野，危尘连宵，以此表达自己的民族气节。然而乡间民人及眉邑士子，多嘲笑和讽刺李柏是鬼迷心窍，病狂丧心，愚昧至极，穷命苦胎。李柏闻而不为所动，仍我行我素，心中有坚定的人生走向。

十九岁那年秋天，李柏东走周至，登九峰境内的九阳山，拜谒伯夷、叔齐兄弟的大墓，向世人彰显自己是明的遗民。当他下山返回眉县，走到周至沙河东村时，正好是八月中秋。这天，沙河东村引幡挂白，素纸悬街，南门通街的十字路口，搭有“纪念罹难乡民”的哀悼大棚，四面八方的民人都夺路而来，参加这一追悼活动。

据《陕西通志》记载，清军从陕北、潼关两路夹击入陕，顺治元年（1644）十二月二十九日破潼关，顺治二年（1645）正月十八日占西安，李自成计划据守陕西的战略告败，被迫出走湖北，陕西各地纷纷举起抗清大旗。见此状况，清廷任命杀人不眨眼的孟齐芳总督陕西，派大将多铎率兵向西攻打户县、周至、眉县等地。沙河东村是周至县城的门户，守将派兵与东村的民团依城抵抗，士兵们乱箭齐发，射瞎了多铎的一只眼睛。多铎大怒，指挥清军猛攻，城破屠杀无辜村民二百多人。存活下来的父老，不顾清廷的高压强阻，定八月十五为纪念日，以此来怀念死难的亲人。

李柏在悼念棚前磕头上香后，站在一旁观看，见人群中有一位穿明衣、戴明帽的青年，特别引人注目。只见这青年方面孔，大眼睛，高鼻梁，身体清瘦，个头高大，严肃的脸面藏有愤怒之气，滚动的眼球射出一股反叛的热火。青年在悼念棚前上香跪拜，举动雅致而有礼数，旁边的人说："二曲先生今天也来了。"李柏一听，耳边立即回响起江夫人的话："周至有个二曲先生，同你是一路人，他很想见到你。"李柏大喜过望，跟在二曲身后，于人空处上前施礼搭话："我是眉县的李柏，在此相遇先生，甚感幸运。"二曲一听是眉县李柏，顿时神采飞扬，手抚李柏的肩头说："走，到前边的文魁庙一叙。"

住庙的老人看见走来的两位青年风姿翩翩，便邀他俩到庙下客房歇脚。刚坐定，老人便献上清茶，掩好门，让两位客人在屋里说话。

关中大地上的这两位青年初次相会，无隔膜，不陌生，相同的两颗心灵，一拍即合，立即进入了话题。他们提到崇祯皇帝煤山之死，便相互流泪抽噎；谈到洪承畴兵败降清，引军屠杀汉人，便怒不可遏；说到吴三桂失红颜而成叛逆，率重兵归附清廷，引狼入室，不禁拍案唾骂。明亡之痛烧灼着他们的心，清廷的残酷统治煎熬着他们的灵魂。他们回想古时操守高洁的壮烈之士：伯夷、叔齐怀念故国，不食周粟，饿死首阳山；屈原忠而见谤，放逐林野，听到楚国灭亡，投江殉国……他俩历数古今人物，不觉共同吟诵起文天祥写的《正气歌》：

天地有正气，杂然赋流形。

下则为河岳，上则为日星。
于人曰浩然，沛乎塞苍冥。
皇路当清夷，含和吞明庭。
时穷节乃见，一一重丹青。
在齐太史简，在晋董狐笔。
在秦张良椎，在汉苏武节。
为严将军头，为嵇侍中血。
为张睢阳齿，为颜常山舌。
或为辽东帽，清操厉冰雪。
或为出师表，鬼神泣壮烈。
或为渡江楫，慷慨吞胡羯。
或为击贼笏，逆竖头破裂。
是气所磅礴，凛冽万古存。
当其贯日月，生死安足论。
地维赖以立，天柱赖以尊。
三纲实系命，道义为之根。
……

明月初上，柔光透过窗棂，洒在两人的肩头。热血正在荡漾，浩气正在升腾，古今兴亡之事、朝野所钦人物，正在他们心中流淌。话叙一一，谈锋无收，老丈几次续水呈果，他们竟不知道。其相论投机之状、互答传神之举，是何等的炽烈。当场二人定交，互认为本家兄弟，时年二曲二十一岁，李柏十九岁。后来李柏在他的《槲叶集》中记录了这次与二曲的初识。

彭孺人为二曲的人生走向思虑，为二曲的读书治学费心，又以一个妇道人家的身躯，挑着二曲生活的重担。她靠给人纺线挣钱生活，所以麦米谷物之食不能长得。春夏两季，靠食藜藿树叶充饥；秋冬时节，靠吃树木的果籽和野菜果腹。如此伤脾侵胃，得了严重的腹泻之症，又无钱延医求治，只是朝夕祷告神灵保佑。久之，由于病体难以康复，肢体困乏，给人佃工纺线受到了严重影响，生活再次遇到阻碍，彭孺人忧虑万分。这天饭后，她把二曲叫到炕头说："你娘身子大不如以前，为了咱娘儿俩的吃喝，为了你能不停地读书治学，眼下唯一的解决办法就是给你娶个媳妇，家里添个能做活的人手，我们的日子才能往前掀。"

二曲沉思片刻，很忧郁地说："眼下咱就是个火坑，谁愿意进这个门？"彭孺人说："不管是穷是富，只要人品好，媳妇就一定能进门。"二曲还是很沉重地说："就看咱有没有这个福气。"

九 知遇贤妻

彭孺人给所有的亲戚朋友都打了招呼，让他们给二曲说媳妇。柴门草舍每天都有人来和彭孺人交谈，彭孺人掂量着这事能不能办，总要给人回个话。倒有几家姑娘彭孺人看上，可人家一打听，他家要地没地，要房没房，二曲每天只是看书，二十多岁的人了，不养家糊口，还靠他娘给人纺线过日子。娃一进门，就要主事劳碌，父母不让娃吃这个苦，担这个心，都借口回绝了。邻近高家庄有个姑娘，不知啥时见过二曲，心里总晃动着二曲的英俊模样，也喜欢他刻苦读书，心想：穷汉家娃，嫁给谁家不受罪，不吃苦？可媒人上门提亲，还没等娃说话，她娘先动了气："模样好看能当饭吃？读书不挣钱，还要靠我娃养活，天下哪有这个反反理？咱庄稼人嫁女，就是要图个实在，这事不行。"总之，说亲的人不断，有时娃愿意，可父母不愿意；有时父母愿意，可娃却不愿意。来来回回折腾了近两个月，没遇到一个靠实的姑娘。二曲倒没什么，可彭孺人发了忧愁，病情也加重了许多。

周至县城的北边，有个叫柳林号的村子，村子西头第一家是两间草棚，男主人叫朱彦龙，在渭河打鱼度日，女主人张孺人居家料理家务，独生女已是十七岁的大姑娘，叫淑珍。淑珍高高的个头，一双大眼睛，闪动着传神的灵光；高耸的鼻梁，安放在椭圆形的脸庞上，显得那么的巧致端庄；两边面颊一对深深的酒窝，像藏匿着智慧和力量；淡淡的睫毛，像秋水般的清纯；一条大辫子甩在脑后，举手投足是那么敏慧娴雅。年仅十五时，就合绳子、纳鞋底、贴鞋面，制鞋卖鞋，补贴家用。一街道人都说："这娃是个人精，将来无论嫁给谁家，都是个好媳妇。"

这样一个幸福美满的小家，突然飞来横祸，父亲朱彦龙雨后下河打鱼，水急浪大，打翻了渔船，朱彦龙溺水身亡，尸首也没找到。三十八岁的张孺人犯了煎熬：给自己找个人，娃不好相处；给娃找个人，自己不好相处。四邻亲友都劝张孺人给自己找个人，趁年轻，也许还能生个一男半女，这个门也就能开着；把娃嫁出去，让娃过自己的日子，这样两人都不受难。张孺人很难场，心像豌豆似的，在胸口滚过来滚过去，始终拿不定主意。

淑珍看她娘在作难，心里也权衡了多日，把自己的想法告诉她娘："你就在家，守住咱这个门，叫娃出门，以后我来来往往也有个落脚的地方……"没等淑珍说完，母女俩抱头痛哭，邻人们听到哭声，都过来解劝。大家你一言我一语地给张孺人递话，张孺人泪流满面，才哽咽着说："就让大家操心，给娃寻个主。"

王姨和淑珍家是隔壁，娘家是北新村人，同二曲的母亲是一起长大的姐妹。逢年过节，回娘家省亲，两人见面总有说不完的话。给二曲寻媳妇的事，彭孺人也给王姨捎了话。王姨很在心，但看了几个姑娘，都觉得配不上二曲，也就没吱声。可眼下淑珍要寻婆家，自己知根知底，娃长得好看，心地也善良，灵醒懂事，手巧能吃苦，如果二曲能娶上这娃，也算给老天爷烧了高香。但不知淑珍她娘的意思，便原原本本把二曲家的情况给这母女学说了一遍。张孺人一听把娃给“李夫子”介绍，不觉心里颤抖一下，马上表示不行，家太穷了，娃一过门就要担负一家人的生活，这事不提也罢。王姨问淑珍咋想这事，淑珍低下头，红了脸，眼睛盯着脚尖，想了一会儿说：“天下穷人是一片子，到谁家都一样要吃苦，不如先让王姨去问一下，看人家愿不愿意。”张孺人说：“你可要想好，将来日子过不下去了，可不要怪你娘。”淑珍说：“穷日子穷过，长着两只手，还能没饭吃？”王姨说：“你母女再商量一下，愿意的话，给我回一声，我给娃去跑这个路。”张孺人说：“听娃的话，是想说这事，我也就不挡了，你明天就跑一趟。”

关中隆冬的早晨，天气特别冷。二曲早早起床在窗前看书，彭孺人正打扫屋子，听见门外喜鹊不停地啼叫。开门一看，两只喜鹊在院子的香椿树上，头正对着自家的门喳喳地叫，心里感到高兴，回屋给二曲说：“喜鹊叫，好事到，你的婚事可能动了。”二曲安慰母亲说：“婚事是碰向呢，你也甭急，往后拖一下再说。”

大约半上午时分，王姨出现在二曲家门口。彭孺人迎进门，让王姨坐上炕头。姐妹俩快半年没见面了，先说了些家常话，王姨便转入正题，详详细细地说了淑珍家的情况，末了说：“妹子，淑珍这娃可是块金子，这回千万别错打主意。”彭孺人说：“姐的话，妹子全信，可咱家就是这情况，不知你给人家说了没有？”王姨说：“啥情况都给学说了，娃愿意进这个门。”这时，二曲正好从外边回来，忙向王姨施礼问好。彭孺人让他坐在炕边，把王姨的话一一告诉二曲，问他的主意是啥。

自从提亲以来，二曲好多个夜晚都想过自己的婚事。想来想去，他还是认为很难：一是家穷；二是既能承担家务又能支持丈夫读书治学，这样有见地的女子很少；三是既精明懂事又能孝敬父母，很难碰到。至于姿色娇容，他根本不敢奢望。所以，他对未来媳妇的定位只有两点：一是能吃苦持家，二是能孝敬母亲。只要能满足这两点，他也就心满意足了。二曲低头筹思，但一时还说不出口。王姨看出了二曲的心意，说：“姨给说的这娃，人长得心疼，能持家主事，能孝敬你娘，给你把啥心都能操上。”二曲一听，很理智地对王姨说：“既然这样，就请我姨拿主意。”彭孺人给王姨说：“姐，那你就安排下来咋办。”王姨说：“咱还是按礼数来。我就算是女家的媒人，你寻个媒人和我一块到淑珍家去，和她娘把礼金商量一下，然后给娃扯件衣裳，再下书订亲，至于啥时娶娃过门，你家随后定日子。”彭孺人说：“咱屋里等着用人，你看随订随娶能行不？”王姨说：“能行，咱就两步当作一步走，我回去和娃商量。”

临行，王姨又对二曲和彭孺人说：“你母子是不是抽个时间去把娃见一下？”彭孺人说：“咱姐妹谁和谁？我的娃就是你的娃，你说的还能有错？咱就不走这一步了。”母亲一发话，二曲也不好说什么，可内心对未来媳妇的种种猜测，顿时化作了万种情愫，在胸腔升腾回荡。然想见却不能见，那是多么的苦涩，又是多么的痛苦。

结婚的日子是腊月十八，由于两方都穷，一切从简。先天，淑珍家接添箱，没收礼，没待客，只是她舅家、姑家主要亲戚添些钱。送淑珍出门，也只安排了几个女客。二曲这边没搭彩棚，没设礼桌，只是在门口贴了一副对联。屋里祖宗面前、灶爷面前，点上蜡，上着香。

主动来帮忙的乡党站满了院子，伯父、舅舅、叔父及伯母、婶婶，忙前忙后，照应着来人。忘年交朱彩、朱景含及新友惠思诚，也都早早赶来祝贺。太阳刚升起的卯时，牛车迎回了新娘。三声炮仗响后，新人下车进门。双双拜过天地，拜过祖先，拜过母亲，拜过灶爷，互相对拜之后，就算大礼告成。

然后烧锅下面，大家吃饱之后，慢慢散去。伯父握住二曲舅父的手，万分感激地说："娃结婚的所有费用和今天的这顿面，要不是你包揽，事绝对不会这么圆满。娃忘不了你的大恩。"二曲的舅父说："自家的妹子、自家的外甥，都是连筋连心的骨肉，娃结婚这事，我不帮谁帮？"

等人们散尽之后，二曲才偷偷地、仔细地打量要进门的新媳妇，他见新人漂亮端庄、娴静清纯、大方稳健，心想将来过日子也肯定错不了，遂高兴地悄声给他娘说："王姨真好。"彭孺人瞅了二曲一眼，也高兴地说："你王姨还能哄咱？"母子俩都沉浸在幸福之中。淑珍也暗暗地看着二曲，见他英俊、刚毅、稳重、儒雅，心里也是一阵的欢悦。

十 立节拒考

淑珍嫁给二曲，原本就存有吃苦的准备，于是很快融入了这个贫困的小家，挑起了生活的重担，成了彭孺人的帮手和二曲生活的依靠。她以女红的精熟技巧，做制鞋卖鞋的活计，以此养家糊口，供二曲读书求知。

新庄堡有个乡约叫朱彩，字旭阳，精通五经，品格高尚，办事公道，很有威望，人们都尊他为县西片的贤达。他是二曲父亲可从的挚友，可从殉国后，他把保护二曲作为友人的职责。刁江海一伙多次到村中寻二曲闹事，朱彩出面阻拦，才避免二曲受到伤害。二曲做了好事，他表扬激励；二曲做了错事，他劝阻引导。二曲以长辈之礼尊他、敬他，听从他的教诲，两人成为忘年之交。这天，他领了一个十二岁的小孩来到二曲家，对二曲和彭孺人说：“娃是从河北讨饭过来的，没娘没爹，我想着叫娃到你家落个脚，帮你们拾柴割草，做些杂务，这样二曲就可以一心一意地读书了。

你们吃啥娃就吃啥；你们挨饿，娃也挨饿，反正让娃心里能有个依靠。”二曲和彭孺人看娃个子矮小，衣服破烂，着实可怜，都动了恻隐之心。彭孺人说：“他叔，你能把娃给这儿领，是为二曲好，是为娃好，多个人不过是多添一碗水的事，对咧，娃就算咱家一口人。”朱彩说：“娃也姓李，名叫喜，以后就叫娃李喜好了。”李喜聪明懂事，忙跪在地上，给彭孺人磕头。彭孺人急了，说：“起来起来，快把衣服脱下，让我给你洗洗补补。”

二曲十九岁时，除了博览群书以外，也掌握了八股文的写作方法，而且很是精熟。乡间许多同辈学人，都邀他参加科举，他只是笑而不言。随着年龄的增长，他不习八股的心志更加坚决。当时士人们为了应对科举，只读四书五经，只习八股文章，竟不知除此之外还有什么书籍，如有人去看性理、历史、文学之类的书，就以为涉杂，周至的读书人也不例外。于是，听到二曲嗜好古文、博览群籍时，竟把他视为怪物，讥笑他不能随俗，都说：“姓李的这个孩子，平常没有老师指引正路，不知道习文应考，必定要耽误一生，实在太可惜了。”这样，邑中的父兄、子弟都相互告诫，不要和二曲交往，一是嫌他贫穷，二是怕他影响自己的孩子应举而贻误终生。这便使二曲在周至士人中处于孤立的境地。

清政权稳定以后，为了笼络汉族知识分子，清廷立即恢复了科举取士制度。但是，具有士人气节的汉族知识分子，拒不参加考试，与清廷采取不合作的态度。顺治五年（1648），朝廷指令陕西童子试、乡试同时举行，并扩大上榜名额，而且具体规定了对金榜题名者给予一定的政治地位和经济待遇，很有诱惑力。二曲这年二十一岁，按所学实力，命中率极高，是改变贫穷面貌的绝好机会。然而，他受儒家传统思想的影响，忠义之念在他的心灵深处牢牢地扎了根。他说：“大明毁灭倾倒，我怎能放弃志节、去成就个人的事业而追求荣华富贵、高官厚禄呢？”于是，他坚决把握好自己良知的底线，抵制世俗的偏执和冷眼的相看，哪怕是孤立对敌，他都处之泰然，不为所动。

这天，西安府学正和县府教谕来到二曲家，对二曲说：“听说你刻苦读书，已成大儒，国家就需要像你这样的人才。这次是难得的机会，我们来敦请，希望你能参加考试。”二曲说：“我本庸陋之人，书虽看了一些，但都是浑浑噩噩，一知半解。至于科举帖括，我更是没有涉猎，考也是白考，所以我还是不考为好。”学正说：“朝廷思贤若渴，你怎么就不能理解呢？像你这样有名的儒人都不参加科考，国家咋能收揽治国的贤才呢？难道你就不为国家想、不为民众想？”教谕也说：“这次你不参加科考，今后将永远取消你科考的机会，让你后悔也来不及。你可要想好。”这两人一个软、一个硬，说了大半晌，二曲始终没有表态，他们只好悻悻地走了。

彭孺人也听到周至学人对二曲的谩骂、讽刺和指责，也看到官府来人给二曲施压。她心想，我娃读书求学，没招谁，没惹谁，怎么还有这么多麻烦。她了解娃的心，支持娃的志向，对二曲说：“当年，你想读书，娘就给你说过，咱读书只是为了做人树德，不想你通过读书升官发财。娘老了，只想你善待，不想你禄养。咱穷日子穷过，不能因为现在看到出头的日子就寻门路。做人要有人格，要有德行。咱是明的遗民，不参加清家的科考也罢。”彭孺人作为一个女子，看问题这么深远，境界这么高拔，让二曲很是倾倒，更坚定了他入列明家遗民的信念。

当然，在二曲所处的那个时代，周邑折节应试的大有人在，他们穿清服，戴清帽，留长辫，背四书五经，习八股文章，结队成群，纷纷列名报考。但也有讲究气节的人，对这种情况作诗嘲讽。其诗曰：

圣朝特旨试贤良，一队夷齐下首阳。
家里安排新雀帽，腹中打点旧文章。
当年深自惭周粟，今日幡思吃皇粮。
非是一朝匆改节，西山薇蕨已精光。

诗中的“夷齐”是指伯夷、叔齐兄弟。二人是商朝末年孤竹君的儿子，因不愿意继承君位，逃奔到西岐，依附周文王。后来，文王的儿子武王联合诸侯，出兵讨伐商纣时，二人拦马力劝，指责武王不应以臣伐君。商朝灭亡后，二人发誓不食周粟，逃至九峰南边的首阳山，采集蕨薇度生，后来饿死山中。此诗以“西山薇蕨已精光”，尖锐讽刺变节诸生，实令人倾倒。

会试那天，应试诸生太多，屋小无法容纳，当政者便把一部分人赶出考场。于是又有人依前诗之韵，再续一首讽刺道：

失节夷齐下首阳，院门推出更凄凉。
头上打歪新结束，胸中惊乱旧文章。
朝来饱饭周家粟，归去仍炊仲子粮。
从今决意还山去，堪嗟薇蕨已精光。

从这两首诗来看，二曲并非孤立，关中道上与二曲志同道合者，望之列队。眉县李柏、富平李因笃、华阴王宏撰、泾阳李念慈、兴平李大春、临潼孙枝蔚以及著名学者宋振麟、刘汉客、张鼎铨、田而钰、李楷、杜恒灿等，皆拒考不群，二曲不过是他们当中斗争最坚决的一员。

十一 著书壮怀

二曲二十岁读《小学》《近思录》《程子遗书》《朱子大全》，二十一岁读《九经郝氏解》《五经正义》《九经字样》《十三经注疏》等。这一年，他集中对儒家经典进行深入研探。九经是唐科举考试明经科的考试内容，其经书包括《周礼》《仪礼》《礼记》《左传》《春秋公羊传》《春秋谷梁传》《易经》《尚书》《诗经》这九本典籍。明时，学人郝敬对此进行了变通，把《周礼》《仪礼》《礼记》《易经》《诗经》《春秋》《论语》《孟子》《尚书》作为九经，对其中的文字和含义进行了通解。《五经正义》是唐孔颖达在朝廷的授意下，对《诗经》《易经》《礼经》《春秋》《尚书》这五种元典经籍进行解读和正义。十三经，在南宋以前，发行的都是单行本，各代著名的学者对其都有注、疏、正义和别解。到了南宋后期，才有人把十三经刊印为合订本。明嘉靖、万历两朝，这种合订本多有流传。二曲所读是嘉靖版本，收集的是魏王弼注、唐孔颖达正义的《易经》，汉孔安国传、唐孔颖达正义的《诗经》，汉郑玄注、唐贾公彦疏的《周礼》《仪礼》，汉郑玄注、唐孔颖达正义的《礼记》，晋杜预注、唐孔颖达正义的《春秋左传》，汉何休注、唐徐彦疏的《春秋公羊传》，晋范宁注、唐杨士勋疏的《春秋谷梁传》，魏何晏注、宋邢昺疏的《论语》，唐玄宗注、宋邢昺疏的《孝经》，晋郭璞注、宋邢昺疏的《尔雅》，汉赵岐注、宋孙奭疏的《孟子》。二曲对这些注、疏、正义的经典反复研读，相互对照，独立思考。在古时著名的学人面前，他没有自卑，没有被吓倒，而是发现许多注、疏、正义与元典精神的含义有出入、有违扭。为了还经典于本意，防流弊贻害于后世，二曲作为一个青年学子，胸怀大义，面对千古定型的森严文字，以不随波逐流的勇气和矫枉开流的精神，对各家的注、疏、正义，进行一一的厘正，驳瑕纠谬，重论新意，著成了《十三经疏注纠谬》一书。这于一个刻苦自学的僻壤学子来说，既是对学业的考验和挑战，也彰显了一个学人的伟岸和壮举。

顺治五年（1648），二曲二十一岁，他集中解读史学类书籍，研读了汉司马迁的《史记》、汉班固的《汉书》、宋范晔的《后汉书》、晋陈寿的《三国志》、唐房玄龄的《晋书》、梁沈约的《宋书》、梁萧子显的《南齐书》、唐姚思廉的《梁书》《陈书》、北齐魏收的《魏书》、唐李延寿的《南史》《北史》、唐李百药的《北齐书》、唐令狐德棻的《北周书》、唐魏徵的《隋书》、宋欧阳修的《新唐书》《新五代史》、元脱脱的《宋史》《辽史》《金史》、明宋濂的《元史》。二曲所读版本是明嘉靖年间校刻的史书汇编。后又读司马光的《资治通鉴》、朱熹晚年所注的《资治通鉴纲目》。通过对这些史书的研读，他如同在中国历史长河的浪涛中作了一次穿越和畅游。当时的二曲，可谓是初生牛犊不怕虎，用自己求学的史学观点，审视历代史书著作者对各类事件的描述，深入分析事件的外在环境和内在因素，推导和还原历史事件的本来面目，着力追求信史的真实。于是，他从这二十一史中搜寻出许多扑朔迷离、前后抵牾的事件，进行分析研讨，去伪存真，正本清源。譬如他读《纲目》一书时，见关于蜀汉之亡有两种说法：一是正统的思想界定，认为邓艾兵至成都，后主刘禅出降，是蜀汉灭亡的时间界限；另一种说法是后主信任中官黄皓，以丧其国，是汉自亡。二曲认为这种说法欠妥，如果照此推理，吴主孙皓残暴凶狠，足以自丧其国，吴主在位何不书“吴亡”？不管是后主刘禅的偏听偏信，还是吴主孙皓的暴戾恣睢，都是加速灭亡的过程和因素。灭亡的直接标界还在于两军对垒，以胜负决兴灭。像这样的史家认知观点，多现于史书之中。二曲阐述自己的独酌真见，一一校正辩驳，是而撰成《二十一史纠谬》一书。

顺治六年（1649），二曲借读唐杜佑的《通典》、宋郑樵的《通志》、元马端临的《文献通考》、宋徐天麟的《西汉会要》《东汉会要》、宋王溥的《唐会要》《五代会要》等书，从而明知了国家更替的原因在何处、江山社稷的兴衰关键在何处、国强民安的治理策略在何方。他胸中所装载的知识发酵升腾，一个修身、齐家、治国、平天下的学子，其社会责任感，迫使他要倾平生之所学，为国尽力，为民效命，洒一腔热血，著书壮怀，明志出世。于是，他心中思索和规划了自己的著述活动。首先在他的脑海里挥之不去的是天德王道，书名也跃然纸上，名曰《帝学宏纲》，是研究和论说如何当好一个帝王的学问。昏暗的油灯照亮了小屋，破旧的桌上铺着粗糙的麻纸。妻淑珍给二曲斟好茶水，站在桌旁磨墨。二曲凝神端坐，渐渐放开了思绪，润墨起笔慢慢地写道：

“帝王是国家的象征，是民族的领班，这个特殊的社会地位，关系着国家的兴盛和衰亡、民族的振兴和覆灭。一个人一旦走向了帝王的宝座，首先要考虑的是如何把国家治理好：对外，有绝对的强势，使外族不敢入侵，以保国家的安全和利益；对内，惜民爱民，让人民富裕安康，力求社会的稳定和进步。这就是帝王的立志。故治天下者，必先立其志。正志先立，邪说不能移，异端不能惑，故力近于道而莫之御也。

“其次，是帝王的修身。成其身而天下成，治其身而天下治；为国之本，在于为身。身为而家为，家为而国为，国为而天下为。帝王如何修身呢？一是内在道德伦理的深刻认同，二是外在礼仪法则的自觉遵守。孔子说‘为政以德’，就是说政治必须在道德的统帅下实施。帝王道德的高下，是检验政治清明的标尺。商纣王因丧德而失国，周文王因高德而建国，‘周公吐哺，天下归心’，就是通过道德权威扩及政治权威的真实写照。帝王治国，莫如以德，莫如行义。以德以义，不赏而民自安，不罚而邪自止，此神农、黄帝之政也。以德以义，则四海之大，江河之水，不能滥矣；太华之高，会稽之险，不能障矣；阖庐之教，孙吴之兵，不能挡矣。道德的力量是巨大的，所以正心修身，树德处政，是帝王治理国家的先决素养。其身正，不令而行；其身不正，虽令不行。修身立德之道，是帝王实现内圣外王的必由之路，具体方法是修己、克己、自戒、自讼、自责、自省、谦逊、不争、虚心、养性等。以此，使自己的品德与帝王身份相匹配，然后慢慢上升到尧舜的高度。帝王成了尧舜，天下人皆会为尧舜，那么，天下达到盛世还会远吗？

“中国古代治理社会的是仪礼，‘经礼三百，曲礼三千’。经礼是国家正式制定和推行的大礼，曲礼是日常生活中用的普通礼节，依照人的地位、职业、长幼，规定了相应的有轻重高低之差的礼仪行为。数千年的封建社会是礼大于法的社会，法只能强迫人该做什么、不该做什么，而礼是导使人们自发地、主动地遵从和维护社会秩序。这就是‘礼禁于未然之前，法使于未然之后’，

'为政先礼，礼其政之本与'。所以君王的一言一行，都必须符合于礼。这样，与邻国往来，与臣下处事，与民人施政，都会有节有度，不至失礼而误国。卫国大夫仲叔于奚为国立了功，卫侯赏他一座城邑，仲叔于奚不要城邑，却请求得到诸侯所用的三面悬挂的乐器及每日乘坐繁缨装饰的马匹上朝见君。卫侯居然答应了。孔子听后，顿足叹息：'城邑可以奖赏，但器物和名号不能轻易赏赐给臣下，这是国君树立威信、体现国家权威的礼制。礼制用来推行道义，道义用来维护利益，利益用来平服人民，这是政治大礼节。如果假借他人，等于把政权送给别人，政权丢了，国家就随之灭亡，卫侯也太不懂礼制了。'道德是政治的灵魂，礼是政治生命的载体。帝王不能不引为修身之要务。

"帝王勤政，戒淫逸，戒淫乐，戒淫猎，这是基本和起码的素养。遵守朝仪，及时处理和解决军国大事，不僭越礼节，不过分沉溺于乐舞游猎之中。时时想着国家的安危、人民的艰辛，为国谋强，为民谋福，不残暴对臣下，不苛政虐人民，不随意动杀念，不随情处政务，善良厚道而不怯懦，威仪庄严而不暴戾，勤勤恳恳，沉沉稳稳，如此，国家必然兴盛，人民必然康乐；否则，将招致国家灭亡、人民苦难，如远古时的太康、夏桀、商纣等。帝王的权力至高无上，没有任何约束力，全靠自我的修养和造化。因此，帝王要时时提醒自己，反省自身，为天下树表率，为臣民立楷模，帝王才会问心无愧。

"人才是社会的基石，开创政权、巩固政权都应以选人用人为先务。为治之要，莫先于用人。舜时，高阳氏有八个子孙，他们中正、通达、宽宏、深远、明德、信守、厚道、诚实；高辛氏有八个子孙，他们忠诚、恭敬、勤谨、端美、周密、慈祥、仁爱、宽和。舜便举拔了这十六位贤人，让他们管理政务，宣扬教化，结果天下大治，人民欢乐。周文王礼贤下士，像姜太公、散宜生、太颠、闳氏等大批人才都归附帐下，灭商建周，成就了一番大业。刘邦深藏不露，驭才有道，萧何、曹参、韩信、张良等都于军前谋划，结果由弱变强，最终建立了大汉帝国。而项羽，刚愎自用，不揽才招贤，还赶走了韩信、范增这样的旷世奇才，结果由强变弱，最后落得个乌江自刎的结局。齐桓公爱才若渴，三请臣稷于荒野林泉。魏文侯多次去请高士段木干，一直站着，疲倦了也不敢落座。燕昭王为了改变千疮百孔的局面，千金求马，筑台拜师，使人才相互结伴而至，乐毅、邹衍、剧辛、郭隗都拥聚殿下，只几年时间，燕国就殷实富强。帝王卑躬屈节、礼贤下士，是招揽人才的策略。利用人才之间的攀比、竞争心理，造就有利于人才生存、尽才的有利条件，使人才队伍不断壮大，是帝王摄政治国的第一要务。”

时已夜半，淑珍给灯里添了油，给二曲续了水，便坐在一旁纳鞋底子，陪二曲熬夜。二曲几次催她休息，她总是不肯。彭孺人说：“鸡都叫了，你俩还不歇息？”二曲怕影响母亲，这才熄了灯。天刚亮，二曲就坐在桌前，开始了新一天的劳作。他写道：

“识别贤才、罗致贤才的同时，要识别奸邪和拒用奸邪。奸邪的破坏力量是巨大的，往往给帝王和国家带来灭顶之灾。韩非子有识奸辨奸的五则八法，管仲就防奸之道有七论五要。余为帝王识奸订立几条操作规范，是奸是贤，一见分了。挪用国家财物贿赂君王以骗取信任；给人恩惠，收买人心，为自己扩充势力；结党营私，朋比为奸，拉拢智士能人以壮声威；释放刑徒罪犯，结为私党，待机驱使任用；诽谤朝政，谣言惑众，以扰乱人心；买通君王宠幸之女，了解君王信息，以便伺机进谗；买通君王近侍，以便投其所好；讨好君王亲族，意在造势布阵；收买说臣，左右君王意志，为自己谋利；私养武士、剑客，是为图谋不轨；勾结外国势力，用来要挟国君；诋毁贤人，推举邪佞，必为大奸；

诬陷贤良，貌似尽忠，实为国贼。”

二曲指出：“单凭君王的道德审评及阅世目光而判断贤良奸佞，会时出差错。关键是要制定朝仪之规，使贤臣尽才用事，使奸臣不敢妄动肆为。用制度掌控人事，用监察监督权力，树贤去奸。故仁君之治，大者天下，小者一国，内外之官以千万数，考察黜陟，必须设有专门的机构，委派专门的官员。为人君者，亦用此法，考察黜陟公卿、郡守，上下互动，里外同察，朝纲肃穆，国家之治、选优举贤便能得到有力的保证。

“大凡能建功立业、称雄一代的英明君主，都能虚心纳谏，从善如流。他们对敢于直言劝谏、排除国家隐患和壅塞的忠臣豪杰极为尊重。于是，耳目通达，心志明广，能防患于未然，才成就了一代伟业。相反，那些拒绝直谏、堵塞言路的昏聩君王，都落了个国破家亡、身败名裂的下场。纳谏和拒谏决定着兴亡盛衰的历史，是帝王主政里面一个极为重要的智慧和策略。

“管仲陪桓公喝酒，从早晨一直喝到日暮时分，桓公叫上灯再饮，管仲劝阻：‘我们怡乐饮酒已一整天了，晚上不可再饮，咱们散了吧！’桓公有些不高兴，说：‘你年事已高，我还能与你快乐多久呢？何不晚上接着痛饮？’管仲直言说：‘君王错了，贪婪美味者则德行浅薄，沉于享乐者到头来必然忧伤。壮年倦怠则迷失良机，老年松懈必丧失功名。国家还很困弱，百姓还在受苦，君王怎么还能沉湎于饮酒怡乐呢？’桓公听了感到很羞愧，从此节酒罢乐，君臣合作，一心理政，齐国逐渐强盛，成就了一番霸业。

“楚文王牵茹黄猎犬，佩带宛路短箭，到云梦泽游猎三月不返。得到丹地的美女，淫于女色，整年不上朝听政。太保申上谏说：‘你沉湎田猎女色，期年不朝，此罪必须施以鞭刑，方可使你纠错就正。’楚文王申述道：‘我也知自己错了，但我自小就位于诸侯之列，请换一种刑罚，不要对我施鞭刑。’太保申说：‘我受先王之命，监国保王，不对你施鞭刑，就是废弃了先王之命。我宁愿获罪于你，也不能对不住先王。’楚文王无法，让人铺了一张芦席，脱衣趴在上面，准备受刑。太保申捆起五十根荆条，跪着放在文王身上，再拿起又放上，反复了两次，对文王说：‘你起来吧！’文王要求道：‘反正有了鞭刑的记录，索性就打我一顿吧。’太保申说：‘我听说对君子只是使他受耻辱，对小人才使他受疼痛。若受了耻辱还不改罪过，再使之受疼痛又有什么必要呢？’太保申说完走出朝堂，请求流放并治他的死罪。文王说：‘都是我的错，太保申才是我应该敬重的扛鼎之臣。’于是，改变恶习，杀茹黄猎犬，折宛路短箭，放丹地美女，倾心朝政，励精图治，国强民富，很快兼并了三十九个小国，楚国一时成为霸主。

“周厉王残虐百姓，国人皆在背后指责他。召穆公转告厉王，并进谏说：‘百姓不能再忍受你的政令了。’厉王不但不思悔改，反而派卫巫监视指责他的人，抓住就杀头。国人不敢再言，只能以怒目相视。厉王高兴地对召穆公说：‘我能消除人们的怨言了。’召穆公说：‘你这是阻止百姓的指责，并未消除人们的怨气，堵塞言论比堵塞流水危害更大。堵塞流水，一旦决口，伤人必多；堵塞言论，到时却要招来灭顶之灾。善治水者疏通阻塞，让水畅流；善治国者，引导人们各抒己见。所以，君王处理政务时，鼓励公卿大夫直言进谏，使好学博闻者谈讽谏之议，让乐官进箴语真言，让乐师诵讽谏之诗，让百姓的意见能传达上去，让官家近戚监察君王的政务，听取近臣的规劝，及时弥补过失。这一切都由君王谨慎言行斟酌取舍。如此，下面没有遗漏的善言，上面就没有过失的举措。如今你堵塞百姓的言论，已经铸成壅塞的过失，恐怕将成为国家的忧患。’厉王对此不予理睬。结果三年之后，国人造反，把厉王放逐到彘地去了，直至他死在那里。”

二曲所著《帝学宏纲》，从立志务国、修身树德、规礼示范、勤政爱民、得贤务本、除奸矫枉、纳谏谋策、居安思危、戒骄屏奢、顺应民心、因时革新、明德慎罚、垂拱而治等多方面阐述帝王之学的要纲，旁征博引，洋洋数十万言，宏阔博大，恣肆汪洋。当他搁笔掩卷，不觉脱口而说："此帝王之读本、君主之规范也。"

正当二曲兴奋自赏时，五六个官差破门而入，责令二曲交纳丁银。家中已断炊，二曲告贫，差官愤怒，意欲捆绑拷打。拥进内室搜寻所制作的鞋履，看见炕上竟然没有铺芦苇，瓮中一点粟粒也没有。二曲的妻子饿得面目黄肿，母亲僵卧不能动弹。见其家境如此凄惨，官差遂产生怜悯之心，领头的拿出几文钱周济二曲，二曲坚辞不要，说："你们不收我的丁银，算是解了我的难处，可你们回去咋交差呢？"

十二 正学图治

惠思诚闻二曲断炊，急令人送来一袋子小麦，朱景含托人捎来十串铜币，让二曲做制鞋的本钱。对于友人的资助，二曲感激的唯一方法，是更加刻苦地读书、著述。他读南宋真德秀所著的《大学衍义》，读明胡广编辑的《性理大全》。《性理大全》虽说辑录了一百二十多家的理学论说，但大多是断章取义，不能深入了解宋儒各家的全貌，于是，二曲借读孙复的《春秋尊王发微》、李觏的《盱江先生全集》、邵雍的《黄极经典》、周敦颐的《太极图说》《通书》、司马光的《温国文正司马公文集》、张载的《正蒙》《易说》《经学理窟》、王安石的《王文公文集》，再读二程的《河南程氏遗书》、胡宏的《知言》、朱熹的《四书集注》《周易本义》《太极图说解》、陈亮的《龙川文集》、陆九渊的《象山集》、王守仁的《阳明集》以及《龙溪集》《近溪集》《慈湖集》《自沙集》《吴康斋集》《胡敬斋集》《困知记》《泾野语录》《冯少墟集》等。

通过对这些书籍的研读，二曲强化了树立理想人格的理念。注重士人气节、注重道德建树、注重社会责任和历史使命的文化性格，使二曲的志向得到了进一步的培植和发育。张载的“为天地立心，为生民立命，为往圣继绝学，为万世开太平”，成为二曲人生奋斗的终极目标。他羡慕程颐十八岁竟大胆向仁宗皇帝上书，劝仁宗以王道为国策，以生灵为念想，黜世俗之论，期非常之功；也仰慕邵雍少有大志，自雄其才，慷慨欲树功名，开始读书，即艰苦刻励，寒不生火炉，暑不摇蒲扇，夜不就席者数年，于书无所不读。于是，二曲心里升腾起了担当世道、经世治国的强烈愿望。一套经国宏论于胸中磅礴而出，在穷屋昏灯之下，他开始了《经世蠡测》的创作。其首章之论是：

“第一，依据自然法则，制定社会管理法则。‘天道圆，地道方，圣人法之，所以立天下。’天、地、人，自然与社会之间，存在着相互影响、相互协调的对应关系。自然的结构变易，左右着人事的状态和机制；反过来，所有自然的反应都与人事举动相牵连。君臣上下的等级是效法天地之差，夫妇外内之理是根据阴阳之别，所有政策法令的安排应与四时的变化相吻合。刑罚律戒是模拟雷霆的威严，德政仁爱是出自天地生养万物的性灵。总之，治理国家的一切法令、制度、规范、政策，都要与天地之性相匹配。把政事与自然协调得恰到好处，政治就稳定，人事就长久；否则，国家就混乱，君王就有失国之危。

“阴阳五行的思想既是一种系统的自然观，也是一种完备的政治观。社会的法则，就是自然的法则。社会管理成为自然之道，政令不能与自然规律相违背。精确地安排重大政治活动，如郊庙祭祀、礼乐征伐、农事活动，百姓才能安居乐业，国家才会长治久安。

“政治活动的过程，如果与自然运行相吻合，就具备了极大的可行性；政治的功能一旦与自然相连接，其力量是强大的，不可战胜的。

“第二，治国的静动法则。治理国家，首先是明确治国方向，方向确定了，就要制定相应的政策法规。而政策法规的制定必须有通盘周密的考虑，必须接受反复的论证和局部的试验。政策法规的实施贯彻，必须坚决果断，而且要持之以恒，谨慎稳妥。不滥施个人意志，不因多动而扰民，不因多静而敷衍，做到动静有致，各得其所。《老子》六十章所言‘治大国，若烹小鲜’，就是说，治理大国，就像煎小鱼那样，不要多次去搅动它；搅动太频繁，小鱼就烂了。老子以极其形象简洁的语言，概括了极其艰深复杂的治国策略。这个韬略适用于不同的历史时期和不同的政治体制。

“战国时期，魏文侯采纳李克的谏谋，革新国家政治体制，推行新型管理方式，起用出身低微而有治国才能的有为之士，如翟璜、李悝、吴起、西门豹、乐羊、屈鲋等人。李悝倡‘地力之教’，加强农业管理，提高农作物产量，增加田租收入，以盈国库；翟璜推‘平采法’，由国家干预粮食，防止农民破产，确保国家战时的粮食储备；屈鲋监行《法经》，用于处理日渐复杂的社会矛盾，加强对国民的管理；吴起用‘武卒制’，是招兵编训、行军布阵、强军胜战的重大改制。新政推广施行，魏国渐渐由弱变强。不幸，魏文侯死后，亲贵掌权，国策反复无常，魏国政局动荡不安。先君之令未出，后君之令又下。贤能之士被放逐，被谪贬。君主易人，使国家失去了静态的发展，进入急剧变动之态，国家陷入了危亡的边缘。

“秦国变法迟于中原各国。商鞅总结了各国变法成败的经验、教训，制定了远较各国详尽全面的变法措施；又以秦孝公作为变法后盾，推行新法，果断大胆，决不轻易变动，使新法深入人心。

孝公死后，商鞅虽遭车裂，但继任者仍应乎潮流，顺乎民心，一如既往地以法执政。于是，秦国的政治局面始终在静态中发展，在动态中前进。而东方各国却打破了静动处政的法则，时而变法，时而复归，莫衷一是，无所适从，终于被秦一一侵吞而亡国。

“第三，调动欲望法则。人的欲望，与生俱来。色食欲望、地位欲望、财富欲望、荣誉欲望等，都与国家的利益相互联系又相互对应。国家如以利益相期许，把社会各阶层人的欲望能调控得恰到好处，那这个国家的强大昌盛就必然到来；如果调控不好，使国家利益与社会各阶层人的利益相对立，社会的动乱和衰退就必然发生。儒家的调控办法是牺牲个人欲望而成全国家利益，国家则以‘不患寡而患不均’，限制欲望膨胀，使国人达到忘利崇义的道德高度。道家的策略，是要国家和百姓都把欲望克制到最低限度，老百姓无求，统治者无欲，才是政治的理想境界。法家是通过政治的压力，借助国家所掌握的土地、山林、地位、官爵、封号等资源，强迫国民的欲望与国家利益统一起来，而国家对国民的要求是繁荣农耕、强大军队，这是实现国强民富的唯一途径。于是，国家向国民敞开专一农战的路子，让国民在这条路上尽量实现并满足自己的欲望。让边利尽归于兵，市利尽归于农，使农耕与从军成为最高尚、最有前途、最能获得直接利益的职业，国家的强大就会指日可待。商鞅在秦的经国实践、管仲在齐的经国历程，都是这方面的实证。

“关于欲望，一般情况下，会出现两种状况：一是社会各阶层的人无有欲望，一是欲望过分强烈。这两种情况都证明国家的治理出现了大的问题，亡国之痛就在眼前。人没了欲望，视当皇帝和当奴仆一样，视享天下和无立锥之地一样，视吃肉喝酒和粗茶淡饭一样，视彭祖的长寿和孩子夭折一样，至尊、至富、至寿都不能鼓励人们，进取心没了，竞争力没了，社会活力没了，统治者无法用满足欲望来激励社会成员的能动力，国家死气沉沉，这是很可怕的。相反，国民欲望过强，必然与国家利益冲突：国民纵欲资产，国家就难以最大限度地积累财富；国民喜欢权力，结党营私，割据一方，战乱扰民的现象就会发生；农人厌倦劳作之苦，就会纷纷弃农经商，饥饿就会到来；国民畏死，就逃避兵役，无人效死疆场，军队就会缺乏战斗力；国民喜欢物产丰富、土地肥沃的地方，人口就会呈现不合理的布局。总之，一任国民的欲望无限地伸展，这是比没有欲望更严重的灾难，直接威胁着国家的安全。

“一个善于经国的君主，能够让自己的官员、民众得到他们想要得到的东西，也使他们受到应有的惩罚。其策略是利用人的欲望，满足人的欲望，钳制人的欲望。人之常情是好爵禄、恶惩罚，因此，国君就以刑赏来控制人的欲望，树立自己的威信，维护国家的利益。为国尽力献身者封给爵位，立功者给予奖赏。让国民信任君王就像崇拜日月一样，军队就会无敌于天下；再用刑罚督促怯懦的人，使他们变成勇敢的人；再用奖赏鼓励勇敢的人，他们就会舍身拼命。这样，怯懦的人勇敢起来，勇敢的人舍生忘死，国家就会无敌，君主就会成就王霸之业。

“从人的欲望天性出发，利用人的欲望，诱导和控制人的欲望，使所有的国民都能倾心为国，为了欲望而拼搏，这是经国的重要法则。

“第四，因时之道法则。善于经世治国的君主，欲做大事，对‘天时、地利、人和’三者都要有精心的策划和运筹。他们考虑如何耐心地等待时机，巧妙地把握时机，着意地安排时机，积极地创造时机。诚如古人所言：‘事之难易，不在小大，务在知时。’这样，事业的成功就不会充满偶然，也不会无所期望，胜负会完全在自己的掌控之中。商代末年，纣王横暴无道，王朝呈衰败迹象。周武王派人刺探殷商的动静，那人回报说：‘殷商要出现大乱了。’武王问：‘混乱程度如何？’那人答道：‘邪恶的人压倒了忠良的人。’武王说：‘混乱还没有到极点，再去刺探。’过了一段时间，那人回来报告：‘混乱加重了。’武王问：‘加重到什么程度？’答曰：‘贤德的人都出逃了。’武王摇摇头说：‘还没有到极点，再去刺探。’过了较长时间，那人回来禀报：‘混乱相当厉害，老百姓都不敢讲怨恨不满的话。’太公说：‘邪恶的人压倒了忠良的人叫暴乱，贤德的人都出逃叫崩溃，百姓连怨言都不敢讲叫惩罚太苛，这是混乱的极点，灭商建国的时间到了，请武王出兵。’武王选战车三百辆、勇士三千名，带领诸侯，于甲子日陈兵牧野，商人不战而败，纣王自焚，周由此建国。时势把握得准，成功的可能性就大；借助的时机越成熟，花费的代价就越小。在崇尚道德的社会中，有德之君经国治世，会水到渠成；无德之君主国，会衰败灭亡。这是时势客观的发展规律。

“君主经世治国，只要抓住最佳时机，小国可以战胜大国，弱国可以战胜强国，穷国可以转变为富国。成功者往往在于主动地设计时势，让事物发展的内在逻辑朝着有利于自己的方向延伸，这样就会无往而不胜。‘君子藏器于身，待时而动’，所以，因时之道，是经世之法则、治国之利器。

“第五，见微知著法。见微知著、防微杜渐，是对事物现象与本质之间、现实与未来之间一种超越性的审视和思考。经世治国上的大是大非，往往是通过微言琐事的端倪初露而率先显示。于是，要在事物未出现混乱前遏止住混乱的苗头，就是把可能引起后患的征兆扼杀在摇篮里，这是保证国家稳定安全的重要策略。君主治国，最要紧的是观察事物的开端，其次是预见事物的结局，再次是在事物发展的过程中洞察其事态的凶险。国君如果做不到这三步，而是对所得来的信息随意决策，国家就危险了。所以，

‘君子知微知彰，知柔知刚，万夫之望’。如果能够敏锐地发现事物的征兆，准确地预见到发展变化的必然趋势，就可及早地采取针对性的措施，消灭大患于未然之中。所以，有为的国君和臣下，除了依照礼制或法则处理政治事件外，在相当程度上是处心积虑地寻找与政权相关政事的种种端倪，分辨其发展趋势究竟是利于国家安全和稳定，还是会给国家的安全和稳定带来破坏和灾难。是前者，就因势利导；是后者，就果断扼杀，不让它有任何发展的机会。否则，国家和民族的祸害就会到来。

“公子于州，是卫庄公宠姬的儿子，性情凶暴，喜欢玩弄兵器，且骄横傲慢，拨弄是非，挑拨离间，庄公不但不禁止，反而特别宠爱他。大夫石碏认为这样下去，必然会给国家埋下隐患，就向卫庄公进谏：‘我听说疼爱儿子，应当用正道来教育他，防止他走入邪路。骄横、奢侈、纵欲、放荡，是走向邪道的开始，而这四种恶习的养成，则是由于备受宠爱和享受太过分的缘故。如果想立于州为太子，现在就对他严加管教，使之改变恶习而重塑高德；否则，君王百年之后，卫国的灾难就会到来。’卫庄公没有听石碏的规劝，任于州随意成长。庄公死后，传位给卫桓公，于州不服，冲进宫中杀死了卫桓公，自立为国君，卫国大乱，很快衰弱下来，不长时间，国家就灭亡了。纣王用珍贵的象牙做筷子，箕子听了十分不安，他认为：用象牙筷子就不会在土盆中夹东西吃，一定要用上等的犀角和美玉做成的杯盘；用上象牙筷子、犀玉杯子，就不会吃粗劣的食品，一定会吃牦牛、象、豹的胎儿；桌上摆着山珍海味，就不会穿着粗布衣裳来吃喝，必须配上锦绣的衣裳，住上宽敞的房子，登高耸的楼台。贪欲没有止境，奢侈没有界限，淫欲随之而来，其结局是很悲惨的。于是，谏言纣王见微知著，检点自我。纣王根本听不进去。过了三年，纣王果然筑起了肉林、酒池，施暴专政，一步步走上灭亡的道路。所以，见微知著，明察秋毫，是经世治国的重要法则。”

正当二曲放笔著述之时，族中的远房亲戚因祖上分家，在财产分配上认为不公，把仇恨转嫁到二曲身上，所以，时常对二曲恶语中伤。正巧，亲戚的女儿出嫁到新庄堡，家中被盗，逮住了盗贼，这个亲戚便对盗贼说：“你如果说这是二曲家的仆人李喜所为，我就放了你。”贼人一听是诬陷二曲先生，便说：“我宁愿负罪，也不能诬陷先生。”亲戚不仁，贼人有义，二曲哭笑不得。但他既不去招惹亲戚，也不颂扬贼人，只是想求得一个平静安然。然村中的传闻却沸沸扬扬，弄得那个亲戚很是狼狈，从此，他再也不来新庄堡伤害二曲了。二曲很快平静下来，继续着自己的著述。

“第六，居安思危法则。朝代更替，宫廷政变，打破一个旧政权，建立一个新政权，安危之局，在瞬息万变中。所以，君主与臣下，在经国治世时，总是于安中把握危，于危中寻求安，于福中看到祸，于祸中求其福。‘君子安而不忘危，存而不忘亡，治而不忘乱，是以身安而国家可保也。’刘邦做了皇帝，慢慢变得骄横起来。有一次，他病了，就传旨谁也不许进宫见他。持续了好几天，许多事情不能奏报断决，文武百官都着急万分。樊哙很恼火，一时兴起，闯进宫去，径到皇帝的床前，厉声说：‘想当初，你在沛县起兵，当时是何等的神武。今天下已定，怎么就变得这么精神不振？如今你有病，不和大臣们商议国家大事，却整天和一两个太监待在深宫里，难道你就不想当年秦始皇病死时，宦官赵高假传遗诏，杀害公子与文武大臣，祸乱天下吗？国家安定时，要想到危难，如今你居安自危，惑迷不知，这是多么危险的举动！’刘邦听罢，翻身起床，马上召见群臣，议决朝政，才避免祸害的发生。文帝、景帝居安思危，成就了文景之治；唐太宗居安思危，开创了贞观之治；宋时，真宗、仁宗居安思危，使宋王朝进入了一个辉煌的时代。所以，贤能的君主经国治世，政局越平稳，越要考虑惊涛骇浪的到来；国家越强大，越要关注外族的入侵；人民越安乐，越要注意减免赋税和劳役；处安逸而思危急，处强大而思弱小，处富有而思困窘，处所得而思所失，这才是确保国家长治久安的必由之路。

“居安思危的经世法则，实际上是知盈处虚之道。尖锐锋芒，难保久常；金玉满堂，难为守藏；富贵而骄，自寻灾害。所以，《诗经》中说：‘高而不危，所以长守贵也；满而不溢，所以长守富也。’高不危，满不溢，是把两极转化的态势，完全依照人的意志加以操纵，这才是最佳的境界。居安思危的经世法则，是治国者对处理政务的最高理想追求。”

这一章写完，已是午夜时分，二曲又拟出仁政尚贤法则、亲民顺心法则、兼听并观法则等纲目。刚准备吹灯入睡，堂弟李晔急切打门，进屋后抱住二曲痛哭不止。二曲的母亲、妻子都过来问询，李晔哭诉道：“今天下午，县府公差王头目下乡催粮，一群人如狼似虎地拥进家中，把仅有的粮食要抢走，父亲上前阻挡，说：‘我家就这点粮食，如果把这些粮食拿走，就断了顿。请容我几天，一定想法把粮缴上。’王头目不容诉说，一出拳就把父亲打倒在地，并让随从把父亲捆绑吊起，用皮鞭在身上抽打。乡邻们拥来劝说，他们才住了手，家中仅有的粮食被拿走了，父亲羞辱难当，刚刚咽了气。我来找你商量，你给我出个主意，看这事咋办？”二曲听罢，义愤填膺，泪流满面，同堂弟李晔回到菜园堡老家，见族人都围着叔父的尸首痛哭。二曲刚进门，就跪地前行，抱住叔父尸首号啕不止。众人围过来劝说多时，二曲才止了哭，卧坐在叔父尸首的一侧。族中的老者说：“土生，你读的书多，经的事多，你给咱说这事如何了结？”二曲说：“我马上写状子。明天，咱族中老幼都到县衙门前喊冤告状，要求县官惩办王头目。”大家商量了一番，做好了安排，各自散去。

第二天，李氏族人披麻戴孝，李晔把状子高高举过头顶，走在前边，二曲的堂兄李居、李康，堂弟李铎、李岩，二曲及数十人紧跟在后边，于县衙门前击鼓喊冤。城中市人听说衙役王头目打死人，都怒火万丈，拥到衙门前声援，一时聚集了数百人，黑压压一片。县令张成功像热锅里的蚂蚁，派人接过状子，并驱赶围观人群。人们不但不走，反而呼喊，要求严办王头目。而王头目是张成功最得力的爪牙，张便袒护着不予表态。双方相对，局面一时难控。王头目这时给张县令进谗：“这事完全是李二曲从中唆使，掐了这个头，事情就可平息。”

张成功营伍出身，山西文水人，粗野暴戾，办事不讲方式，生搬硬套。听了这话，他让人紧关衙门，凭二曲他们去闹。天黑时，二曲他们回到菜园堡，正与兄弟们商量明天的对策，屋里突然拥进十来个捕快，不容分说，捆绑了二曲，押进县衙，投进牢狱。

第二天，全县上下像炸开了锅。有两种人忙碌了起来：一是刁江海一伙。自李壮士疆场殉难，他们便把仇恨转嫁到二曲身上，多次到新庄堡寻衅闹事，想伤害二曲，都是乡约朱旭阳出面化解，保护了二曲。这次，他们认为机会来了，四处联络，凑钱集资，给王头目行贿，要求把二曲在狱中弄死，让李壮士断子绝孙，以报当年之辱。另一种人是周至的贤绅、鸿儒、大贾。他们认为二曲是周至的贤人，便联络起来出面保护。朱旭阳先派人告诉苏村的朱景含。朱景含是周邑深孚众望的饱学之士。明末，天下大乱，流寇纵横，所至屠城陷邑，杀掠甚惨。朱景含招数村之青壮，习武练兵，筑成戍垒，保护一方平安。后于乡间平争讼，判曲直，断家事，施汤以济行旅，施药以疗贫病，懿行粹德，声名日隆，县府送“孝悌忠信”以表闾里，悬“乐山不倦”以旌庐户，县邑农、工、士、庶莫不闻之敬仰。二曲慕其高德饱学，常登门请教，朱景含谦下爱士，对二曲善相劝、过相规，又与二曲学相辩、文相探，以古道之风相互交往。闻二曲罹难狱中，他立即联络赵函之孙赵熹、李复聘之孙李国栋、赵瞻之孙赵一及乡绅遗官司达德、庞谓州、惠思诚、麻秦川，还有县城大贾李浩楠、陈方东等周至名士五十余人，齐聚县衙“公义厅”，上书具保，要求放二曲出狱，严办王头目。

时过多日，县令张成功闻二曲的叔父已经安葬，着实不想得罪周至这些头面人物，心想发给二曲叔父家一些抚恤金，对王头目施金辞退，放还二曲出狱，以了此案，便试探着说：“王头目施政过度，酿成人命，本县将从严惩处。为了体恤庶民，县府将送抚恤金若干，以安抚李晔。至于二曲先生，我怎敢违却诸位的意愿？今天，就让他跟大家一起回去。”众人说：“这样也罢。”于是，张县令即派人去狱中提二曲，二曲却坚持惩办了王头目，自己才肯出狱。张县令为了尽快结案，筹思片刻说：“诸位到狱中劝劝二曲，你们看如何？”大家救二曲心切，急急来到狱中，百般说辞劝慰。三五人硬是簇拥着二曲，离开了监牢。

十三 楼观论道

二曲出狱后，先到叔父的坟上烧了纸，大哭了一场。回到家，他立即在《经世蠡测》的纲目中加了“治吏管理法则”。他认为虐民、害民多属恶吏所为，如此会加深人民与当权者的矛盾，国家的安危也潜伏其中。这本书写完已是深秋，整整三十二卷，十余万言。掩卷深思，二曲不觉心情有些沉重。他心想，中华文化的大河有三条，而自己只在儒家文化的大河中畅游，而道、释两家竟还未曾涉猎。一个人要格物穷理，修己纯学，走到学问的较高之处，就必须对邪正是非之归有个全面的熟知和了解。于是，他决意以儒家的文化为标向，来探研释、道两家文化的蕴藏，以区别儒家之外的思想学说，探研释、道与儒学在什么地方存在着异同，其邪谬又在何处，从而来卫道儒家文化的纯正和发展。

《道藏》是道家经典的总称，包括经义、经说、论集、符图、科戒、法求、斋仪、赞颂、宫观山志、神仙谱录、道教人物传记等。这套书始于六朝，汇集成“藏”则是在唐开元时。宋有《大宋天宫宝藏》和《崇宁重校道藏》。藏经刻印始于宋徽宗政和中的《万寿道藏》。后来，金、元所流传的《道藏》都依此为蓝本。明代的《正统道藏》五千三百零五卷，分装在四百八十个函中；《万历续道藏》一百八十卷，分装三十个函中。明代两个版本的《道藏》包括道家著述一千四百七十六种。二曲在尚村大水屯赵函的藏书楼上见过元代和明代三个版本,并借回了明的两个版本。他对其中的玄科三洞、四辅、三十六类，都一一进行了品读。核对了文中所论的真假，批驳了字句间荒唐之叙，并做了详细的笔记。读完《道藏》，二曲感叹不已。老子当年的“无为”之说是何等的博大精深，然而随着时间的流淌，这个学说的宗旨遭到了篡改，朝着怪异的路滑去，变成养生长寿之说，后来又发展到“符箓”驱邪之举，继而又以诵经咒、建斋醮为道教的主要形式。这条大河的水越流越浑，河水就越流越小，真是太可惜了。

楼观台是道教的发祥地，老子当年于此结草为楼，聚徒讲经，道家的精英人物都想在圣地沐浴修炼，所以，楼观台常常仙居着一群哲人高道。大明寿终正寝，清王朝主宰江河，楼观台来了一位云霞逸人，不道其真实姓氏，自谓“祝逸氏”。其人一头灰白乱发，一领黑色布衫常年不易，目光炯炯，髯须飘逸，气定神闲，望之如图画中人。并且性格耿介，铁骨道风，洁净清孤，常栖居斗室，很少与人交往。除了吃饭和休息，便是研读诸子百家经典，尤以玩《易》为洗心，对《道德经》有独到的见解，著《五千年通解》一册。二曲年未弱冠，便仰慕其贞操气节，仰慕其不屈膝求富求贵，遁入山野，避世道观，以彰其志。二曲与之交游，彼此结为同心。每来楼观，必入室造访，相与静对。和风拂坐，清气洗人。他们谈五千年人文史话，评点历史长河中的英雄败类，每及明末甲申三月十九日之变，便潸然泪下。再问明代的朝事之失，就伤感拒答。二曲对他的学养、人品如仰高山；他对二曲护爱指导、纠失，如诲其徒。他们二人的友谊，一时成了周至人茶余饭后的谈资和佳话。在二曲眼里，他是一位德望俱隆且雅致的高道，与明朝初年的学庵和尚有同样的道养；而“遗民”之称，又与宋末高士郑思肖齐名。

二月初十，传说是老子的生日。这一天，朝拜楼观的善男信女络绎不绝，二曲也在人流拥挤的山道上缓缓前行。当他推开虚掩的小门，云霞逸人正背身站在屋内的桌旁，为二曲斟茶，头也不回地问：“今天怎么来迟？”二曲笑着说：“你不看怎么知道是我？”云霞逸人说：“这就是道的神秘，你难道就没有悟出来？”二人笑着落座，饮茶。云霞逸人问：“年来所干何事？”二曲说：“集中精力，研读了《道藏》。”云霞逸人有些吃惊：“全读了？”二曲点头。云霞逸人说：“谈谈你的见解。”二曲说：“你是道林中人，我不敢妄谈，今天来，是想听你的教诲。”云霞逸人端坐，沉思了一会儿说：“你既然读了《道藏》，道家的经典、人物、规法也就全装进你的肚子里了，我们就只能是交流。不管谁先说，也就无所谓了。你就先谈谈你对道家的总体理解。”

二曲说：“《道德经》是道家的开山之说，它包括四方面的内容：一是宇宙生成说，二是经国治世说，三是修德处人说，四是全生避祸说。关令尹喜受老子教诲，研读老子之学，开发智慧，修证大道，颇有心得体会，为文成著，写了《关尹子》一书。其书阐明了宇宙与自然、社会与人生的根本规律，针砭时弊，弘扬大道，揭示真理，拨迷正误，对老子的学说在理论上有突破，在实践上有总结，在宏观上有论述，在微观上有把握，是老子之后第一个弘扬道家学说的学人。列子的《冲虚真经》别具特色，以故事、寓言、神话来揭示先民对理想社会的向往、对德善的祈求、对邪恶的嫉恨以及善恶因果之议，把老子的思想大义，全融会在字里行间，是道家学说的里程碑。庄周是道家的另一领袖人物，他在老子‘无为’‘无己’思想的基础上，对人生进行深入的思考和探索，纵横捭阖，谈道论理，讲天述地，穷理究性，深有所得，从而成就了‘庄子学派’。老子讲述的是经国治世哲理，面对的是执掌权力的人；而庄子讲述的是人生哲理，面对的是平民普通人。庄子的许多观点见解，特别是对待外物的态度，完全超越了时空限制，很具有久远的意义。先秦诸子的创始、生发，可以说是道家学说的奠基阶段。

“归纳起来，道与德的定义应该是：道是一种不可言传的恍惚状态，先天地万物而生，后为天地万物之母；道是一种莫可名状的神秘能量，利在滋养天地万物，原则是损有余而补不足；道是天地万物必须遵循的规律，支配主宰天地万物，却从来都是顺其自然而不加干预。德是大道在天地万物之中的自然表现，是蓄养和成就万物却不做主宰的自然本性，是君王顺其自然管理百姓的政治品质，是人可以修养而得到幸福人生的真正保障。

“汉初是道家学说的实践阶段，文景之治的出现证明了道家学说的伟大、正确和不朽。东汉及魏晋六朝时，道家学说人为地走向宗教化，这是道家的悲哀，也是历史发展走向的一种选择。”

二曲说到这里，云霞逸人眼睛里亮闪出一道白光，他随口说：“很好，谈谈你对葛洪的看法。”二曲说：“葛洪无疑是道家发展史上的一个关键人物。然而，他所阐述的道家理论，不是推进和发展老庄的思想论说，而是把道家学说引申到炼丹、长寿、神仙的教义里，使经国治世的学说蜕变为养生、避世、追求长生不老的虚幻世界，从而使道家进入了死胡同。特别是他著的《神仙传》，给人们虚构了一个神仙世界，让天下的人去敬仰、膜拜、信崇。正因为把道家文化引向幻无的极致。所以，我认为他对道家文化的发展是罪大于功。”云霞逸人感慨地说：“你小小年纪，竟敢这样评点道教人物，实在是可贵至极。其实，道家关于人生的理论有四种境界：一是出世，二是超世，三是顺世，四是游世。出世，是入世之后，遇险阻，遭谪贬，历困苦，看破尘世，抛家园，别妻儿，遁入林野，出世当和尚道士是也。超世，是愤世嫉俗所表现出的孤傲独行，游戏污渎之中的自快，不为有国者所羁，终身不仕。他们不事权贵，不媚世俗，刚直不阿，视帝王如秕糠，视功名如粪土，被多少世人模仿和效法。顺世，是知其不可奈何而安之若命。适来，夫子时也；适去，夫子顺也。安时而处顺，哀乐不能入也。顺世在中国几乎是超时空的精神法宝，其高雅者如陶渊明等。单纯的超世，难免于冻馁灾祸；单纯的顺世，又必然导致人性的失落。于是，庄子认为人生的最高境界是'游世'。'明白入素，无为复朴，体性抱神，以游世俗之间者，之如将固惊邪？''人能虚己以游世，其孰能害之？'孔子当年请教老子时，老子教诲曰：'古人至人，假道于仁，托宿于义，以游逍遥之虚。'孔子后来引申为：'危邦不入，乱邦不居；天下有道则见，无道则隐。'就是说，士大夫在得志意满之时，就以治国平天下为己任，出将入相；在心灰意冷之日，就毫不犹豫地皈依老庄，隐入山林。仕途的进退自如，完全以心理上的儒道互补相调节。而葛洪是在人生的第二境界'超世'范围内下功夫，顺世、游世还未涉及，这也就难怪他走入死胡同。"

云霞逸人的这一席话，对二曲触动很大，他想再说几句，云霞逸人摆摆手，说："后来的符箓、斋醮、咒语都是些末流伎俩，不足道也。"遂招手让道童上膳食。饭罢，两人又叙谈了很久，直到半下午时分，还话锋无收。云霞逸人考虑二曲返回有三十多里的路程，便送二曲下山。直送到宗圣宫以北的大路上，两人才频频挥手，依依惜别。

楼观访道归来，二曲借回《释藏》进行研读。《释藏》也叫

《大藏经》，是佛教典籍的汇编集成，内容包括经藏、律藏、论藏三部分，收辑了几千部佛教典籍。宋代开宝四年（971）开始刊刻，至清代流行了二十多个版本。二曲读《释藏》，仍以儒家观点为标尺，对《释藏》中的经、论、律三藏进行辨析，对其中的谬误幻妄，都进行了纠正，以防儒家学说被侵扰。儒释两家关于心与理、体与用、内与外、本与末、动与静等哲学命题，都一一进行了论辩和研讨。

二曲在读《释藏》的同时，又开始了对《经筵僭越》的著述。这本书虽说写得很艰难，但这一年，二曲却是大喜临门。他的大儿子慎言，于十月五日卯时出生。一家人虽沉浸在喜悦之中，但因妻子淑珍坐月子不能做鞋，彭孺人因病不能纺织，全家生活陷入了困境。二曲的舅父深知外甥治学之难，又同情自己的姐姐，再说，家里添了男丁也是喜事一桩，便派人送来小麦一袋子、玉米一袋子、小豆一袋子，使他们免于饥饿。送粮的人走了，彭孺人给二曲说："你舅的大恩不能忘。"二曲感激涕零，点头称是。妻子淑珍抱着孩子，也过来宽慰母亲："娘，您放心，我们将来再难，也要让我舅心宽！"彭孺人说："只要你们有这心，娘还有啥说的呢！"

十四 究研兵法

顺治十二年（1655）正月刚过，惠思诚来访二曲。他们拉了一会儿家常，然后扭转话题，谈到陕西的局势。二曲说：“明时，陕西是农民军的活动中心，李自成被清军赶出北京，便退守陕西，想以此为根据地，与清军对抗。清军知道李自成的企图后，派主力跟踪，从陕北和潼关两路夹击。顺治二年（1645）正月十八清军占领了西安，李自成败走湖北，陕西各地纷纷掀起反清斗争。为了镇压抗清义军，清廷任命杀人不眨眼的孟乔芳为陕西总督，经过一年多的镇压，关中地区的义军被削平，直到顺治十年（1653），战争才逐渐结束。陕民深受战争的蹂躏，生灵涂炭，苦不堪言。”惠思诚说：“多么强大的大明王朝，说完就完了！”

二曲说：“明王朝后期，政治腐败不堪，贪污行贿，充斥朝野；宦官专横，吏治败坏；赋税过重，民不聊生。明王朝就像一棵被害虫蛀空了的大树，风一吹就会坍塌倒地，这是一个原因。

另一个原因是治国的指导思想出了问题。我们的文化系统中，有一支久远深厚的儒家经学文化。西汉‘罢黜百家，独尊儒术’之后，这种经学文化成了治国的指导思想，而儒家经学文化的经国治世思想渐渐被淡化，却把解经、注经当作一项专门的学问。不管是西汉的今文经学，还是东汉的古文经学，都把解经、注经、疏义、浅说、章句，当作做学问的主要行当。因而，经学在思想程式上就变得僵硬，而失去了活力。所以，吾儒之教，原以‘经世’为宗，自宗传晦而邪说横，于是，一变而为功利之习，再变而为训诂之习。侵假至今，则又以善笔札、工讲诵为儒教当然。这种情况愈演愈烈，而儒之精髓则名存实亡矣。治国的指导思想，如此晦暗歪斜，国之亡也就在情理中。再说，孔子的学说本为‘内圣’和‘外王’的统一，后来孟子一系着力发展了‘内圣’之学，荀子一系着力发展了‘外王’之学，到了宋明时期，理学的朱、陆两派相继盛行于天下，‘内圣’之学被高扬到无可复加的地步。谈心性者谓之真儒，讲事功者谓之杂儒。虽然宋明理学家专注于修己之学，其着眼点还在于‘经世治用’，但是由于理学诸子用力的着眼点已转移到个体的思考和个人的修养完善方面，其救世宗旨必然就被淡化。因为性命之说易入虚无，当这条学术路线支配治国指导思想时，便会影响治国的决策和政治活动的开展，必然造成极为恶劣的社会效应。南宋和明朝的灭亡，与理学末流空谈性理、把一切国计民生皆视为末务的学风，肯定会有一定的关系。黄宗羲、顾炎武、唐甄、吕留良等先生对君主制度的批判，我认为有一定的道理。天下不是君主一人的天下，君主应把天下人当作主人，而不是当作奴仆；天下人应把君主当作自己的领袖，而不是当作独夫民贼；君主应以天下人的疾苦为念，而不是施政时给天下人带来疾苦。只有这样，国家的治理才会和谐，才会长治久安。否则，君主与天下人作对为敌，败国丧家便成了必然的趋势。”

惠思诚说：“国家败亡的原因很多。你说的是文化层面的败亡。其实，文化层面还有一个败亡的原因就是‘清谈’。东晋玄学家清谈虚无；南宋理学家清谈孔孟；明儒之辈，既清谈老庄，又清谈孔孟。以明心见性之空言，代修己治世之实学。朝廷纲纪，尽行荒废；九州四海，民怨沸腾；神州动荡，宗庙丘墟，国之亡也。再者，军队纪律涣散，军人不知为谁而战，将军不知忠君保国，有功者不见厚赏，有罪者不予惩罚。大明军队，完全失去了战斗力。清军南下，抗击者有几？拼死者有几？民苦国殇，江山易代，其悲痛之至也。”

二曲说：“要复兴故国，按今天的时势，务须真才，真才必须实学，一切用世之事，深宜究心，务求实用。士人务德之后，须博通屯田、盐法、河漕、水利、兵事、农作、天象、地理等经国治世之要务。抛去害世的清谈虚症，实行治国的实学实政。天、地、民、物本为一体，天地的轮回复始、民人的痛苦福乐、万物的时盛时衰，都有一定的规律；治国之要，就是要按这些规律行事。所以，学习的目的在于开物成务，康济时艰。于是，我准备写一本《时务急著》的书。”说着，二曲拿出提纲，送给惠思诚，希望他给予指导。惠思诚接过一沓稿纸，仔细读阅，章目为：农耕、工技、水利、商贸、河漕、隧道、垦荒、植林、赋税、救灾，整整十章五十六节。结合时势民需、政务急要，酌经世之宜，急民人疾苦，切中时弊，动协机宜，用心良苦，实为经国之实文、治世之要枢。惠思诚问：“工技一章，按目前国情，只能是些手工作坊，不知为何列了六节之多？”

二曲说：“我明人物徐光启，东林党人高攀龙、顾宪成，复社领袖张溥、陈子龙，关中奇人王征等，于晚明时掀起实学思潮，欲强国救世，想敞开国门，引借外人技艺，以谋国家富强。我欲想生发推导，作进一步的探索和弘扬，续实学之风脉，开一代之先河，故而如此。”

惠思诚惊叹不已，感慨地说：“你这是继承张载究索农、工、礼、乐、技能的学风，把关学注重科技的特征向前推进，是关学重实践、重技艺、重创新的后起人物。实如暗夜中，要打开一道闸门，给社会放进一缕灵光，令人钦佩。”二曲说：“这些都不敢担当，只是抒发自己的见解，做自己的学问罢了。”

二曲与惠思诚相聚，有谈不完的话题。半下午时分，惠思诚告归，二曲送到十里外的广济桥才依依分手，归来已是掌灯时分，妻已做好饭，抱着孩子在门前等候。

二月十五日，关中平原上风和日丽，官道上粗壮的柳树枝条垂挂，嫩叶鹅黄，虽说如诗似画，但散兵乱窜，匪寇出没，社会安全局势很是严峻。路旷人稀，一片萧瑟恐怖。二曲在官道上疾行，过四屯，南上哑柏塬，到苏村访周至贤绅朱景含先生。

朱景含正组织全村老小修筑城墙，以防土匪和散兵。村民听说二曲来访朱先生，都停下手中的活路，围过来和二曲打招呼。众人稍事休息闲话，朱景含陪二曲进村。穿过几条街巷，来到一处高门楼的宅院，过前庭，经廊坊，来到内堂。三间大厅，宽敞明亮，白墙上挂着字画，桌椅排列有序，擦拭得油光闪亮，屋里古色古香，很是宜人。两人坐定后，女仆上了茶，朱景含说：“南山一带，窝藏着王才、周禹、刘四、王友、权必强、王根害、祁克赞、杨刚、白守爱、李沙鹤、李广等十多股匪寇，他们劫掠村堡，焚烧庐舍，弄得人心惶惶，不能安居乐业。为了保证村中的农人不受匪寇的烧杀掳掠，我组织村人筑城练兵以待。在这乱世之中，为百姓做点事情，也不枉人世走了一趟。”二曲说：“乱世之中，更能显示儒者的本色。当年姜太公不得志时，渭水垂钓，后出世为帅，帮周武王灭商纣，平南越，创建西周数百年的基业。

诸葛孔明隆中对策，三分天下，下山入世，辅佐刘备成就一番帝业。王守仁世称‘阳明先生’，二十六岁就留心武事，学习兵法。每遇宾宴，就用果核列阵对垒，以攻守为戏而练阵法。二十八岁中进士，赐官工部侍郎，立即向明孝宗疏陈边务八条，建议采取蓄材备急、舍短用长、简师省费、屯田足食、行法震威、捐小全大、严守乘弊等措施，加强北方防务。四十七岁，明宗室宁王朱宸濠在江西起兵叛乱，他领旨率兵南下，攻南昌，擒宁王，平定了大明的内乱，为朝廷立下了赫赫战功，官至南京兵部尚书。这些鸿儒博学，都抛开了儒者不事兵戎之偏见，既建武功，又立学业，实在令人钦佩不已。”

朱景含大笑拍案，说：“很好，你是想像他们一样，既学文，又学武，憧憬自己未来美好的人生。我支持你，这是好的想法，也是应该的举动。”二曲说：“反清复明的斗争在各地风起云涌，李定国领导的抗清军在广西、云南等地，正在进行艰苦卓绝的战斗；王夫之于明亡后，在衡山举兵起义，阻击清军南下，兵败后，又在桂林依附瞿式耜进行战斗，反清之志至死不渝；顾炎武在清军南下时，参加昆山一带人民的抗清起义；黄宗羲于明亡后招募义兵，成立‘世忠营’，进行武装抗清。吾族弟李因笃远赴塞上，投入到抗清的队伍之中。这些儒者之士抗清的壮烈场面让我动心动容，所以，我究心兵法之志日益剧增。此番前来，正是想与你相商，心里也好有个底。”

朱景含说：“我筑城练兵，只是为了抵御土匪贼寇，保一方平安，着眼点低了点。你要习兵法，是为反清复明，此大丈夫之志也。”二曲说：“经世之法，莫难于用兵，俄顷之间，胜败分焉。当今的学者，无志于当世，也就没有什么说的。如有志于当世，就要探研兵法，细究行军布阵的要领，将来帅军用武，定会随机应变，败敌胜军，建立一番伟业。”

朱景含说：“这就是你平常所议论的‘有用道学’，也就是你所开发的实学。不过，你如能在实学范畴对宋明理学翻出一番新意，把关学推向前进，这大概是关中士人所乐意见到的。”

二曲说：“我已考虑了好久，要标新出一个新命题，来阐述自己的实学思想。这是我的追求，也是我努力的方向。”朱景含听了二曲的话，像盼望婴儿诞生似的喜悦，握着二曲的手说：“我等着这一天的到来。”二曲说：“不会很久。”朱景含很兴奋，置席斟酒，二人边饮边叙。饭罢，二曲观看了民团的操练。傍晚，朱景含把二曲送到古塬下四屯村的官道上，二曲再三劝阻，二人才各自上路而归。回到家，二曲用了一段时间，读姜太公的《六韬》及《孙子兵法》《管子兵法》《尉缭子兵法》等，心中荡漾着反清复明的事业，盼望能有一天奔赴沙场，做个英勇杀敌的将士。

十五 创建学说

河南嵩县人王所锡、刘矿闻二曲治学创说，很是仰慕，想拜于其门下就学，便托二曲的好友张密联系，两人从遥远的嵩县来到了周至。二曲正受聘于乡下的一所里塾，在这里接待了远方来的学子。王、刘问立志，二曲说："大凡立志，首先是要摆脱流俗的偏见和束缚。这样，你的行为举止就不为流俗所制约，你便是名人；你议论言谈，不为流俗所湮没，你的言论便是名言。所以，超凡脱俗便是立志。君子做什么事情，一般人很难理解，不理解就产生怀疑，有疑惑就生出嫉妒心，有了嫉妒心就诽谤毁陷，这是常有的事。如此，立志就不要瞻前顾后。一旦受到诬陷就动心变志，必然又落入俗套，这是立志所特别犯忌的。"

王所锡说："我的一位朋友，一心一意地钻研儒家之学，对功名的欲念特别强烈，您说这该怎么办？"二曲说："朋友中果有矢志于功名者，这是走正道的表现，是儒家所希望的，值得祝贺，怎么能说是病呢？大概他的志向不在功名吧！”王所锡说：“这是什么缘故？请先生讲讲。”

二曲说：“关于‘功名’二字，我也听圣人讲过。功被一方，则不待求名一方，一方自然传其名；功被天下，则不待求名天下，天下自然传其名；功被万世，则不待求名万世，万世自然传其名。然而，登科取第，谓之有功于己则可，谓有功于人则不可；谓有富贵之名则可，谓有事业之名则不可。因为古人唯以事业为功名，当他开始学习的时候，就以经国治世为念，以天下百姓的疾苦富乐为念，这样，他朝夕所想所虑的事情，就是如何献身于国家和民族，如何体恤关爱人民的生产生活，等到他学成业就，自然就功建名立。但是遗憾的是，现在人把富贵当作功名，开始学习时，就以追求富贵为念，以逢时悦人为念，朝夕所思所想的是诵浮词、习八股，等到学成业就，竟然是无功可名。这是为什么呢？主要是人对‘功名’二字的含义没弄明白。士人处在这种情况下，也就不知枉用了许多精神。所以，人才不济，世风日下，就是这个原因，实在是令人叹息！但是，人能登科取第，也是建立功名的一条路子、一个机会，本无可厚非。关键是舍末固本，要把事业看成功名，而不能把富贵看成功名。所以说，天下之患，莫大于学术不明。这才是世风败坏的原因，也不完全是士人的错。”

王、刘二人同说：“请先生从儒学的角度，给我们谈谈明体适用的道理。”二曲说：“天之德是发育万物，地之德是滋生万物，人之德在于经纶万物。士人如能明体适用而经纶万物，就与天地生育万物之德相合规。这样，一个治学的人，知道了这其中的道理，主宰天地，驾驭万物，将其用在治国安民的大事业上，就达到了天人合一的高度。如此，康济时艰，救民于水火，御敌于境外，使国家强大、民众安乐，才算是真的儒者之士。儒而不如此，便是俗儒；学而不如此，便是俗学。周至、眉县、武功三县的儒士，约定十月十五，在眉县横渠书院集会，让我讲关于‘明体适用’这一学术见解，算来日子也就在大后天，你们有兴趣的话，和我一同前往，不知如何？”王、刘二人欣喜若狂，同声说：“趋前拥后，以护先生前往。”

横渠书院是北宋张载创办并讲学的地方，在这里创建了关中学派。周至到眉县横渠书院，大约不到五十里，周至儒士惠思诚、朱景含以及王所锡、刘矿等五六十人，随二曲先生赶到书院。眉县教谕王雪石受县令委托，与李柏等率眉邑士人近百人，远远出来迎接；傍晚，武功也来了五六十人；加上横渠书院的学生，共计三百余人。饭罢，王雪石和李柏到二曲房间稍坐片刻，嘱托他早点休息，以备明天会讲。二曲说：“我们先去拜过横渠先生。”他们来到书院后庭，面对张载的塑像，上香叩拜。此时，一轮明月已挂上了树梢，银光洒在书院破败的墙上，显得萧条荒芜。只是院前院后高大松柏的枝梢间泻下月光时，才展现出一线生机，显示出几百年古老书院的沧桑。看到这些，二曲心里顿觉酸楚，不觉脱口而出：“要想振兴关学，我们肩上的担子甚是沉重。”王雪石说：“有先生这样的人物，关学的复兴难道还会远吗？”李柏说：“家兄不必过分忧虑，有关中士人共同担当，关学的振兴将会有望。”借着月光，三人在书院边游转边谈论，直到月上中天，才各自回房休息。

第二天，大厅里座无虚席，鸦雀无声。一会儿，教谕王雪石和李柏陪二曲走上讲台。二曲正好是而立之年，身材伟岸，目光流彩，俊朗潇逸，台下儒人无不敬仰先生之超俗风骨。二曲没有寒暄，直入正题：“儒家学说作为封建政权治理国家的指导思想，不但关系着士风的淳正，更关系着国泰民安的大业。所以，儒学明，士人学习的目标就会明确，就会专务。明体适用之学，处也有守，出也有为，生民就会得到利益而安定生活，国家就会富有而强大。儒学晦，士人学习的目标就不明确，陷于辞章记诵之末技，处也无守，出也无为，给国计民生带不来任何好处，国家会处于混乱之中不得安宁。我在穷困潦倒的煎熬中，不断反思明亡的教训，于国家破亡、民族苦难、学术空乏晦暗的现实中，苦苦寻求拨乱反正、匡时救世的学说思想，以改变社会的现状，故提出‘明体适用’的学说论述。这是继承和发扬儒学‘经世致用’的宗旨，竭力使空谈性命的道学，转变为康济群生、匡正时弊的实学。

“那么，‘明体适用’如何解说呢？穷尽天下的道理，达到对社会知识、自然知识的熟知，然后，在自己内心消化融会，使自己树立圣人一样的德操，修己达人，立志干一番事业，治世经国，康济群生，全心全意地为百姓做事，这就是‘明体适用’。

“从哲学的角度来理解，我标帜的‘体’，就是人心灵的主观意识，包括意识观念、道德觉悟、道德精神、生活信念、纲常伦理、理智性灵、礼节意念等多种处世素养，可以说包括了真、善、美的全部内容。作为个体的人，在客观世界中要生存、要拼搏、要发展，并想对社会、对人生、对国家、对民族做出贡献，这些做人的根本道理不能不知晓，不能不明察。所以，我提出了‘明体’的命题。

“‘明体’，是属于意识形态和伦理道德范畴内的原本素养，是我在实学大潮的前提下所生发出来的崭新理念。‘明体’的目的，就在于指导人生的走向，指导人对社会的治理和对大自然的改造。人人如果都能参与‘明体’和实现‘明体’，就会展现一个理想的‘王道’社会。所以，这个哲学命题的内涵，就具有一定的人民性和不可磨灭的现实意义。

“‘体’如果不明，其意识观念必然处于蒙昧状态，人的主体意识就不能达到畅明觉悟的阶段，对客观世界的事事物物就会缺乏正确的认识，容易被情欲和名利所驱使，而滑到错误的泥沼中，社会的动乱也就会由此而生。如果实现了‘明体’，人对客观社会的万千景象，就会有明确入微的认识，就会杜绝情欲和名利的羁绊，达到大彻大悟的高度，促使理智灵性与道的统一，从而树立倡道救世、贵民强国的信念。使最上的道理，在最下修能，不必好高骛远，说精微，谈道学，论性命，但就日用常行、纲常伦理、极浅极近处做起。

“我是怎样创建自己的‘明体’之论呢？大家知道，现在程朱、陆王两个学派的门户之争相当激烈。全国上下，在反思明亡教训的大潮中，对这两个学派空疏支离之弊的批判，也如火如荼。我个人认为，不管是哪个学派的学说，只要能使国家富强，能使人民安乐，能推动社会的前进，这种学说就是进步的学说；否则，就是无用的学说。于是，我打破了门户之见，不管是陆九渊的‘尊德性’，还是朱熹的‘道学问’，不管是王阳明的‘致良知’，还是朱晦庵的‘格物穷理’，都用实学思想的标尺来衡量。我虽然愚鲁，但我思虑的是对各种学说进行取短集长。学问之道，是两相资则两相成，两相辟则两相病。鉴于此，我在排除了理学末流的空虚之病后，认为王阳明的‘致良知’是人们认识世界、进行修养、成为圣贤的有效途径。人排除了一切私心杂念，存乎天理良知，一切言论和行为就会符合道德的准则。不论什么场合、什么时候、什么事情，应该怎么去做，良心就会给你做出正确的指导，身心意识之则、家国天下之理、安身立命之基，就会得到良知的规范。‘良知’对礼节仪式、人伦道理、天下治理、纷事解释，就像规矩尺度对于原木粗材一样，既相符合，又很实用。

“朱熹的‘格物致知’，引导人们穷天理、明人伦、讲圣言、通世故，就是让人们明知封建伦理道德的客观现实性及其应用于社会的合理性，倡导社会成员各自用这些道德理念去规范自己的言行，达到为君止仁、为臣止敬、人人止于善的社会习俗，以此来实现人们对伦理道德的深切认识和实行。所以，读其书，味其学，到实践中去修人树德，才是唯一途径。所以，格物是圣贤入门第一要义，入门一差，则无所不差，毫厘千里，不可以不慎。

“我所建立的‘明体’学说，是把王明阳的‘致良知’、朱熹的‘格物致知’，加以提炼融通，汲取了其中适用的因素，排除了支离及空泛的弊端。也就是在这两种哲学流派中，舍其所短，集其所长，互用相资，才生发出穷理致知，反之于内则识心悟性、实修实证的‘明体’之说。并且在这特定的历史时期，提出了这个全新的哲学命题。”

掌声四起，久久不息。

二曲继续说：“关于‘适用’的命题，含义异常广阔，可以说，达之于外，则开物成务，康济群生；也可以说通达治理，铄古准今以致用；也可以说亲民是用。明明德于天下，作亲民是适用。不管哪种说法，都是说“适用”就是实用。用的关键就在于‘经世宰物’。通过政权的管理，给人民带来惠利。在理性信念的指导下，在道德本体的统帅下，去实施政权统治、社会管理、社会生产等方面的社会实践活动。归纳起来，‘用’就是改革社会，改造自然的实体行动。通过这种社会实践活动，创造出精神财富和物质财富，以满足人民生活的需求，达到天下治平的目的。于是，‘用’的具体内容就是‘齐家，治国，平天下’。

“我所说的‘适用’，是说用时必须符合事物的发展规律，切合各方面的实际，不能妄用，不能乱用，要用得恰切，用得实际，用得科学，用得适宜。一个人通过治学，拥有了渊博的知识、锐敏的智慧、精明的才干、实用的技能，进入社会时，就要根据自己的爱好特长，选定不同的人生路子，能入仕的入仕，能做工的做工，能经商的经商，能务农的务农，能执教的执教。这样，于己、于国、于民都会相辅相成，适得其业。不管是开物成务，还是康济群生，必然会干出实绩，做出贡献。所以，我提出‘适用’的命题，具有广阔的内涵，具有一定的民主性，也具有个性自主和精神自由的萌芽。

“明道存心以为体，经世宰物以为用，则‘体’为真体，‘用’为实用。如果内不足以明道存心，外不足以经世宰物，则‘体’为虚体，‘用’为无用。所以，我注重学术对社会实践的价值效应。任何学说宗旨的意义，不在于文章词句的本身，而在于学术观点所指导的行动践履之中。但行动践履的价值，不仅体现学术思想，更重要的是能否取得实效和实利。行动践履获得了实效，实用就是有价值的，这样，才可谓实行；否则，就是无价值的虚行。如此，我便把‘适用’完全纳入了实学思想的体系，使儒学从理学形态发展到实学形态。”

全场共鸣，欢呼声、掌声交织在一起。

二曲点头致意，接着说：“‘适用’内涵相当丰富，归纳起来，主要有下面几点：一是政权管理。吾儒之教，原以‘经世’为宗，经国治世是儒家始终追求的目标。政权管理是经世治国至高无上的层面，因而要根据国家管理的现实情况，制定和履行恰切的各种制度、政策纲纪、法律条例等。这直接关系着国家和社会的升平治乱、稳定和谐，也体现着政风的淳厚或暴虐。这是‘适用’实学极其重要的内涵。

“二是经济生产。国家能否富足起来，能否修齐治平，社会经济的发展能否与人民的生产、生活水准相适应，关键是要用‘适用’思想指导好士、农、工、商等社会活动中的一应事务，包括天文、舆地、农、兵、漕运、历数、屯田、水利、盐政、选将、器械、兵机等关乎发展的诸多实际问题。特别是农学，在生产实践中要向西方学习，《泰西水法》《农政大全》大家不可不读，王征关于西洋技艺的书不可不读。总之，'适用'之学，包含了社会生产的各个方面。

"三是人民生活。我常说一句话，就是'最上道理，在最下修能'。学术思想属于上层建筑，但却要为广大的老百姓服务。人民的土地问题、生活保障问题、衣食住行问题、农耕问题、赋税问题，都在'适用'学说的视野之中。国家要长治久安，必须妥善地解决好民生问题。我是个儒士，我信奉孟子的民本思想，我要把这种思想纳入实学范畴。

"四是强军胜敌。军队是保证国家安全的利器，国家必须按照自己的山川地势，安排部署军队的驻防。平时，养兵训练，提高战斗力。战时，行兵布阵，英勇作战，达到战必胜、攻必夺、守必据的战争效果，使适用在战略战术等层面充分发挥其应有的效应。"

又是一阵热烈的掌声。

二曲顿了顿，继续说："'明体'和'适用'是不可分割的整体，是一个问题的两个方面。'明体'是修德，'适用'是用才，只有用道德统帅才能，用才能体现道德，才能使'明体适用'学说发挥出积极的效应。明体而不适用，便是腐儒；适用而不明体，便是霸儒；既不明体，也不适用，便是异端。我们要把道德的追求与现实效应统一起来，这是时代的要求，是内圣外王的紧密结合。我们要求人们以实心务实事，以经世建功业，既要稳定德业，又要创建事业。以此学说去矫正人心，拨乱反正，改革社会，扭转乾坤。

"我提出的'明体适用'之学，是对儒学和宋明理学精神实质的概括和创新。儒学就是'明体适用'之学，而道学或理学的称谓，是两宋学者以儒家礼法和伦理思想为核心，在传续孔孟学说的过程中，融会了佛、道学说中有利于自己发展的观点，使儒学挣脱了自汉以来的繁琐考证，建立了以‘理’为最高本体的思想体系，以‘理’为哲学思辨的最高思维模式，刷新了儒学的新面目。从而，使儒学能与时代相合拍，这就是中古时期儒学革命后所创立的‘理学’，即‘道学’。其实‘道学’是对儒学的发展和革新。而我所创立的‘明体适用’，是在此基础上的创新和推进，使之完全进入实学领域……”

二曲洪亮的声音蕴含着一股强烈的吸引力，数百人的讲堂，没有喧哗，没有咳嗽，大家都屏息静气，专心听讲。二曲说完，掌声过后，王雪石教谕说：“二曲先生的‘明体适用’之学，是当前实学思想中的一朵奇葩。在这股思想学潮的交流中，二曲之学如中流砥柱，支撑着中国实学思想的大厦，散发着浓郁的清香，具有强烈的时代意义和现实价值。望大家消化、实践、宣传，让二曲的思想尽快弘扬光大。”李柏坐在二曲的右侧，台下儒士欢呼，让李柏也说几句。李柏说：“今天听家兄的讲座，我有两个感受：一是他在穷困潦倒之中，扛着一把镢头，在中国文化的思想大山里，于沟壑之间，一镢头一镢头地挖刨，终于刨出了一条小溪。这条小溪的水是这样清澈见底，又是这样湍急奔流。我确信，它会穿石崖，过险滩，滋润大地，汇入大河，流向大海。二是他在荒漠的丘塬上，搬挪着一块块石头，在人迹罕至的地方，堆垒山头，这山头越堆越高，让人仰止，当你爬上高山，能看见三山五岳、江河湖海。”说着，他看看二曲，“家兄，望你在这条路上越走越远，越走越高。”众人的掌声、欢呼声交织在一起。讲座已结束，大家还不肯散去，彼此议论着、探讨着。

当晚，众人在横渠书院休息。第二天刚返回家，二曲还没喝一口水，彭孺人说：“土生，你旭阳叔去世了，他儿子派人来叫了你几次，你过去看看。”二曲一听旭阳叔去世了，心想：旭阳叔是自己父亲生前的好友，父亲襄城殉难，他多次保护自己不受侵害，把刁江海他们赶出村子，且时常指教自己，帮自己纠错改过，把自己当他的孩子一样看待，不觉心酸泪涌，急赶到旭阳叔家，抚尸痛哭了一场，遂与其子及族中管事的老者，商量成殓的事。旭阳叔家中也不算多么富裕，仅待客三天，客来了也只是喝一顿汤了事。风水先生看了穴位，定了葬埋日子。二曲周旋丧侧，并亲书挽联一副：

救困扶危担当世道，乡梓中唯为俊杰；
高山景行公正处事，村民里首推贤士。

安葬那天，二曲执绋下窆。

过后，二曲清明拜扫其墓三年，每一念及辄潸然泪下。后二曲又为旭阳叔写了行略以记平生，使知慕旭阳叔的人有所念想。

十六 点铁成金

顺治十三年（1656）七月十九日，二曲完成了《悔过自新》的著述。周至士人立即传抄研读，文章很快传到了武功县。武功县知事诸葛舟是位理学儒士，他看了二曲的文章，大为吃惊。二曲作为注重性命体验、真修实证的思想家，在继承陆王“先立其大”“致良知”的本体论思想中，创建“悔过自新”“慎独”“主敬”等穷理、作圣的思想论说，实为关学的发展开辟了一块新天地，是人们树德做人、成业创世的新路子。发扬光大这一思想，对世道人心大为有益。于是诸葛舟派人过渭水，与二曲联系，让他在康海剧艺厅为士人们论讲，日子定为九月二十八。

康海（1475—1540），文学家，字德海，号对山，武功人。明弘治十五年（1502）中状元，任翰林院修撰。武宗时，宦官刘瑾被杀，他因与刘瑾为陕西同乡，受累名列瑾党而被免官。著作有杂剧《中山狼》、散曲《沜东乐府》、诗文集《对山集》。回乡后，康海与户县王九思等人成立剧社，为秦腔的发展做出了巨大的贡献。为了纪念康海，后人建有“康海剧艺厅”，内能容纳五百人落座。

二曲上一次在横渠书院论讲，引起了巨大轰动，这次听说他在康海剧艺厅讲《悔过自新》，周至、眉县、户县、兴平、武功、乾县的士人们奔走相告，结伴前往。

这天，武功县知事诸葛舟陪二曲登台论讲。掌声过后，二曲开始了自己的论讲：“‘悔过自新’说，是我心性修养论的宗旨。我们知道，张载把人性分为‘天地之性’与‘气质之性’。天地之性是本然之性，与天地同其大，与日月合其明。此性之灵，本至善无恶，至粹无瑕；天道之诚，故在人无不善。而气质之性，则偏而不全，人多为气质所蔽、情欲所牵、习俗所囿、时势所移，不知不觉地变得卑鄙乖谬，甘心堕落为小人，甚至徒具人形，而实为禽兽者。就是说，人在后天诸多因素的影响下，气质之性导使你向错误的路上滑去，人就要犯许多过错，这是极其普遍的现象，是人性走向的规律。但是，人犯了过错，可先天纯真至善的天地之性还依然存在。这就像明镜蔽于尘垢，而光体未尝不在；又如宝珠陷入粪坑，而宝气未尝不存。诚能加刮磨洗，则垢尽秽去，光体宝气就自然刷新如初。人会犯错误，是不可避免的现实，但只要能修善改过，绝咎杜错，就会重新做人。小人与君子之别，人类与禽兽之分，只在一念之间。苟向来所为如禽兽，从今一旦改过，即为君子。总之，只要知错就改，就是有勇气的人，就是立志想做君子的人，就是能干大事业的人，这种人自然就会受到人们的尊重和爱戴。人人能如此，社会的习俗就会醇正，社会的安稳就会到来，人们向往的人与人之间关系的和谐、社会各阶层关系的融洽，就会到来。所以，我所讲的‘悔过自新’，就是一个担当世道的重大哲学命题。

“所以，古今名儒倡导救世，多从改变人的气质之性开始。由于他们的学术观点不同、学术素养各异，于是，各自的方法途径就有所不同。朱熹以主敬穷理为标宗，陆九渊先立乎为大标宗，杨简以心之精神为圣标宗，陈献章以自然标宗，李翱以复性标宗，王守仁以致良知标宗，湛若水以随处体认标宗，还有的或以正修标宗，或以知止标宗，或以明德标宗。各家的宗旨虽不同，但他们的学术指导观点总不出‘悔过自新’四字，总是开人以悔过自新为门路，但却始终没有标明宗义，揭示出这四个字来。所以，当时讲学，费许多辞说。在这种情况下，我引众归一，开流入海，于众说纷纭之际，拨云见日，提出‘悔过自新’的道德修养命题。这样，人们树德范世，就会心不枉用，功不杂施，丹府一粒，达到点铁成金的效果。”

二曲话音刚落，大厅里掌声雷动，大家互相示意，觉得真是拨雾见日之言、淳德入圣之捷径也。

掌声过后，二曲继续讲：“宋明诸子救世经国，教人改变气质之性，使人悔过自新，就连六经、四书，所阐述的也是这一深沉的道理。六经、四书，卷帙浩繁，其中精义，难可阐述。但‘悔过自新’足以囊括其微奥。《易》著风雷之象，《书》垂不吝之文，《诗》歌维新之什，《春秋》微显阐幽，以至《礼》之所以陶，《乐》之所以淑，孔曰‘勿惮’，曾曰‘其严’，《中庸》之寡过，孟氏之‘集义’，无非是让人恢复没有过错的本体，而回到日新的路上来。六经、四书是中华文化的精华，经日耀宇，论及修养治平之理，救治万世之病。然而归其要义，总是导人向善，教人悔过。以此为根基，然后去实现安国治民的目的。所以，“悔过自新”一语，最好地体现了六经、四书的微言大义。

“‘悔过自新’若能普遍实行，人人都节欲修善，纠错求正，律己虑人，社会就会成为人人互爱的社会、和谐的社会。不但能使全民的道德水准整体提高，还会产生极其良好的社会效应。所以，‘悔过自新’是经国治世的重大战略命题。天子能悔过自新，则君极建而天下以之平；诸侯能悔过自新，则侯度贞而国以之治；大夫能悔过自新，则臣道立而家以之齐；士庶能悔过自新，则德业日隆而身以之修。人无分贵贱，职位无论高低，只要能悔过自新，就会各受其益，各得其业，各成其事。如此，便取得了‘括精粗，兼大小，该本末，彻始终’的功效。这样，‘悔过自新’就推到了‘齐家、治国、平天下’的平台之上，足见其意义之深远。

“‘悔过自新’有如此的道德功能，又能产生如此的社会效应，所以，我竭力召唤和引导人们通过‘悔过自新’来修己成贤。杀人须从咽喉处下刀，学问须从肯綮处着力。悔过自新，乃千圣进修要诀。人无志做人则已，苟真实有志做人，就应从悔过自新做起。人生在世，也不过是三五十年的奋斗历程，但如能立身行道，就会千载不朽。然而，要立身行道，就须悔过自新；不悔过自新，又怎么能立身行道呢？

“‘悔过自新’包括‘悔过’与‘自新’两个方面。‘悔过’是觉悟反省以前所犯的过错，既指外在的言行，也指心灵深处的邪念妄想。‘自新’是指从心灵上复归人的善良本性。新者，复其故之谓也，譬如日之在天，夕而沉，朝而升，光体不增不减，今无异昨，故能常新。‘悔过自新’不只是道德修养的命题，更重要的是‘经国治世’的论说。”

掌声又在大厅响起，久久不息。

二曲继续说：“那么，怎样改过自新呢？我提出下面几种方法：首先，是从心灵深处滤过纠错，体察潜修，把一丝一缕之过都全部荡尽，使之成为纯粹的人、高尚的人。这就必须从起心动念处潜体密验，在思想观念上检查。如果有一念不符合人伦天地之理，就是一种过错，就要悔过，端正你的意念；如果对心性修养有片刻的放松，就不算是自新，就必须振作起来，去追求自新。‘悔过自新’的次序是：先验身过，次验心过；悔其前非，断其后续，亦期止于无一念之不纯、无一息之稍懈而已。我这里所说理的标准，既有客观世界的普遍真理，也有伦理道德的原则和要求。它是把心灵实验放在实践中去践履，去验证。于是，这种‘悔过自新’之法，就在实学思想的轨道上运行，具有一定的时效和实用价值。

“其次，是在日用常行中践履躬行。‘悔过自新’的着力点，是在平常琐事的磨炼上，错了就悔过，悔过能自新。这就是最上道理，只有在最下修能。不必好高骛远，说精微，谈道学，论性命，但就日用常行、纲常伦理、极浅极近处做起。‘悔过自新’是一个平民学说，也是一个实用学说。圣贤要悔过自新，一切阶层的人都得纳入这种范畴。而且要取得成效，必须以平时处事的躬行实践为途径。好高骛远，空谈性命，都是与悔过自新格格不入。

“其三，是在‘慎独’中悔过自新。独者，人所不知而己所独知；慎者，朝乾夕惕，时时敬畏，不使一毫牵于情感、滞于名义，以至于事之得失、境遇之顺逆、造次之颠沛、生死之患难，都湛湛澄澄，内外罔间，而不为所动，这便是‘慎’。我所说的‘慎独’，是要求人们时时保持心脑间的灵明，坚定本体的善念，不要被情感和外物所牵制。人在独处时，没有监督，没有约束，自由自在，悠然怡悦，所以，就容易产生邪念歹心，犯这样那样的过错。而此时，就要用‘慎独’来律己，严把情感的闸门，力排外物的诱惑，在心灵脑海里安放仁义道德的标尺，监督并衡量自己的语言行为，把邪念横扫，使歹心顿悟，把过错在萌发中掐灭，做到防患于未然。这样，就会达到无错可纠、无过可悔的高度。这是‘悔过自新’的最高境界，也是最理想的‘悔过自新’。

“人在独处时，一旦没有把严关口而犯下了过错，不要隐瞒，不要掩盖，更不要认为神不知鬼不觉而自作聪明，企图蒙混过关。此时悔过自新还为时不晚，不然，会给个人和社会带来祸害。众见之过，犹易惩艾；独处之过，最足障道。这是为什么呢？过在隐伏，潜而未彰，人在此时最所易忽，且多容养爱护之意。于此之时，就要动用'慎独'的机能，勇敢地进行悔过自新，做到表里精粗无一或苟，明可以对人对天，暗可以质鬼质神。所以，'慎独'是悔过自新的上好方法。

"其四，是周而复始的'悔过自新'之路。人的高尚品德的树立，是一个无止境的思想修养过程，决不会一蹴而就。人生的道路是漫长的，过失、错误、荣耀、成就，随时都伴随着。面对如此的现实，人生其实是一个不断纠错、不断追求成就的过程，这样，人才会不停地前进。所以，'悔过自新'就不能停留在某个人生阶段，而是贯穿人生的始终，直到生命的最后关头。

"'悔过自新'如用上面诸法，就达到了极致之处。人就建立了德业，成就了事业，自然会产生喜悦和快感。悔而又悔，以至于无过可悔；新而又新，以极于日新之不已。如此，仰不愧天，俯不怍人；昼不愧影，夜不愧衾；在乾坤为肖子，在宇宙为完人；今日在名教为圣贤，将来在冥漠为神明，岂不快哉！人生到此，就达到了辉煌的境界，既给国家和人民做了贡献，也满足了精神需求，从而把'悔过自新'推到了一个至高的境界。

"张载少时，喜谈兵法，曾结党募兵，想夺回被西夏占领的洮西之地。宋仁宗康定年间，张载闻范仲淹为陕西帅，遂上书条陈兵务。范仲淹观其气貌甚异，便劝他：'儒者自有名教，何事于兵？'让他回去读研《中庸》。张载遂幡然有志于道学，然后又溺于释、老之说，误时多年，反悔其错，始反求于《六经》，尽弃异学，著《正蒙》《西铭》等传世之作，终成关中学派的开山祖师。

“朱熹初学无常师，遍读经传，泛滥于释、老，曾自诩十五六岁，就专心学习释氏之学，拜寺院中的僧人为师，很崇拜和爱好这一学说。朱熹二十四岁时，拜李延平为师，言及学禅一事，李延平很严肃地劝他不要学释氏之学。朱熹还以为李先生对释氏之学没有理会，再问，李延平总劝他读圣贤之书。这时，朱熹才把释氏之书置之高阁，且将圣人书来读。读来读去，一日复一日，觉得圣贤语言渐渐有味，回头再看释氏之学，两相对照，则觉释氏之学破绽百出，罅漏多多。自此悔悟力改，后终成理学大师，为宋闽学派的创始人。

“薛敬轩先生当初想以诗文鸣世，后来跟老师学习周敦颐、程颢、程颐、张载、朱熹的著作，长叹说：‘这些才是道学的正脉。’遂焚所作诗赋，衷心于道学的研探，达到了废寝忘食的程度，但他始终不满意自己对大师们学说的理解。这是什么原因呢？原来是旧习未尽之故。我欲进，而旧习阻止我进；我欲新，而旧习阻止我新。旧习太可恶了，应坚决杜绝它。薛敬轩后终成理学名士，为明代关中学派的中兴做出卓越的贡献。

“王阳明先生的进学有三次变化：少时，血气方刚，意气风发，专意诗词文章的追求；稍长，又迷恋于释、老二氏的学说；后来被贬谪到夷地困苦之处，豁然有得于圣贤之旨。此三悔三新的历程，记录了他三变而至道的造诣。居贵阳时，首与学者讲‘知行合一’之说；至滁阳后，却教学者‘静坐’修心；居江右以后，始单提‘致良知’三字，直指本体。此三教之变，是三悔三新的实证，把心学之说推到了别人无法达到的高度。

“上蔡先生谢良佐，草庐先生吴澄，近溪先生罗汝芳、南大吉、董罗石、杨庭显等大学儒宗，皆能闻过必改，潜心修行，后来成为人人敬仰的理学大师和国之栋梁。

“平民百姓陈元，不孝敬父母，其母告知地方官方仇览。仇览以子道责之，并送他一卷《孝经》让其细读。陈元深自感悟，到母床前谢罪，说：‘我少小失去父亲，母亲娇惯我，谚‘云孤犊触乳，骄子詈母’，现在儿子知错要改。’母子相向而泣。之后，陈元修行孝道，成为一名受人敬仰的佳士。

“徐庶儿时好任侠击剑，乘一时气愤而杀了人，用白垩涂面，披发而逃。后被官府缉拿，百问而口不言，众吏便把他绑在囚车上，到集市通衢游街，让人辨认，结果没有人敢站出来指认他。他的同伙串通一气，解救了他。他的感激之情溢于言表，从此，丢掉了刀戟，穿上土布单衣，折节问学。到了私塾，学友们知道他过去是个强盗，都不愿和他在一起学习。他卑躬早起，独自打扫卫生，主动为大家干活，以求学友们谅解。他专心就学，深悟经书，义精理熟，与诸葛亮友善，成为三国时各家争揽的谋士。

“周处，性情暴戾，纵情肆欲，成为乡间的一大祸害。当时，人们惧怕的是山中猛兽、桥下巨蛟、乡间周处。周处闻之，入山除猛兽，下河斩巨蛟。蛟上下沉没，周处追杀数十里，人们以为周处死于水中，都高兴地庆贺。结果周处斩蛟出水，听到人们庆贺他死这个消息，他很是吃惊，想不到人们对自己这样痛恨。他就去寻当时的名士陆机、陆云，向他们说：‘我想悔过，但年已蹉跎，恐怕晚了吧？’陆云说：‘古人朝闻夕改，你现在还年轻，悔过正是时候，只怕你立志不坚。’周处闻言立志向学，心存烈义，言必忠信，后成为国之名臣。

“子张是鲁国有名的地痞无赖，颜浊聚是梁父的大盗，段木干是晋国马市上最能投机的经纪人，高何、县子石是齐国杀人不眨眼的暴徒，索卢参是东方最大的奸诈狡猾之徒，这六人皆是刑戮死辱之人，后寻道就学，悔过自新，都成为对社会有贡献的显赫名士。由此，足见‘悔过自新’之功效。

“总之，‘悔过自新’的目的在于使人成圣成贤，在于经国治世。恶人肯自新，恶人可以变为善人；小人肯自新，小人可以成君子。悔过自新是教人受教的‘肯綮’之处，大家都来悔过自新，整个社会的道德水准就会得到极大的提高，社会风貌也会焕然一新，国家求强的目标就不会很远，民族振兴的理想就会登高在望。所以，‘悔过自新’的现实意义，就像大河流水的冲力一样，谁也无法估量。”

不等二曲的话落音，全场掌声雷动，久久不能平息。

诸葛舟走上台去，握着二曲的手说：“先生之论，真是发圣贤道统之精义，如红日送暖、夏风送凉，驱愚醒智，指道明津。人之成贤成圣，国之致富致强，必走先生所倡之道！横渠、泾野之后，要振兴关学，除先生还能有谁呢？”二曲说：“我这不过只是初创，完善尽全，还待后日。”台下学子都不愿离开，等诸葛舟陪先生去了馆舍，大家才慢慢散去。这些士人，就像撒到各地的种子，使二曲的学说生根发芽，他们又以满腔的热诚，把二曲的学说传向四面八方。

十七 明府拜师

宋明以来，在理学大师中传说有什么见“道”之遇，这便给他们披上了许多神秘的色彩。传说二曲三十一岁时，也有这样的经历。夏秋之交，二曲患病静卧，保养身体，体悟“默坐澄心”这种学习方法，便一个心思地切身体验，以心观心。久之，其思想豁然顿悟，甚觉灵机兴趣，流盎满前，彻首彻尾，本自光明，自己的精神世界呈现出无限的灵光。于是，他深有所感地说：“学习是为了明性，性明则见道，道见则心化，心化则物理其融。跃鱼飞鸢，莫非天机；易简广大，本无欠缺；守约施博，无俟外索。若专靠闻见为活计，凭耳目做把柄，犹种树而不培根，枝枝叶叶外头寻，惑也久矣！所以，见道之说，实际是告诉人一种静坐虑心、修身明性的学习方法，让人时时反观默识，涵养本源，了悟长久以来萦绕于心头百思不得其解的疑难问题。”二曲通过这次的深入思考，解决了天地人物一体的问题、事物运动的规律问题、易简与广大的包容问题、约与博的关系问题以及感观与实践的辩证问题，总结了以往学习的经验教训，深知了内外本末的真正含义，懂得了心力要用在何处，精神要施于何方。可以说这是二曲学习的一次大修整、大调节，从而使二曲的思想、学习上升到一个新的阶段，为日后他对自己学说思想的完善，起到了奠基的作用。

顺治十五年（1658），二曲三十一岁，他的二儿子慎行出生。此时算起来二曲家已是六口之家。母亲有病不能劳作，妻子要照看两个孩子，料理家务，不能制履糊口，生活的担子全压在了二曲身上。二曲租种他人之田，下地劳作，想以此保证全家人的吃喝，不料旱灾肆虐，收成大减，生活更加困难。自从崇祯十六年（1643）二曲的父亲李可从殉难以后，二曲母子未曾一日温饱。他们尝尽了人间的艰难悲苦，多次濒临生死之险，但他们以铁石般的意志、超乎常人的坚忍，一步一步地迈了过来。二曲在如此艰难的情况下，苦学不辍，生发新意，创派立说，在社会上产生了巨大的影响，赢得了社会的认可、学界的赞誉和士人的拥戴。

梁联馨，甘肃平凉人，庚子解元，康熙甲辰年进士，历官工部都水司员外郎，是个在京城很有影响的人物。他撰文对二曲的学说和人品进行评介："自宋代以来，理学中的濂、洛、关、闽传承到明代的王阳明、罗汝芳之后，就逐渐处于衰退之势。直到一百五十年之后，李二曲的出现，才使理学有了传人。他笃信坚守理学阵地，奇贫厄危而不动摇，群毁奸攻而不为意，深处困窘却守志如初，饥饿病苦却安贫乐道，终于使绝学没有湮没而得到了复兴，使晦暗的学说得到了复明。二曲如果不是个贤人，怎么能有这么高深的造诣？这是他胸中浩然之气的升腾，这是他贫贱不移的君子气质的呈现，这是他极高精神涵养的突破，这是一个大儒对中华文化学术的贡献。"梁联馨的评说，立即在社会上引起了巨大反响。

明末，陕西人马元御、王雪樵、韩圣秋、李叔则被荣称为“关中四学”。朝邑人李叔则，人称河滨先生，文名流播海内。他专门著文，对二曲的思想流源、学说要点、治学宗旨、贫困状况，进行了详细的介绍和评论，关中士人争相传抄，广为传播。这为人们了解二曲起了一定的作用。

顺治十六年（1659），周至县来了位新县令，名叫骆钟麟，字挺生，号莲浦，浙江临安人。年弱冠，乡试中举。初任安吉州学正，力尽职守，兴学校，择塾师，集诸生，亲讲授，先后行文，遍布村社，以礼化俗，工作相当精细。初到周至县衙，便下乡查询民情，凡有利于民者，便倡导续行；有伤民成弊者，便立即革除。立社学，择民间子弟，授以《孝经》《小学》以端蒙养；整饬营伍，以清奸宄，保县域平安；修社仓以备凶荒，意欲赈济灾民；增减《蓝田吕氏乡约》刊布庄堡，以规范乡间礼仪；劝课农桑，以保民之衣食；建筑城垣，疏通河渠，以工代赈，增民收入，以图两利；续修县志，力促兴学，并与士人研讨论讲濂、洛、关、闽四家儒者的学术思想，以繁荣周至的文化。上任仅数月，百废俱兴，临事裁决如流，政令畅通无阻。对于全县的大小事务，他察微洞隐，了解得如自己的家事一样，人们无不敬畏。著名学者孙奇逢赞誉他是“古之君子，难得的贤令”。

捋清了政事，访贤成了骆钟麟的要务。听到二曲先生学有造诣，德成山隆，骆钟麟敬慕不已，想不到西部偏地，竟有这样的大儒。先天晚上，他烧水沐浴，第二天脱去官服，身着简装，只让一位周至籍的小吏陪同，出县衙西行，朝新庄堡走来。到了二曲家门口，小吏叩门，二曲的妻子淑珍开门，见二位客人，忙让进屋。二曲正伏案读书，骆钟麟一眼望去，就感到他道气翩翩，不同凡响，非一般俗子。小吏上前施礼，说县令来访。二曲没有回头，也没有抬眼。骆钟麟深感唐突，立即退出门外。淑珍一看这局面，忙端出小凳，让县令坐下。彭孺人忙端来开水，说着道歉话，让县令不要放在心上。骆钟麟知道二曲今天不想见他，便告辞回衙。等客人走了，母亲和妻子都抱怨二曲。二曲说："我不想与官人打交道，再说我不清楚他的为人如何，这不速之客，我怎么能轻易接见呢？"

骆钟麟回到县衙，没有因为二曲的傲慢无礼而发怒，反而对二曲更加仰慕，越发激起了对二曲的拜谒问学之心。隔了几天，他先派人到二曲家问好，以缓和上一次的气氛。随后由县谕陪同，再次来到二曲门上拜谒，以宾主身份行礼相见。骆钟麟以县令之尊，再来造访，令二曲深感震惊。县令能如此，足见其学养之深、品行之高，二曲欣然与之结交。自此以后，每逢政暇之时，骆钟麟必到二曲家中，从容盘桓，聆听论学。二曲谈六经之旨要，谈释、老之因果虚无，谈濂、洛、关、闽四家学说的博大内涵及相同相异的意念之别，谈河、会、姚、泾的继承生发，谈自己实学体系的构建。

一天，骆钟麟说："请先生谈谈实心实学的概念。"

二曲说："一个人的修养要达到完美的境界，必须从内外两个方面进取。一是心灵深处的修养。用'理'规范自己的心性行为，树立高尚的道德品质；用'善'指导一切，使自己的心灵得到彻底的净化，达到心灵上的自我完善，以至成为完人，这就是我说的'悔过自新'。二是到实践中去磨炼，随境用事，举智而策。不管是家事、国事、民族事，都能针对客观情况给予正确处理，以此增长自己的才干，成就自己的事业，实现人生的远大目标。这样，入世闯荡，纵横人生，就没有不适应的，这就是我说的'适用'。如此反复修养磨炼，久而久之，就会达到人生处世的最高境界。这样，才算打牢了做人处世的基础，具备了应对万事万物的良好品质。如此，你去匡时救世、谋福万民，就如水之有源、木之有根，不管遇到什么复杂的事情，就会具有取之不尽的智慧和用之无穷的力量，这就是我所说的‘实心实学’。

“‘实心’是指心性中的善端或善念，它是实学的基础。心性中‘善’的素养，是生发各种高尚品德的源泉，是审视‘理’的标尺，是忠国孝亲秩序的滋生地。有此实心善念，不管遇到什么事情，都会按照固有的情理去处理，不会出现差错，犯有罪责。

“学不信心，终非实学；仕不信心，经纶无本。‘信心’是指人的主观能动性，是‘实心’中积极向上的素养。要使实学得到传扬并能应用于社会，就必须具备这种素养。如此，人们对实学的理解才会加深，对实学传播的力度才会加大。面对社会，不管从事哪个行业，都要干实事，从实务，为国家保平安，为人民谋福利，这是实学对人们的必然要求。就是说，一个人要在实学的指导下去齐家、治国、平天下，必须树立积极向上的从实信念，确立这方面的人生观，才算找到了成就自己的根本，才算奠定了成就事业的根基。因为，能成就自己的人，才能成就事业；能从心性上控制自己的人，才能战胜自己，才能教育他人，规范他人。只有自己立志为实学献身，才能引导他人为实学拼搏。要使实学思想发扬光大，人的信念是极为重要的因素。”

骆钟麟问：“先生对实学是如何标界的呢？”

二曲说：“实学道德，志不在于功名，而在于身心性命。一个人立志就学，不是为了自己去追求衣食名禄，而是为了天下人的衣丰食足，这才算是有志，这才是实学。实学的道德界定不在于功名利禄，而在于天下人的身心性命。天下人富足了，心志归向了，天下就会大治。天下实现大治，是实学的最终目的。现在很多就学的人，唯一的想法就是食衣名禄。他们疲精竭神，穷年累月，为此拼搏，这不算立志，更不算为学。我虽穷困潦倒，却胸怀天下，终日孜孜不倦，博大修心，却不为求食而违志，更不因贫困而堕落，我创派立说，匡时救世，就是为证验和实践自己的实心实学。

“求学在于实用，立志为人民造福、为后代造利，这才是治学的真正目的，也才是实学的真正含义。如果只是为了治学而治学，那么于国、于家、于本人，不但没有实际意义，反而会留下羞耻的遗憾。

“工、农、商、学、兵等诸多行业，都是学以实用的阵地，但我特别强调治学救世的大业。一切从政的士人，都要实心实政。为官之道，首先在于做人。只有脚踏实地地做人，才能实心实意地为国家和人民办事。而做人是心性随处磨炼的结果，实政则是心性磨炼的高度体现。这就是内足以明道存心、外足以经世宰物，即是实心实学的概念。”

骆钟麟听了茅塞顿开，他明白了先生为学之志向，也领略了先生博大的儒学风范。看看天色已晚，起身告辞。二曲没有相送，只是说了声“也好”。

过了几天，骆钟麟又来造访。二曲没出门迎接，骆钟麟进屋坐定以后说：“请先生讲讲实心实学都包含哪些内容。”

二曲说：“首先是明学术、省人心。天下之乱与否的根本原因决定于统治者决定采用哪种学术思想来指导政治活动和进行政治决策。学术指导思想是社会进化的标尺，必然影响天下人心的邪正及所向。人心的邪正及归向，是天下之乱的原因。当权者所采用的指导思想是先进的和正确的，其管理风格就纯正，政治素养就质朴、严谨，就会发挥巨大的社会功能，产生良好的社会效果。这样，人心所归，社会就会大治。如果当权者所采用的学术思想是落后的、衰退的，甚或是反动的，其管理风格就是残暴、昏庸。这样，人心所背，社会就会大乱。所以，治理天下的根本，莫过于人心；治理天下之大肯綮，莫过于提醒天下之人心。然欲醒人心，唯在明学术。天下之乱的本源全在于人心的所向，所以，治理天下的关键就在于教育和引导天下人都能拥护当权者的统治。要达到这样的效果，决定于统治者用何种学术思想指导天下之理。目前是以程朱学说为指导，其空洞性、虚伪性、自私性，给社会带来了巨大的灾难。所以，要以天下的安稳为己任，倡导实心实学，醒悟人心，这样才能实现唐虞盛世的理想社会。

“作为指导治国的学术理论，不能是一成不变的。社会在发展，现实在变迁，学术指导思想必须因时而异，因时而变，才能始终保持其进步性；否则，就会僵化和落后。作为统治者，如果对此没有正确的认识，一味因袭前朝，使用旧术，必然会给社会带来灾难。儒家学说作为各个王朝治世的指导理论，是有绝对权威的。但它必须顺应历史发展的规律，不断修正、补救和完善，才能经受历史大潮的冲击。而为圣为贤的实学思想理论，正是现时对儒学的最好体现，把实学思想倡明于天下，让天下人心都簇拥到实学的旗帜下，社会所呈现的弊端就会被革除，理想的大治社会也就为时不远了。”

骆钟麟惊叹不已，迫不及待地问：“学术既明，人心既省，接下来该是经世治国。不知实学思想该如何体现？”

二曲说：“经世治国的实学思想，最重要的是仁政与王道。孔子及其弟子们在这方面曾有深刻的论述。那么怎样实行仁政呢？关键在于吏治的管理。首先是律己以廉。凡士大夫者，万分廉洁，只是小善；一点贪污，便是大恶不廉之吏。如蒙不洁，虽有他美，莫能自赎。廉者士之美节，污者士之丑行。

“其次是抚民以仁。为政者，当体天地生万物之心与父母保赤子之心。有一毫之残苛，非仁也；有一毫之愤激，亦非仁也。要施行仁政，所有的大小官员，要懂得天地生万物的规律，要有父母爱儿女的情怀。如有一点残忍和刻薄，都不是仁的官吏，就不是仁政；如果对属下的民众有一丝一毫的愤怒和指责，也同样不是仁政之举。

“再者是存心以公。凭公治政，是仁政王道的基础所在。只有以公为秤，天下的是非曲直、治略惩罚，才会循理而作，适得其所。所以，平天下，平其好恶而已，好恶出于公则政平，政平而天下平矣。要立公心，先必去除私心；去除私心，公心自然在心灵里就占了指导地位。

“最后是位事以勤。当官者一日不勤，必要受其障弊。古之圣贤尚日昃不食，坐以待旦。所以，不管是朝中的士大夫，还是地方坐治的封疆大吏，只有勤政处事，才不会荒其政务。勤政是历代帝王对官吏们的基本要求，也是官人们的基本素养，更是确保仁政与王道的根本所在。只有勤政谋国理民，才不会辜负民之厚望。

“用仁政治国理民，是推行王道的治平路子。不以仁政，不能治平天下。人主有志治平天下，须力行仁政，追求政权的仁政管理，这是心灵理想的辉煌呈现，更是政治哲学的至高境界。

“中国是个以农耕为本的文明之邦。几千年来，不管是政治家，还是思想家，都把尚农、重农强调到重要的位置，他们都认为农业生产是国家的命脉。历代帝王谋国理民，都先重于农事。所以，尚农、重农是经国之大计、实政之先务。

“重农的第一要务是兴修水利。农作物靠水滋润生长，所以，兴修水利是取得丰收的保障。要拦水修库，疏沟洫，修陂堰，使田野形成灌溉网络，以通水利。还要高田穿井，井畔种桑，道旁广栽杂树及有用果木。这是实心实政的重农措施，更是实学思想的重要体现。

“要设农官。每乡以精于农事者立为农长，专门监察农事。按照古代劝农之制，于春耕秋播季节，农官亲临田野，传授栽培技术，察视耕作状况；奖励勤耕农户，稽查闲游之辈，把重农落到实处。

“重农的关键，还要倡导天下的农人都能勤劳地在土地上耕作，使全国的土地没有荒芜。根据气候条件和土壤的性质，相应种植不同的作物。同时，把种树、种蔬的方法详细地告诉给农民。这样，民人就会富裕，国库就会充足，仁政、王道就会得到实施，天下的治平也就有了保障。

“爱民、护民、裕民，天下的农人才会饥者有食、寒者有衣、劳者有息。如果侵民、虐民、害民、伤民，那民人之苦，就不可言状。大丈夫立世做人，就是要为国谋策，为民谋福，为天下谋利。这样，心思既竭，仁爱无穷，必使乾坤清泰，海宇安宁，无一事不极其妥帖，无一物不得其所愿。当官的履职实政，泽农滋民，天下老百姓人人都会对自己的长官爱之如父母，敬之如神明。

“爱民的另一方面是轻敛薄税。人民纳税养国，是本有的责任和义务。然而，统治者往往超出应有的限度，执行暴虐的残酷制度，对天下横征暴敛，层层贪剥，严苛广税。于是，就激起了复杂的社会矛盾，农人就落于水火之中，国家就处于累卵之危。税收无度，吏掾就贪奸其中，级级克扣，不但国库收入没有增多，民众还受到伤害和虐待。只有按时按律征收，额外的税收给予杜绝，藏富于民的目的才会达到。农民富裕了，国库自然就会充足。民富国强的要害在于轻徭薄赋，这是政治问题，也是哲学问题。

“若恶吏借势敲诈勒索属民、乡霸恃财欺压邻里、匪盗泛滥滋扰地方，三害横虐民间，农民不能安居乐业，养生丧死得不到保障，王道之政治就会受到极大的破坏。污吏渔民，豪强兼并，奸胥网利，此为民蠹。除暴安良是仁政管理的重要体现，是衡量官吏功绩的一个方面。为官者必须力行实政，一举一动都要惠及民生，想人民之所想，事人民之所事，以爱民护民为第一要务，以惠民裕民为最高目标，使民间无害事，地方尽淳风。如此，方为好官，方是善政。

“天下立君，以为民也。苟民生不遂，四海苦穷，则立君为之何？人民拥护爱戴国君，国君应率领万官臣吏，护民爱民。如果民不聊生，悲愁穷苦，那么还要国君干什么？”

骆钟麟屏息静气，听二曲讲述，一点也不敢打扰，心中觉得二曲的知识如大海深滔，舀之不尽，取之不竭，甚为叹服。

接着二曲谈了土地问题、德治和法治问题、军队建设问题、治世良策之见以及文化发展、教育兴国等诸多实学实政之要津，骆钟麟越听越着迷。但他发现二曲似有倦意，不便再打扰，便索要二曲往日所著，好回去一一拜读。二曲将六本所著交付，嘱托好好保管。这时，两人分别，月光洒满了大地，照亮了回去的路。

回到县衙，吏属及内眷都抱怨骆钟麟怎能以县令之尊，屈就一位乡下小民。骆钟麟说：“你们不了解先生。先生二十年来不进县城，不入官府，怎么能因我一个人而违却平生的志愿？只要先生不拒我于门外，就算我的幸运。”人们只是叹惋，不知二曲有多大的魅力。

大约过了两个多月，骆钟麟读了二曲的著述，听了二曲的论讲，对二曲的敬佩之情难以言表。这天他去见二曲，长跽请诲，严奉师事。二曲忙扶起请坐，说：“你长我两岁，又是一县之长官，我如何敢以师长受之！”骆钟麟说：“师者不以年龄见长齿，不以职位论尊卑，而以德化为范楷，以知识多寡为先后。钟麟恐落伍为忧，求进心切，望以师礼为纳。”二曲说：“我们交友论学，不必以师礼相待。”二人这才握手相欢。骆钟麟说：“你的居室只是茅草遮盖数根椽子，颓垣败壁，不堪其忧。我捐俸给你购庄基，修房建屋，继供米粟，先解决你的生活之忧。”二曲百般推辞，骆钟麟说：“这是我职分内的事，你不要推辞，一切由我派人操办。”

解决了二曲的生活问题，骆钟麟想：属地有大儒才俊，向朝廷和社会推崇，这是古人之风。他自己听二曲论学，读其著述，对二曲学说思想了解得颇为深透，深知其学说的现实意义及哲学价值。这年春夜，他让吏属掌灯公案，秉笔疾书，向各级衙门推介和宣传二曲：

窃惟道术系治运之晦明，理学关人心之绝续。汉唐以降，董、韩绝唱，寥寥寡合。赵宋应运，而濂、洛、关、闽真儒辈出，得不传之秘于遗经，会百家之言而归一。其有功于世道，有补于人心。明兴，理学之家累累不一，薛、湛诸公，标举于上；吴、陈诸子，岩藏于天下。至于功德并立之人，揭“知行合一”之旨，则独推阳明先生。我皇清定鼎以来，求贤访道，屡奉明纶。然考所荐引，大约皆明季废绅。其间故多云兴霞举，黼黻盛世之英。而所云北山、少室，猿愁鹤怨之侣，亦复不少。则是旁求之意诚勤，而明杨之典未廓，是以招隐虽殷，而真儒未出也。盖学有定旨，胸有独得，穷则善身，达则善世，而后可以绍继绝传，光辅皇猷，求之当今，未易数见也！周邑有隐士李颙者，其人生而颖异绝伦，潜心圣学。年未弱冠，即见器于前令樊嶷，知其超悟之资，必为名世大儒。卑职莅任之初，首重得人，因造其庐，访其人，挹其德容，聆其谈论，不觉形亲神就。初犹执宾主之礼，既不觉甘拜下风而恐后矣。其学以“慎独”为宗，以“静养”为要，以“明体适用”为经世实义，以“悔过自新”为作圣入门。浏览甚富，著述良多。

> 而其引进同志，开导学人，惟“悔过自新”之说。是故浅人见之以为浅，深人见之以为深，上下根人，俱堪下手耳。年未强立，绝意进取。卑职躬行讲约，屡经造请，未尝一至偃室，其求荣干进之心，久为屏却。但景仰高风，不敢隐蔽，故推崇以世，是望周知。

骆钟麟将此荐贤之文及二曲所著，以县府名分上报台、司、府，同时送发州县各衙门。于是，二曲名声大振，广受优崇，大吏撰文推介，或悬匾传扬，一时风动雷鸣，反响甚为强烈。

陕西按察司翟凤翥，山西闻喜人，字象陆，顺治三年（1646）进士，官刑部主事，后出任地方大员多年。顺治十六年（1659）翟来陕西，看了举贤之文，即书手札：“李处士潜心圣学，孝事其母，《悔过自新》一书，深得孔门善诱之方。下邑有士如此，可以风矣。仰县即持本司书帖，孰请赴省一会。本司不日南行，急欲一见，非云枉召也。”骆钟麟立即到二曲家递上书札，催促二曲进省一晤。二曲力辞，终未成行。

布政使陈炌，河南孟津人，字去弦，翰林院编修，历宏文院侍读学士，后升任左布政使。他特别钦佩二曲的“悔过自新”说，认为这是圣学教化的创新发明，如暗夜中的一盏明灯。因有事要到周至公干，他让骆钟麟通知先生，自己要亲来周至登庐就教，望先生不要推辞。不巧，陈急病突发而卒，给两人都造成了遗憾。

陕西督学马之驭，直隶东光人，字元敏，顺治六年（1649）进士，先后在秦、闽、楚等多地担任督学。这年九月，他读了二曲的著述，上书抚台：“周邑二曲先生品高月旦，形迈古今。蔬水承欢，绝意希荣干进，恬谈处己，覃怀往哲先行。允矣笃实真儒，展也隐居君子，可谓盛世之羽仪，士林之木铎也。”

巡抚张自德，满洲丰润人，看罢荐书，又找来二曲的文章，认真读后，甚觉敬佩，即手书“熙代学宗”四字，让督学马之驭送往周至，悬其庐门，并行文各州县，让陕地绅衿咸专向慕，后学知所依归，以示对二曲的敬重。既表彰二曲的人品，更弘扬二曲的学风，让天下的士人学子都以二曲为榜样。

提学王成功，山东博平人，字允大，顺治六年（1649）进士，由山西长治县官升任兵部主事，后以副使督学陕西。他研究了二曲的学说，行文通告陕西学界，标示二曲的实学思想体系是别于理学之上的独特学说，其旨向完全在于求真务实。王成功称颂二曲的学说是“超进独立，学向实诣”，又制“躬行君子”一匾，悬其门，以示表彰。

此后，陕西本省及外省的各级衙门对二曲的学说广加传颂，表彰的方式或行文推荐，或印行书籍送阅，或悬匾彰显。如此，以各种方式，对二曲的实学思想进行弘扬，如“理学渊源”“躬超萃类”“一带龙门”等。这些固然是对二曲人品学说的肯定，但二曲把虚名荣誉看得很淡。因为他创派立说的目的是在于世道人心，济世救时。于是，对这些精美的牌匾，他或置之高阁，或弃置不顾。可这些来自不同地域、不同层面的赞誉，对二曲后来成为“海内三大儒”的声名定位，起了很重要的作用。

周至人赞誉骆钟麟是个贤令，陕西人赞誉骆钟麟是个贤令，世人皆赞誉骆钟麟是个贤令。

十八 学人纷至

二曲的舅父突然得了重病,彭孺人已在哥哥身边侍候了几天,二曲每天都过去瞧看。这天，舅父让二曲坐在身旁，攥住他的手说：“舅父虽说对你们母子有所照顾，但没让你在我的私塾念书，心里很是愧疚，总觉得欠你什么。”二曲忙跪倒在地，劝慰着舅父：“您当时也是为我母子着想，细想起来也很有道理，外甥从来没有怨过您，您老就不要把这件事放在心上。”“你能这样想，舅父的心也就舒服了。你以后的路还长，再难，也要把你娘照看好。”说着，舅父眼睛里流出了泪水。二曲也流着泪说：“舅父，您安心养病，孝敬老人的事，我会竭力尽责。”“这就好，这就好！”舅父连说了几声，闭上了眼睛。

当晚，二曲的舅父咽了气。二曲和母亲忙前忙后，直到将舅父安葬入土，才回到家。舅母寡弱，其子幼小。舅父刚去世，家里就起了重大变故：仆人叛逆，卷走了许多财物；族人看有机可乘，纷纷出面索钱揽地。一时外侮纷至，不得安宁。舅母领着幼子，于二曲面前诉说。二曲思虑再三，将实情写成诉状，送给骆钟麟。骆县令派人核实情况，押回叛仆，收回财物，调解纷争，母子二人才力维门户，安然度日。

这年，关中大地连下了几天鹅毛大雪，银白色的雪花铺盖了山脉、河流、道路、田野，虽说壮观，但天气特冷。这天傍晚时分，一位八十多岁的老人来到了二曲家门前，行相见礼后，他自道："我是同州人，名党湛，是冯少墟的门下。听说先生倡道周至，便冒雪履冰行数百里，走好几天，来先生处访学解迷。"二曲大为感动，忙请进屋，给老人拍去身上的冰雪。妻淑珍放下孩子，打来一盆热水，让老人暖暖手脚。吃过饭后，二曲安排老人休息，老人推辞，说来一次不容易。于是，两人对坐探学。党湛老人提出许多疑难问题，如宋明诸儒之论学的要旨、学派之间论争的原因、关学接续脉络的历史人物等，二曲都一一解答。直到午夜时分，老人竟然没有倦意惰容。一连数天，都是如此，可见其探学之志是何等坚深。

党湛常言："人生须做天地间第一等事，为天地间第一等人。"故号"两一"自勉。其自幼励志学修，根究理道，对宋明以来诸儒的论学语录，抄誊清楚，附之心得，贴于墙壁，用来警策自己。并且只专心向学，不参加科考，种几亩薄田，以养家糊口。党湛特别孝敬父母。其父患癫痫病，家人莫敢近，他昼夜服侍不离。父殁，他在墓旁修庐守墓三年，时人誉其大孝。党湛八十四岁去世后，郡丞郝斌躬亲致祭，并为墓碑题字。二曲先生也为其写了行略。

顺治十七年（1660），秦安人蔡启贤，字景元，号琴斋，出任周至司训，掌管一方教育文化。其雅宜高洁，大家风范，甚得周至士人喜爱。蔡启贤孝敬至亲周到备至，对自己的兄长也是晨夕问安。任职期间，他多次到二曲家中就教问学，二曲以瓜果招待，他总是以肠胃不好相推托，再三劝之，总不肯进食。后来，二曲才知道其中的原委：因陇地与关中相隔千余里，气候差别大，所以陇地瓜果成熟期较关中为晚，见到香甜的瓜果，他想到父母还未品尝，故不愿先父母而食之。蔡启贤对哥哥也特别恭敬，事无巨细，一定咨询后再行事。哥哥如有教训或交代的事，他总是慎独纠过，不予违拗。在周至任上，每逢期望之日，或节令遇庆，必西向遥拜。如此有教养的仕官，对二曲的学说及德行深悟明察，觉得颇有醒世经国之功，于是函告自己的兄长蔡启胤。

蔡启胤，字绍元，是秦安一带有名的贤士，学人都称他为溪岩先生。蔡启胤少小就有超人之处，知道礼让敬老，食饮必先奉侍亲长，先辈不动筷子他坚不举箸。七岁入私塾就学，读书警颖不群，过目即晓大义，人们都感到惊异。弱冠选拔入县庠，由县府供养饮宿。学业优绝，德行卓伦，士林一片赞誉之声。治“五经”，研史传，攻典籍，忠孝节烈，学古行事，远近学人都以他为标范，跟他学习的人越来越多。他办校立塾，教人先树德后续学业，一言一行，都以古礼为规尺。事亲以顺为孝，不是给学士上课或接待宾客，就是在父母左右侍候。父母有疾，延医求治，并呼天祈求自代。父母年老且病，他提前备好了棺材，并亲自入山采漆。据说山中遇虎，虎知其乃行孝之人，便主动回避远遁。贼寇入村堡抢掠，掳走了蔡启胤的母亲，启胤即入山进贼寨，哀号以己代母。贼寇被其孝心所感动，把他同母亲一起放了。崇祯十六年（1643），李自成进兵关中，直捣秦陇，启胤逃至龙亭，结环以殉难，因父亲阻止，才未殉命。崇祯十七年（1644），闻皇帝缢于煤山，痛哭流涕，自是绝意仕途。清人立国，闻其贤德博大，屡次征召，坚拒不出，杜门奉亲，绝意世事，常诵屈原的《离骚》以明志。晚年，特别爱好濂、洛、关、闽及河、会、姚、泾诸子的理学论著，潜体默玩，颇有所得。接到其弟推崇二曲的书信后，始闻先生风范，极欲远行来周至，北面及门就教。以二亲年皆百岁，不敢离侧，方遗憾作罢。然有疑问，便斋戒沐浴，草函致书、致礼遥拜后，托族弟千里投送，于二曲门下请教。二曲接到此函后，认真作答，一一回复。启胤收到二曲的条答信札，大喜过望，庄重地焚香行礼后，才拆开信札阅读。启胤为人之真诚、为学之执着，感人至深。蔡氏兄弟的至诚至孝，于二曲的心性全相投合，特别是启胤不以年长于二曲，而曲节师事，令二曲尤为感动和赞赏。故此，二公殁后，二曲作传赞曰：

> 懿哉！蔡氏一门也。隐君（蔡启胤）以硕德伟节，仪表秦陇。年倍于余，为先辈而折节问余，雅宜殷笃，即此一念虚心，过余远甚。则隐君实余心师，余有何能益隐君也？琴斋古貌古心，璞玉浑金，令人穆乎有余思。两先生风范如此，故其子侄化之，咸淳谨雍睦，乡国推美，诚一家三代也。余每一念及，不禁敛衽。

王化泰，字省庵，陕西蒲城人，生于明万历三十四年（1606），长二曲二十一岁，是一位很有贤德的名士，以治病救人为职业，但却笃志于理学。蒲城还有位专门研究理学的学人叫单允昌，他俩结社讲学，传播宋明诸子的学说。授生不以功名科举为念，而悉心经世之务。注释经典，生发别人所没发现的道理。特别注重培养门人忠孝廉耻之德行，所以从游的门人特别多。后来，与同州党两一相互探讨切砥，密诣论学。既而，闻二曲立说创道，便忘年折节，不远数百里赴周至，以师礼请教于二曲先生。二曲以王化泰年长于自己，坚决推却，二人才以师友相称谓。两人晨夕论学，连续数日，王化泰总是寂然端坐，一副静化独契之表。谈论间，随口吟唱三首七绝：

此道关心三十年，
昏明定乱几千千。
些儿会得天根处，
寤寐何曾离枕边。

个里包罗坤与乾，
人心微动便危焉。
须知放下自吻合，
万古如今无间然。

大道周流本自然，
时行物育复何言。
天人讵有两般理，
合正由来赋予全。

二曲听罢，直觉情趣洋溢，操纵自如，胸次净彻，六宇如洗。其对理学体悟之深、才华溢流之绝，实乃独异。

这天，惠思诚、赵熹、李渭州、王化泰相聚于二曲家中，大家谈古论今，出联说趣，甚为欢乐融洽。赵熹年高，患有积食之病，王化泰叫他服“消食保中丸”，说即可速愈。二曲说：“凡痰积、食积之类，丸散易疗，唯古董之积非药石可攻也。”在场的人听罢，都有些茫然。王化泰说：“请先生谈谈。”二曲说：“诗文盖世，无关身心，声闻远布，甚妨静学，二者之累，廓清未尽，便是积；广见闻，博记诵，淹贯古今，物而不化，便是积；尘情客气，意见识神，一毫消融未尽，便是积；功业冠绝一世，而胸中功业之见，一毫消融未尽，便是积；道德冠绝一世，而胸中道德之见，一毫消融未尽，便是积。以上诸积，虽浅深不同，但却不同程度地侵害着人的身心，我们把这些所积都称为古董积。”王化泰说：“那么消除这些积弊的药方是什么？”二曲说：“这些诗文之名、博学之名、才识之名、功业之名、高德之名，都是一个人经过努力奋斗而得到世人认可的凭证，但不可把它们看得太重，永远积压在心中；否则，就会像痰积、食积一样，伤害人的肌体身心，为名所累，为名所害。要淡泊，要忘却，对于所取得的某一声名，要像没有那一回事来对待，永远记住自己和平常人一样，没有什么特别的，不要有优于他人、高于他人的感觉。这样，才能返本归真，安身立命。反之，认为自己超凡而不可一世，恃名傲旷，目无一切，欺人胁友，那么所得的名声就会很快被唾弃，甚或招来亡身之祸。所以，解除治愈这种病积之药，就是抛却理学末流私、空、伪之弊端，拾起自己真、善、美的本性，方可除积务实，心端理正，健康一生。”在座各位听了二曲的一席话，顿然有悟，感叹不已。

王化泰五十七岁时，首次来周至向二曲请学，盘桓数日方归。此后，每隔一年，他就来周至与二曲论学，直到康熙十九年（1680）七十四岁去世。二曲深为王化泰的品德及问学精神所感动，为王化泰写了《题王省庵墓碣》，记叙了其学问、操行及生平。并邀友人董郡伯为王化泰题写了墓碑，以“理学高士王省庵先生之墓”表之。

满洲镶黄旗会纳、会奋魁兄弟二人，跋山涉水，来到周至，登门就学于二曲。将军冯尼勒，满洲镶红旗人，多次到二曲门下问学。二曲答其所问后，与之谈论兵事，告诉他严纪律、恤地方、保平安乃为正务，冯尼勒施军礼答道：“敬听先生指教，驻防决不扰民滋事。”满洲八旗中的学人贤达，不时有人远道来周至向二曲问学瞻礼。有蒙古鞑靼人来拜谒二曲时，语言不通，多自带能翻译的汉人，相论竟日乃去。

二曲孤寒自奋，学无师授。一旦崛起僻壤，播说传著，远近乍闻，开始感到哗然，惊世间竟有这等人；继而产生疑问，有点不相信；时间长了，怀疑的人释然敬佩，感到奇怪哗然的人，就大相叹服。周至、户县、眉县、武功、兴平等邻近县域的青年学子、硕儒大佬，登门请教者络绎不绝。江南、川蜀、秦陇、晋豫等士绅忘贵忘年，千里就正者络绎不绝。就是农工杂技之辈，对二曲也敬仰如祥麟瑞凤，争以识面为快。二曲平日启迪后学不倦，那些专心致志之徒，对二曲随意提问，二曲随口答问，他们随笔记录，大都是正学术、拯陷溺、有补于世道人心之语。社会各界名流看到这种状况，都喟然叹曰："古人说具有高道的人，才有穿朝服、披甲胄者去拜访，没想到这样的事竟应到了二曲身上。"

十九 亭林造访

顾炎武（1613—1682），原名绛，字忠清。明亡后，他仰慕南宋王炎午的忠贞品质，更名为炎武，字宁人。江苏昆山千墩（今江苏昆山市千灯镇）人，因家乡有一亭林湖，所以别号亭林，时人都称他亭林先生。他的高祖顾洛丁，明武宗正德年间任给事中；先曾祖神宗万历初年，官至兵部侍郎；曾祖顾章志，多次出任各省要员；嗣祖顾绍芾是太学生，家中藏书五六千卷。顾炎武十四岁为诸生，成为复社成员，名声大显。面对明末多变的时局，他放弃了举业，专意究研经世致用之学。明亡，其奋勇投入抗清战斗。福王立，以贡荐授兵部司务，后又授职方主事，皆未能赴任。其家乡昆山被清军攻陷时，无辜百姓死难四万余人。顾炎武的生母何氏，被清兵砍去右臂，两个弟弟亦罹难而死。顾炎武因侍奉嗣母王氏，在常熟避兵，才逃过了一劫。嗣母王氏听说清军血洗昆山后，绝食十五天亡故，临终给顾炎武遗言：“我虽妇人，身受国恩，与国俱亡，义也！汝无为异国臣子，无负世世国恩，无忘先祖遗训，则吾可以瞑目地下。”嗣母遗言以及顾炎武自我的气节，使他终生坚守心志，不与清廷合作。后来因讼案所累，为躲避仇家追杀，变卖家产，移居章丘，迁居山西。曾五谒孝陵，两谒天寿山、十三陵，眷恋故国之情，终生如一日。

顾炎武认为，知识是日积月累的结果，不仅要坚持刻苦读书，还要实地考察。他在北地漫游的二十余年中，走遍了万水千山，游历考察了河南、河北、山东、京师、山西、陕西等地，自称“九州历其七，五岳登其四”，真正做到了读万卷书、行万里路。每次走访名山大川、祠庙寺院、古村道观，必亲自寻找名碑石刻之类。凡是可以辨识的碑文，就会亲自抄录下来。于是，辑录了珍稀汉唐碑文九十余通。

顾炎武的祖上，以藏书闻名于昆山一带，他受到家人的熏陶和教导，尤酷爱书籍的收藏。游历期间，他把抄写的孤本、绝版文献及碑文，足足装了两大箱子，加上其他数千卷书，装箱后用两匹骡子、两匹马驮着赶路。每到一处关隘，他都会唤来当地守卫的老军，了解风土人情。只要听到与平时所闻或书上记载有不同的地方，立即翻阅资料，查找原始记录，进行核对并加以改正。有时行进在广阔的平原上，没地方可以歇脚，他就坐在马背上默读各种经典，偶有遗忘的章节，就会到下一站旅馆里，打开书箱，找出书籍反复熟读。故此，当时学人都称他是“马背上的藏书家”。著名的《肇域志》《天下郡国利病书》，都是这一时期的作品。

顾炎武游历时，随身所带的书籍可能不算很多，但他藏书读书规模之巨、抄录之全、学识之博、选择之善、内容之精、存世之稀以及研究之深，是别人难以相比的。于是，明末清初之际，他在中国文化思想史上，如巨峰隆起，同王夫之、黄宗羲、陈确、唐甄、颜元、李颙等争荣并秀。

康熙二年（1663）十月十五日，顾炎武从山西曲沃出发，仆人赶着两匹骡子，每匹骡子驮着两箱书，顾炎武骑着一匹白马，过黄河，入潼关，走华阴，一路西向，奔周至造访二曲先生而来。这一年，顾炎武五十岁，二曲三十六岁。

两个文化巨人在中国西部偏僻的小村堡相会，二曲分外高兴，吩咐妻子宰了正在下蛋的母鸡，款待顾炎武。顾炎武入室拜见了正在病中的彭孺人。顾李二人的思想意念都以遗民自诩，坚不与清廷合作。二人的学说契合点，均在于经世致用。于是，情愫顷刻交融，昼夜论谈，上下古今，靡不辩订。

二曲说："讲究实学，强调实务，是中国文化的一种基本精神。在这种精神的规范下，儒生、士大夫有关学说思想问题的探讨，绝不能脱离日用伦常及经国治世问题的具体考察和实施。圣人孔子一生的思想言行，就着重体现在'行诸实事''戒绝空言'上面。他奔走列国，游说于公卿士大夫之间，'席不暇暖'地忙碌，正是为了以周礼为模式，来矫世、救世、经世。"

顾炎武说："孔道儒家的经世实用功能，被宋、明理学家高言性命、空谈性理的学风所淡化。晚明一大批儒生、士大夫为此深感忧虑。他们充分认识到性理空谈对于危机四伏的晚明社会是一剂毒鸩。认为挽救明政权危机的主导思想，只能是经世治用的'实用'。于是，在'反虚务实'这一命题下，士大夫徐光启及东林党人顾宪成、高攀龙和复社人物陈子龙、张溥都纷纷站出来呼啸呐喊，要擎起'实学'之旗，拯救社会，砥柱中流。"

二曲说："徐光启对王阳明的后继门人醉心于玄谈极为反感，认为这种旷达矜夸的空疏学问，无补于世，于是力主实学。他指出：'方今时势，务须真才，真才必须实学。一切用世之事，都应该专心地研读。人才务必博通屯田、盐法、河漕、水利、兵事等天下要务。'陈子龙评价徐光启说：'平生所学，博究天人，而皆主于实用。'所以徐光启的平生历练，完全是对'实学'实践的过程。"

顾炎武说："东林党人是晚明实学思想的力倡者，他们认为玄虚的心性之学，是让天下归于无所事事，用学术来杀天下万世。高攀龙高扬东林党人肩上的担子，就是'救治虚症，反之于实'，'不贵空谈，而贵实行'。他们讽议朝政，指点人物，大无畏地抨击阉官势力。一堂师友，吟讽热血，洗涤乾坤，高风亮节，视死如归。在为实学思潮奋斗的历程中，他们立下了凝重的丰碑。"

二曲说："陈子龙、张溥所领导的复社团体，把'务为有用'作为宗旨。他们倡导复社成员致力于实学研究，凡经函子部、历代掌故家言、君子小人所以进退、夷狄盗贼所以盛衰、兵刑钱谷之数、典礼制作之大，无不博及群书，涉口成诵。"

顾炎武说："甲申之变后，灭清复明武装斗争在全国风起云涌。我们这一辈学人，在总结明亡教训中，力批宋、明理学的空疏玄谈，着力倡导有用之学，已达到复兴故国的宗旨。浙人黄宗羲认为，儒者之学本是经世治国之学。只是在二程之后，学者空谈义理，才使儒学失去了本来面目。我也有同样的看法。昔之空谈老、庄，今之清谈孔、孟，未得其精而遗其粗，未究其末而先辞其本，以明心见性之空言，代修己治人之实学，使心性清谈，直接导致了宗庙丘墟的亡国惨痛。"

二曲说："衡阳王夫之先生，也认为明清易代是陆王心学狂妄流害所导致的。他说：'陆子静出而宋亡，其流祸一也。'于是，他决定对千古以来所有的清谈之习进行清算。如古人老、庄的清谈，宋明以来程朱理学、陆王心学的清谈，把这些所有误国清谈之风，彻底清除出思想文化领域，创立一个别开生面的哲学指导体系，为当今的哲学思潮提供坚实的基础。这是多么伟大的举动，实是令人钦佩。”

这晚，两人的谈论很是顺畅，彼此都产生了敬慕之意。午夜时分，明烛上香，两人结为忘年之交。二曲说：“你长我十四岁，我敬你为长者。”顾炎武说：“不必如此，就以兄弟相称，这样显得亲近。”

第二天，阳光明媚，二曲与顾炎武坐在院中香椿树下，先闲聊了周至的一些风土人情，继而交流著名学人近期的学术论述情况。顾炎武说：“王夫之、黄宗羲、颜元等辈，都远承晚明实学的传统，在各自的学术领域展开经世治国的研究。”

二曲说：“王夫之十分重视史学的经世作用，他在《读通鉴论》一书中说：‘所贵乎史者，述往以为来者师也。为史者记载徒繁，而经世之大略不著，后人欲得其得失之枢机以效法之。’他反对各种形色的命定论历史观，对邹衍的‘五德终始说’、董仲舒的‘三统循环论’、三国时流行的‘正统说’、唐宋时的‘道统相继沦’、邵雍以《周易》六十四卦说明社会活动的‘元会运世说’、朱熹的‘三代天理说’，都进行了范围宽广而强有力的大清扫。他力图从纷繁复杂的历史运动中，去揭示历史过程中的客观辩证原理，探寻历史发展规律和动力，为圣王之治提供历史哲学上的根据。他的《读通鉴论》《宋论》都是经世极有价值的著作。”

顾炎武说：“黄宗羲也十分着意史学的经世。他说：‘二十一史所载，凡经世之业，无不备矣！’又大胆畅言，‘学必原本经术，而后不为蹈虚，必证明于史迹，而后足以应务。’于是，黄宗羲自明十三朝实录，上溯到二十一史，靡不究心。对明代史料的搜寻，倾尽全力。因此，他把家国存亡之故、痛切家国之恨，进行凝重的历史反思，写出著名的学术巨著《明夷待访录》。这实际是实学的经世建策记录，是经世实学的扛鼎之作。”

二曲说：“天地民物本为一体，痛痒不容不关。故学须开物成务、康济时艰，这不但是当务之急，而且是万世之急。如不急此，就是空费时日，庸碌无为。儒不如此，便是俗儒；学不如此，便是俗学。则士之所习者，明体适用之正业，处也有守，出也有为，生民蒙其利济，而世运宁有不泰？儒者晦，则士之所攻者辞章记诵之末技，处也无守，出也无为，生民毫不所赖，而世运宁有不否？所以，经世致用是儒者学习的灵魂和旨向。”

顾炎武说：“君子之为学，不是利己而是利世。立志经世治国，就要拨乱反正，根据国家面临的危难，舍生入死，进行救治。今日之务，是救民人于涂炭，开世之太平，这才是我们肩上的责任。所以，君子知为学，以明道也，以救世也。如果徒以诗文而已，亦何益哉！”

二曲说：“经世致用实学的途径很多：王夫之、黄宗羲是以史学的功能经世；颜元、李塨以正其谊以谋其利、明其道而计其功经世；我以明体适用、悔过自新经世。不知顾兄走的是哪条路子？”

顾炎武说：“‘经世致用’‘实心实学’是我们共同的学说理念。因此，我对天文、地理、九经、诸史、河漕、兵工、山岳、风俗、吏治、财赋、典礼、制度、文物，莫不加以考据和精究。我所著《日知录》上篇经术、中篇治道、下篇博闻，考据精详，出故用典，皆备其中。《营平二州史事》，叙事有据，论议依理，他人荣之为‘后世龟鉴’。我的门人潘来说：‘其学特征在纵贯百家，上下千载，详考其得失之故，而断之于心，笔之于书，朝章国典、民风土俗，原原本本，无不洞悉。其术足以匡时，其言足以救世。’所以说来，我走的是考据经世之路。”

二曲说：“顾兄的这条经世之路，一定走得很艰辛。其固然能探深究底，知其利害得失，鉴知兴亡盛衰，然费时旷日，且当权者未必能察觉执行。”

顾炎武说：“考据之学，虽费时日，然千古成败之经验教训，历历可数。当权者就是不鉴不务，铁的事实也摆在那里，谁能不为之动容？”

二曲叹息一声，说：“当务之急，明明地摆在眼前，若舍而不务，正昔人所谓‘抛却自家无尽藏，沿门持钵效贫儿’也。”

顾炎武听二曲这么一说，心里有点失意，沉默了一会儿说：“看来我们的学说思想有一定的差异。咱们换个话题，以后再讨论吧！”

二曲笑着说：“小弟话语有些冲撞，顾兄见谅。咱们就谈点别的吧！”于是，二人换了话题，又天南海北地聊了起来。

周至的学人文士，听说顾炎武来访，都拥到二曲家中拜见顾炎武。顾炎武中等身材，浓眉凝重，目光炯炯，端正的鼻梁高高隆起，一脸浩然之气给人敬畏之感。然而他异常亲切和善，和所有人都谈得来说得拢。二曲、惠思诚、李景含、赵壹、赵熹、李渭州及眉人流寓周至的峪泉子、冯云程等数十人，陪顾炎武去游楼观台。云霞道人款待了顾炎武。他二人的祖上就有交情，一夜畅谈，一时举杯流泪，一时哽咽难语。二曲居坐，知他们心中的家国之情见挚友而倾泻、遇故人而生发，不但没有相劝，还陪着他们流泪。

接着他们观览了仙游寺。看了吴道子的画、苏轼的题联、章惇黑龙潭山崖上的书法，登汉代马融的读书台，回味当年白居易写李杨爱情的诗篇……览尽了这里的风光，又西行到竹峪山峦，觅寻了周人在这里屯兵操练的遗址。

顾炎武在周至与二曲从容盘桓了十多天，告归东返。二曲和一群文士直送到周至最东面的涝店镇，才于涝河桥头依依挥手惜别。

过了没多久，顾炎武来信，就“体用”之源的问题，向二曲提出了质疑。从顾炎武的这封信看，“体”“用”二字，源于儒家的经典，只不过在经传阐述中未将二字合用。外来的佛书也没有这二字，直到晋、宋以后，佛家才从儒典中引用这二字。顾炎武访学二曲时，两人曾就“明体适用”这一哲学问题进行讨论，这次来信可以说是对这个问题讨论的继续。二曲立即对顾炎武的来信进行回复，名曰《答顾宁人先生》。

二曲赞同“体”“用”二字出于儒家的经传之中，但这些字的出现，只是在特定的语意环境中就事言事而已，“体”“用”合用所蕴含和覆盖的哲学含义，却丝毫未有阐述。再者，诸多外来的佛家经典，确实没有“体”“用”这两字。然而中国的禅宗六祖惠能大师却标出了此二字。惠能在解释《金刚经》时说：“金者，性之体；刚者，性之用。”

二曲对顾炎武的考据给予了否定。继而他阐述自己的观点，实际上是就“体”“用”之深广含义，与顾炎武进行辩说。

二曲认为，“体”“用”二字不论出于佛书还是儒书，关键看其内涵是“真体”“实用”，还是“虚体”“无用”，不在于它出于佛书还是儒书。他的看法比顾炎武更高一筹。

过了不长时间，顾炎武的第二封信又寄到二曲家里。二曲看罢顾炎武的来信，认为他对自己的“体”“用”之辩还有些不太服气，至于语句的雅驯、见解也不甚相合，儒佛的内外之辩，与自己的考据全然相左。于是，即舒纸运笔，对顾炎武进行了回复。

二曲指出，佛教的内只是修心养性，而外不能开物成务，以通天下；儒家的内可修身成圣，外可王霸天下。佛家的“虚寂”是既“虚心”又“虚理”，老庄的“虚寂”是只虚其心而不虚其理；儒家的“虚寂”则是既不虚其心，也不虚其理。这是区别真儒、大儒、君子儒与俗儒、应付儒、小人儒的标准。儒佛的“内外”“虚寂”之辩，由来已久，顾炎武与李二曲这两位大学者，就此展开了探讨与论说。可以说，顾炎武书信中所提问题比较偏执，所站的角度也有些偏低，而二曲的考据论答既切合史实和逻辑，其知识视野及学说观点也较顾炎武为高。

不久，顾炎武又来了第三封信函，再一次提出自己对“体”“用”二字的考据及看法。二曲也以考据之法，对顾炎武的说辞一一进行了驳证。二曲认为这样没完没了地对“体”“用”二字的出处进行讨论，心里有些厌烦，实在觉得意义不大。于是，在回信中说：“区区年逾‘知命’，所急实不在此，因长者赐教，谊不容默。悚甚，愧甚。”两位大学人的书信论学，也就此告一段落。

二十 李母哀荣

李母彭孺人，在国家危难、战火连绵之时，支持丈夫奔赴前线，杀敌立功，这种博大的胸怀，对于一个处于贫困线上的农家妇女来说，其选择是艰难痛苦的。然这件事的本身，却使彭孺人呈现出一种英烈和伟大。她弃小顾大，鼓励亲人，把生活的担子全放在自己肩上，这种气度、这份担当，绝非一般妇女所能做得到的。

丈夫殉难疆场，彭孺人在绝望中寻觅，在痛苦中挣扎。在生死存亡的严峻考验面前，她不改嫁另图，为丈夫全节守身，自己承担苦难，以柔弱的妇人之躯，把天地间一切煎熬忧患收揽入怀。儿子本该到了赡养母亲的年龄，母亲却以养儿为己任，让儿子读书做学问，如此倒置的学养状况，把彭孺人推到了人生的至高境界。

更让人惊叹的是彭孺人让儿子读书做学问，其目的不是为了求富求贵，而是让儿子做人救世。一个被衣食困扰的贫困妇女，对儿子如此的期许，其思想境界的高远，是世间很多妇女所不能比拟的。

家中断炊停餐，友人介绍二曲到清廷的县衙充当小吏，二曲选择了气节，宁可忍饥挨饿，也不委身求食。彭孺人支持了二曲的选择，认为这是儿子做人的本色。当时乡人对其母子二人发出了各种议论，然他们顶住压力，没有因为众人的评论而改变做人的志向。

彭孺人不仅勤劳、贤能、善良、坚忍，她还具有女中丈夫的刚毅、智略、主见和担当。她对二曲的养育、人生走向的指导，都超出一般人的思维和想象。所以，周至士人都说："没有李母彭孺人，就没有二曲今天的造诣。"于是，随着二曲声名的远播，彭孺人受人尊重的程度也越来越高。康熙元年（1662）三月，全县士庶以彭孺人贞苦迥常，联名推举，恳求表彰。县令骆钟麟具文呈奏府台：

> 邑中李母彭氏，青年而矢志完节，义同"剪发"；白首而克称贤母，功过"断机"；家无赡食，百死而得一生；户鲜余丁，受千辛而历万苦。今隐士之贤，宜阐扬以重正学之传。则贤者所生，请宪旌异，以崇乡国之风化。

府台接到具文，立即上报道台，道台呈送提督学院，准予题旌悬门，推崇彰道。然书吏的润笔费不能少，悬匾之日需设宴接待，二曲家贫，哪能出这么多必不可少的款项，事情只好作罢。鉴于这种情况，道台行文至县，让县衙自行表彰。县府制作了"芳追孟母"匾额，派人悬于二曲家门上，以彰显彭孺人的贤德。

康熙四年（1665）五月，彭孺人忽然患病，先是胸部疼痛，既而腹泻不止。二曲忧心如焚，立即延请名医诊治，并暗暗宰了一只羊，写了疏祷的文书，深更半夜，背着人到城隍庙求神保佑，还请求以自己的身躯代替母亲的病痛，早晚上香，虔敬神灵。夏季即完，彭孺人病情好转，全家人高兴以庆。想不到入秋之后，彭孺人病情复作。二曲遍请周邑名医，长跪恳辞，望尽心用药。二曲昼夜不离母亲身边，夜不解带，目不交睫，朝夕与妻服侍并祈祷，如是者一百多天，额头碰地都已肿胀。然一切都无济于事，彭孺人于这年十一月十七日辞世归天，寿终正寝。彭孺人生于明万历二十六年（1598），享年六十七岁。

二曲仰天号啕，捶胸顿足，痛不欲生。然母亲热丧在地，家中无钱购买棺材，使母亲难以入殓，二曲心中更是悲痛和无奈。正当二曲左右为难之时，县令骆钟麟派人送来俸银，这才解了二曲燃眉之急。村中邻舍的老人青壮，都主动到二曲家中，各执其事，使彭孺人有序入殓。放好棺柩，众人才各自散去。

彭孺人入殓以后，二曲昼夜抚柩呜咽。他想起父亲殉难后母亲的哀痛，想起母亲傍晚领着自己寻找住宿之难、入夜脱衣为自己御寒的温馨、昼夜纺织供自己读书之艰辛，一桩桩、一件件都撞击着他的心弦，揉搓着他的魂魄。他无思饭食，勺饮不入口者五日，由于过度悲伤几度昏厥。逢七忌日，一昼夜断食，僵卧柩侧，直到十二月十五日以后，他才强打精神，接待来吊唁的宾客。

县令骆钟麟亲自到彭孺人灵前吊奠。他的挽联是：

贫无立足，教子读书，孺人之志大如天；
苦受饥寒，听母劝导，男儿之学深似海。

朱景含联络周至西乡贤绅士庶一百余人，于彭孺人柩前行礼哀悼。他们的挽联是：

全节守志耀日月

断炊停餐育贤才

惠思诚、李渭州与周至县南的士人学子，也来新庄吊唁李母。他们的挽联是：

荒野无田耕种，纺织供儿读古籍；

小村无屋租典，借书报母作学问。

赵熹与周至东乡的贤士绅商，踏冰冒雪，隔河渡水，前来李母灵前祭奠。他们的挽联是：

贤母功德堪比石墨镌华

俊儿学问恰似终南峰岳

峪泉子，眉县人，流寓周至，与二曲交善。这天，他领着独生小女来李母灵前吊唁。他的挽联是：

贤士赤贫难殓母

县宰高义捐丧棺

邻近村社每日来烧纸上香的男女老幼，络绎不绝。新庄堡所有的男丁主妇都到二曲家帮忙，也难以应酬吊唁者的往来。

到了第二年春夏，四方来吊唁者日益众多。

眉县李柏的挽联是：

胸怀若谷年七旬
高山景行岁千秋

山西范彪西也寄来了挽联：

三秦出贤母
两晋耀光辉

绛州贾发之，是理学大师辛复元的门人，学贯古今，名闻晋地。他被李母彭孺人的贤德所感动，又仰慕二曲先生的学说造诣，也不远千里来周至吊唁。他的挽联是：

有贤母，二曲学说传天下；
有二曲，贤母德名贯千秋。

河汾后学贾黾、延陵后学张儒，都写了《贤母赞》。贾黾的赞文是：

坤元正气，秉德直方。艰贞百折，不变吾常。
良人赴义，悯孤未亡。冬夜夏日，饱历冰雪。
与其同穴，宁老同堂。教子以义，实大声张。
远迩归仁，奔走冠裳。夫义妇贞，节义成双。
生荣死哀，孟母同芳。

陕西名士、朝邑人李楷，原宝应县令，派人送来悼文：

贤母彭氏，世居周至。氏生而静懿，女德俱足，委禽结褵，宜于俭素，中馈克修，阃政不坠。其夫征阵亡，擗踊恸绝，绝勺浆者凡五宵昼。家故赤贫，儿颙幼稚，坚我志节，抚此茕孤。常语颙曰：“吾与儿租屋而居，无田可力。春冬之交，突无烟矣，儿其何以黾勉耶。”颙纯孝感之欲涕，因愤励志于学。初治文辞，渐趋理性，久之德成道尊，远迩钦崇，称为二曲先生。人皆归善于彭，比之孟母，彭盍以子而名益彰。然中孚之善，皆彭氏之胎教家训哉！

陕西各衙门重风教的官员，闻知李母彭孺人去世，叙其生平奇遇，多致来悼文，派人专往吊唁。

陕西巡察御史梁熙，河南鄢陵人，顺治十二年（1655）进士，初任咸宁县令，冰洁自律，勤政护民，政绩卓著。康熙四年（1665）升任察台长官，闻李母贤苦，知二曲学说，制作牌匾，镏金“苦节维风”四字，派多名吏属专往周至，悬匾于二曲门前，以示对彭孺人的哀悼和表彰。

西安太守叶承祧，山东历城人，进士出身，以清廉博学著名于宦海。自康熙二年（1663）上任西安太守后，重修关中书院，欲请二曲主讲，闻其母去世，亲笔题写“纯贞启后”匾额，派亲近吏属十多人，护匾到周至，于彭孺人灵前祭奠后，悬于门左，以表闾里，楷其风化。

彭孺人的灵柩在家整整停放了一年。这一年，二曲昼夜未尝离柩侧，每食必先呼其母，于灵前献上饭食，然后自己才动筷子。门外来吊丧的宾客，全由村中管事的老者和族内长者接待。康熙五年（1666）十二月，请风水先生看了穴位，于城西祖坟落茔，二曲躬亲墓地。念柩将离家，他昼夜悲号，滴水不纳。送丧那天，大雪初停，冬日洒金，邻近村舍的男女老幼近千人都来到新庄堡，为彭孺人送葬。哀乐阵阵，素纸漫舞。牌匾悬门，挽幛挂满了院落，场面肃穆，气氛哀悲。二曲端着纸盆，后面跟着一群伯叔兄弟和他的两个儿子，送丧的队伍也算浩荡。彭孺人生前孤贫，死后竟如此哀荣，乡亲们无不赞叹称贤，都说彭孺人把苦受明白了。

骆钟麟在周至担任县令八年，与二曲志趣相投，探学究疑，论道思古，评说人物，相互敬重之情如互仰高山，所结友谊如长河流水。在那个时代，一个是堂堂县令，一个是贫寒学士，县令者不以地位高贵而傲慢，贫寒者不因贫苦而自卑。贫富知交态，贵贱见交情，他们二人知心、知意、知学，相交八年，其情其意是何等的高尚纯洁。康熙五年（1666），骆钟麟知道自己将调往京师任北城兵马，考虑自己去后，二曲的生活再无人赡给，心里不免忧虑。为了彻底解决二曲的衣食所需，骆钟麟为其购买了十亩田地，让他辛勤耕作，聊以度日。

二十一 群小发难

康熙六年（1667）春，骆钟麟离任周至，北上京师赴任，行前他去向二曲告别。二曲想八年来骆县令礼贤下士，待己行师友之礼遇，闲暇必到自己破小的败屋盘桓竟日。而自己有时表现出一种傲气，骆县令却敬重之情弥笃，师礼之义日隆。真挚倾心，多受殊遇，二曲自己却未一次进县衙回访。作为友人之交，一种惭愧之情不觉浮上心头，二曲即嘱妻取件换洗的衣服，要远送知遇之友。

二月的关中平原春意盎然，路旁的野花都已开放，两边的柳枝嫩黄飞絮，田里的麦苗也返绿成翠，终南山的一座座峰峦也像对县令招手问好。送别的一行人走在不太宽敞的官道上，有说有笑地前行。二曲一直把骆钟麟送到黄河岸边，两人执手相对，都流下了惜别的泪水，久久不忍松手。别人劝了几次，骆钟麟才下河上船，二曲于岸上挥手告别，直到看不见远去的小船。

朝邑的王省庵知二曲送友之行，邀二曲到自己家中，请学论教了十多天。送二曲回归的时候，王省庵陪着他回访了党两一。党先生已卧床不起，二曲与老人执手相语，回想午夜时分，两人交睫论学之事，竟笑语颜开。接着，二曲又拜访了同州两位大学者。一位叫王四服，字思若，别号枕流居士。此人积学善文，慷慨多大节。崇祯五年（1632）拔贡，不仕，治园种花，聚友讲论，著有《卧园集》行世。二曲与四服在园圃中徜徉，说古论今，论理论性。沐浴春光，和风拂面，很是惬意。拜访的另一位是白焕彩，字含章，号泊如。白焕彩年轻时志在科举应考，读书于京师太学。他的族兄白希彩曾是长安冯从吾的门生，归来兄弟谈论六经性理之学，遂厌恶帖括，停止了对举业的奋发，而专注于攻读经书和研读性理。既而又沉心于诗书春秋之类，其知识面既广且深，同州人都以大儒相敬仰。白焕彩集会讲学，办塾授生，家中藏书甚丰，厅堂列架，数屋累叠。二曲观览之后，甚是欢心，遂借所未阅者，告别西归。同州的这两位大儒，都年长二曲二十余岁。

世间道德高尚、学问深厚的人，大都多灾多难，真所谓高树入云，风必折之。当年，骆钟麟在时，周至学界有人虽对二曲讥讽诽谤，但不敢明目张胆，只不过背地里议论罢了。这时，骆钟麟调任，二曲失去了外界强有力的保护，开始被人指指点点，责备声、笑骂声相杂共起，吵吵闹闹，一切污水都朝二曲泼来。究其原因，是二曲居乡厌于流俗。当时，周邑的士俗是制举业，学八股，除四书之外，其余各类书籍不知列目，谈及性理之学以为是涉杂。闻二曲嗜古博览，以遗民自居，不入县城，不进府衙，很多人把他看成怪物，共相讥讽嘲笑。不少父兄告诫子侄不要与二曲来往，一是视二曲贫寒，认为不屑与之相交；二是怕子侄仿效，误了帖括之正业。而二曲生性傲然，洁身自爱，爽直高蹈，誓不与清廷合作，其对品德的追求、志道希贤的向往、救世立说的创建，自然为碌碌庸俗之辈不能理解，况且二曲也不屑与这些人为伍。于是，这些人便产生嫉妒，因二曲的造诣及远近学者官员对二曲的崇敬，感到痛苦和落寞。相应地，他们对二曲的贫困却感到快乐，或放出谣言，或恶意中伤。二曲一时成了众矢之的，邪恶奸佞之徒对二曲恨之入骨，二曲又一次陷入了各种诋毁和谣言的诽谤之中。

刁江海此时已年过六旬，他一直记着菜市场被李壮士打的那一幕，曾多次对二曲进行加害，因乡约朱旭阳出面保护，而未能得逞。后骆钟麟任周至县令，与二曲友善，刁江海一直没敢轻举妄动。骆钟麟一走，他便无所顾忌，谋划迫害二曲。或教唆他人滋事惹祸，然后转嫁给二曲；或挑拨离间，让别人喧嚣闹事，凌辱诟骂二曲。总之，要让二曲的人格受辱、威信扫地，并威胁他的人身安全。二曲身处险境。

周至新县令马芝，字友兰，湖北公安人，进士出身，人长得高大魁梧，安逸好静，有时以念佛为乐，而且迷恋于方书道术，施人药饵，避于政事。为了防止二曲再次被县令崇敬或保护，刁江海与反对二曲的文士勾结，买通县吏，共同在马县令面前说二曲的坏话，阻止县令与二曲接近。马芝开始并未介意这事，但他的本性是喜欢自夸自大，而且执拗任性，并以甲科出身而感到骄傲。马芝心想，以二曲目前的声望，如能让其屈拜在自己门下，对自己的身价也是个提高。便多次派人向二曲传话，希望二曲能到县衙来会。二曲思虑再三，一是坚守志节，不进县衙；二是认为自己光明磊落，只做学问，没有必要结交像马芝这样的县令。于是，他一再婉言谢绝。马芝还想挽回面子，开明宗义地告诉二曲的亲友："本县闻知李颙聪明，是个可以造就的人才，但没有师教，缺乏指引，让他来见我，当授以八股之法，令他走正路，以图进取。”当然，马芝不知道在十多年前，二曲就抛弃了所谓的八股俗文，决意不参加科举，不与清廷合作，而专志于儒道的性理之学，走内圣外王的救世之路。以马芝的庸俗之见，如何能理解二曲远大的志向？更何况凭二曲高洁的心性，岂能做出趋炎附势之事？于是，二曲守节自爱，对马芝没有理睬。时间长了，不见二曲前来拜访，马芝自认为丢了面子，生气万分，怒火盈胸，便辱骂二曲不识抬举。一有机会，他就不分场合地讥讽二曲。

看到这种情况，刁江海与那几个文士认为陷害二曲的机会来了，便群起进谗，用极其恶劣的语言中伤二曲，并造谣说：“李颙这个小子，经常讥笑马县令的文章，说马县令这也不行那也不行，真是胆大妄为，不知天高地厚！”马芝听了这样的话，恼羞成怒，决意寻机报复和惩处二曲。

这年冬天，刁江海与仇视二曲的几个文士联合起来，要合计设圈套陷害二曲。听说二曲年轻时写了六本书，他们分析：别人都留发，他不留发；别人穿时新的清服，他还是穿古老的明服。从这些情况看，他的书中肯定有反对皇朝的文字，如果能掌握到这些证据，二曲必死无疑。他们商量，让与二曲关系还过得去的人去二曲家借书，只要把书拿到手，送给马县令，他们的仇就报了。

那天在一起会商的有个姓刘的士人，他回去想了半天，觉得自己和二曲虽性格不合，所走的路子不同，他对二曲很是反感，但不到害人性命的地步，这样做事，天理良心说不过去。于是，他深夜敲开二曲家门，告诉二曲：“千万不能把所著六本书稿借人，这事攸关你的性命！”二曲知来人对自己怀有怨恨，深夜来报此信，深为疑惑，心里竟没在意。第二天，果然先后两人来借书稿，二曲想起昨夜报信之事，心里明白了许多，都婉言予以拒绝。

刁江海他们拿不到书稿，当然找不到二曲反清的证据，便指使几个文人匿名举报，罗织罪名，编造二曲著文中有反清的言论。马芝看了接二连三举报二曲的投状，不觉欢喜若狂，即传拘票，要捉拿二曲，以重惩逆贼，并收书稿验证，准备行文府台，想着立功受奖。

县衙中有当年受骆钟麟宠信的旧部，也常随骆县令到二曲家中，立即传信给二曲。二曲想，如果将书稿收缴，自己便必死无疑。当时，文字狱的禁锢相当森严。顺治时，毛重倬、胥庭清坊刻选文，在序文的纪年中，只用了干支纪年，没有用顺治的年号，就被定为“目无本朝、阳顺阴违”的罪名而“置之于法”。康熙二年（1663），浙江富户庄廷鑨与明代大学士朱国祯相邻，从朱家后代手中购买了朱国祯所撰《明史》稿本，又聘请社会名流进行修饰润色，还续写了明天启、崇祯两朝的国事，更名曰《明史辑略》。书成后，庄廷鑨积劳身亡，他的父亲庄允诚继子之业，进行了刊印。后来有人告发，说书中直呼清太祖努尔哈赤的名字，是大不敬，又说：“自太祖努尔哈赤天命元年（1616）至清太宗皇太极崇德八年（1643），都没有用清朝的年号，却将南明隆武、永历二帝视为正统。”清廷认为这是大逆不道，将庄廷鑨戮尸于野，将他父亲庄允诚逮捕，老人死于京城狱中，也遭戮尸之暴。庄氏家族中凡十六岁以上及为该书作序、校订、刻字、推销等数百人全部问斩，就连地方官也牵连被杀。继而是戴名世的《南山集》案。戴名世是翰林院编修，他读方孝标的《纯斋文选》《滇黔纪闻》时，被文中的民族精神所感染，便把其中的纪、论引入到自己的著作《南山集》中，并于文中直称南明三帝的年号。同时，又分别叙写了弘光帝在南京、隆武帝在闽粤、永历帝在滇黔的经历。书成后，请江灏、方苞作序，尤云锷、方正玉捐资刊行。后御史赵甲乔告发。康熙大怒，戴名世及子孙数人被斩，方孝标遭戮尸，后代多人遭难，牵连数百人坐罪。江灏、方苞原判绞刑，各大臣求情，才改判贬谪放逐。

二曲想到这些遭杀的文士，回忆自己文章中对当道者尖锐的指斥和批评，心想如果不采取果断的措施，一家人的杀身之祸就在眼前。他立即让妻从柜中取出六本书稿，抱着放在桌上，一页一页地揭着翻着，眼泪不断线地滴打在书稿上。他仰天长叹，失声痛哭，想不到十年辛勤，呕心沥血，破时费力所撰文稿，竟要毁于小人之手。妻淑珍看到丈夫如此的作难伤心，出主意说："用油毡纸把书稿包好，到后院挖坑深埋，把柴摞移到上面掩盖，料他们也搜不出来。"二曲摆摆手，说："他们真的来家搜缴，藏到哪里也不行。他们一得手，咱们全家都活不了。"妻说："要不立即派李喜把书稿送到惠思诚家，等避过风头再拿回来。"二曲说："这更不行。有祸自己承担，不能再连累友人。如果照你说的办，等于把惠思诚也送上断头台，万万不可行。"妻说："那怎么办？"二曲说："如此精彩的历史借鉴，如此完美的理政论说，如此珍重的民本思想，不能留给自己反对的外族统治者。宁可玉碎，不能瓦全。再说，我已雅意林泉，无复世念，只能举火，一烧了之。"妻想到二曲为写这六本书，点灯熬油，历苦费心，不觉也流下了泪水。就这样，二曲的六本书稿全化为灰烬。一家人整夜没合眼，在惊恐中等候事态的发展。

第二天，马芝上堂，派差吏去索要书稿并拘拿二曲。就在这时，榆林府吴堡县令孙希奭一行受朝官孙承泽之命来周至拜会二曲先生。他们先到县衙与地方官马芝接头，并请求派人领路前往。孙承泽，字耳伯，号北海，山东昌潍府益都县人，明崇祯四年（1631）进士，官至刑科都给事中。明亡时，他正在四川任防御使，几次自杀，都被人救起。后降清，曾任大理寺卿、兵部右侍郎、都察院左都御史等职务，属正二品大员。顺治十年（1653）

辞职，不再宦海沉浮，身归故里，修“退翁亭”，自号退翁，不问政事，吟诗观画，穷经博古，手不释卷，老而弥笃。他以文会友，著书立说，仰慕贤才，与各地大儒交游。孙承泽虽说归隐在家，但旧部属亲或任职于京师，或统辖于地方，树大根深，其势不可小觑。马芝很是敬畏孙承泽，但他还是向孙希奭谈了二曲的情况及自己要刑拘二曲的主张。孙希奭劝说：“明府初任，千万不可伤贤自戕，况你我在孙北海面前如何交待？”马芝知其利害，答应刑拘缓后，招待孙希奭等人于县城馆舍休息几日，再派人引领去拜会二曲。

马芝凭几封匿名诬告之信要票拘二曲的消息，很快传遍了关中地区，周至、武功、眉县等地敬仰二曲的学士和众多门人联合起来，成群结伙赶到周至县衙为二曲论理，请求马县令不要听信谣言迫害贤士。马芝觉得众怒难犯，不得不收回传票，免去拘刑，且约请二曲到县衙会晤。第二天，马芝派人打扫了县衙客厅，专等二曲前来。二曲坚守不进官府的人生底线，终未前往。从这以后，刁江海与那几个文士更加凶狠，对二曲流言中伤、造谣滋事，从未间断。马芝对二曲更是怀恨在心，胸中的怨气积之更深，无论怎么也无法释怀。

在县城休息了几天，孙希奭到二曲家中拜访。他首先转告了孙北海对二曲学说的赞许和其对二曲人品的敬仰。二曲也请孙希奭带回自己对前辈学人的感谢和敬重之情。既而便坐下来论学。久了，便谈论起流言及票拘之事。孙希奭说：“外边闹得这么凶，你竟自若处之，怎么也不站出来申辩？”二曲说：“伊川受诬遭贬，几次都有性命之险；晦庵连被攻击，所列罪状有十多条，未尝出来辩解，还是无动于衷，正如飘风坠瓦，听之而已。若把这些事放在心上，自己先乱了方寸，怎么能达到平安自静呢？”孙希奭说：“你固然坦若应之，不把这些事放在心里，但能含沙的这种蜮虫，其射人的功夫是高明的，一波未停，一波又兴。谚语说三人成市虎，而三次进谗，贤母尚且投杼，况其他乎？故险计诡毒，你也万万不可忽视。”二曲说：“奸邪蛮横之徒对我的迫害始终没有停止，自有国法、家法会惩处他们。他们是一群奸佞不讲理的横蛮之人，我如果与他们较高低、论输赢，我也就沦为奸邪蛮横之人。所以，我不但不能与他们计较，而且反躬自咎，反省自己的言行，看有没有对他们不仁不义的地方。我是想以柔弱化解他们的怨恨，并磨砺我的品德。你不要太担忧这些事情。”孙希奭听罢，肃然叹服，作礼告别。二曲送得很远，临别时，孙希奭抚着二曲的肩头说：“你像座山，让人敬之仰之。你保护自己的策略固然可嘉，但仁爱对于异类是一点作用也没有的。”二曲紧紧握住孙希奭的手说：“明白，明白，不忘关心和提醒。”之后，一行人的身影消失在原野的小道上。其实二曲还不知道，孙希奭的到来，对票拘一事的平息起了关键的作用。

二曲以反身自躬、引咎自律的中庸之道，对待各种流言和迫害，当然不会起到任何作用。对二曲造谣生事的凶险反而愈燃愈旺，群小滋事的手段也愈发卑鄙与无耻，迫使二曲深居寂处，多不见客，避而待之。然四方的学人士子，成群结队，络绎不绝，拥入二曲门下，就教求学。二曲心中有事，对他们均采取回绝的态度。然这些人拒之而不去，疏之而益亲。面对这种情况，二曲只好根据个人的爱好，或授之以性理，以明内圣外王之实；或谈史论治，援引典故，以鉴天下国家之理；或说诗议文，评文界人物，诵传世典章，以彰中华文脉之深厚；或辨析经书之疑，纠史书之误，以证典籍之流弊。特别引人注目的是湖北孝感人罗浩。罗浩，字八书，号东山，顺治十六年（1659）进士。因老母有病不能自理，遂告归敬养。家庭虽说不太富裕，但立志以圣贤为归，闻远近有志同道合者，穿草鞋，着布衣，不远千里访问求学。闻二曲对《易经》研究得特别精深，著有《易说》和《象数蠡测》二书，于是，骑着一头毛驴，来周至向二曲访学。两人初次见面，便步入《易经》之要津，说乾道坤，论卦议爻，很是投机。然二曲家中绝粮，断炊两日，到了饭时，竟无法让客人用餐。罗浩无奈，只好告辞，到县城的城隍庙暂宿。县令马芝听说罗浩来到周至，知他是湖北知名的学人，又是同乡，便差吏请罗浩到县衙，设宴款待。谈话间，得知罗浩是来谒访二曲，马芝便勃然不悦，出言诟骂二曲，且声色俱厉，甚至对罗浩说："斯人终不得脱我手。"其心险恶，非要把二曲置之死地。罗浩忙出面劝说："年翁的性子未免太刚直了吧！像二曲这样的大儒，我辈敬仰还来不及，怎么能对他有这么大的成见呢？他是你属地的贤人，应竭力玉成，才是府君的本分。这样，既可彰显我们楚地人文思想的深厚博大，也可显示爱才容人的情怀，于人于己都有获益。"马芝摇头摆手，委婉中带有怨气地说："你不了解情况。"罗浩临别时，又给马芝留了一封恳切的规劝信，叮咛他不要纠缠二曲。但马芝怒气未消，坚持决不放过二曲。

罗浩见马芝对二曲积怨过深，自己从中解劝毫无效果，在周至也就无法与二曲再畅谈论学。于是，他变卖了自己所骑的毛驴，在华阴云台观买了粮食，邀二曲前来相聚，这样，既能避祸又可继续读易探讨。二曲与罗浩可谓是知音知学，再说云台观秀美幽静，是论学的好地方，二人自昼至晚，谈论不休。观内的道士看到这两位大学者学易如此热烈专注，都围在一旁静听，如是有十余天。

正当二人探讨到深入处，传来二曲寡姐生病的消息。二曲没有兄弟，只有一位姐姐，在父亲还未殉难以前，就送人当了童养媳。后来，其夫亡子夭，一直寡居。二曲虽说贫寒，仍把姐姐接到自己家中供养，有病了躬亲延医，贴心照料，姐弟情深。故嘱语罗浩，日后用信函相学，便仓促返家。

到家后，二曲面对的是汹涌而来的流言和中伤，马芝也不时地放出话来要收拾二曲，二曲的处境甚为艰难。就在此时，骆钟麟从京师北城兵马调任为西安郡司马。因为骆钟麟的回任，马芝再也不敢轻举妄动，刁江海等群小也观风，悄然匿迹，二曲暂时得到了宁息。

二十二 东行讲学

康熙七年（1668）四月十五日，同州著名学者白焕彩和蒲城宿儒王省庵商议后，租了一辆轿车，派党两一的儿子党克材到周至，请二曲到同州、蒲城讲学。党克材进入卧室拜会先生，递上信函，看到四壁徒然，炕上没铺被子没有枕头，不觉潸然泪下，说："我们东边的人只知先生家贫，没想到竟贫到这种程度。战国时齐国的贤士黔娄，贫到衣不遮体，但也不至于达到赤贫的地步。而今先生之贫，让人苦不忍言。"黔娄满腹才学，家徒四壁，但安贫乐道，视富贵如浮云，齐、鲁两国争相聘用，而守志不仕。二曲的贫困、操守、气节、境界与黔娄相似，认为贫贱、富贵、吉凶皆身外之际遇，于是，便淡然处之。党克材用路途费用的部分钱款，为二曲家备足了米面及被褥，然后请二曲东行。

二曲认为讲学是弘扬自己学说的途径，此次东行，很是郑重。临行前，他到母亲的墓前祭拜泣哭，默告自己要去同州、蒲城讲学。第二天，二曲辞别了寡姐和妻儿，随党克材踏上了东去的路。

他们四月二十四日出发，当晚歇在兴平以东的定村。定村是个不大的村庄，青堂瓦舍，绿树环绕，清塘鱼跃，当地百姓好客淳朴。听说客人是周至的李二曲先生，男女老幼都簇拥而来，争睹其面。

第二天，他们迂道北上，缓缓地到了茂陵，拜谒了汉武帝陵墓。

在泾河与渭河相交的咸阳塬上，有高祖的长陵、惠帝的安陵、景帝的阳陵、武帝的茂陵、昭帝的平陵，这五座帝陵相距不远，人们称这一方土地为“五陵原”。据《关中记》记载：“汉诸陵皆高十二丈，方百二十步，唯茂陵高十四丈，方百四十步。”茂陵是这些帝陵中规模最大、修造时间最长、陪葬品最丰富的陵墓。

二曲绕陵走了一圈，然后登上陵顶极目远眺，见泾河、渭河及诸多陵墓皆收眼底，不觉胸怀激荡，兴致隆起，对党克材说：西汉时，这里是槐里县的茂乡，所以武帝陵就叫茂陵。此时他们脚下的这位皇帝，雄才大略，在历史的长河上掀涛起浪，创新求治。他罢黜百家，独尊儒术；兴太学，置名师；抗匈奴，保和平；灭南越，扩疆土；占朝鲜，设郡县；派使臣，通西域。这是何等的壮烈英武。然到了晚年，用酷吏，信谗言；横征暴敛，张扬挥霍；穷兵黩武，国危民怨；宠爱方士，想成仙升天，使日如中天的汉帝国岌岌垂危。汉武帝也察觉到了，曾写骚体诗《秋风辞》，来表白自己当时忧虑复杂的心情。诗曰：

秋风起兮白云飞，草木黄兮雁南归。
兰有秀兮菊有芳，怀家人兮不能忘。
泛楼船兮济汾河，横中流兮扬素波。
箫鼓鸣兮发棹歌，欢乐极兮悲情多。

少壮几时兮奈老何？

二曲吟完这首诗，党克材说，金人赵秉文游武帝陵时，幽思联想，作诗曰：

渭水桥边不见人，摩挲高冢卧麒麟。
千秋万古功名骨，化作咸阳塬上尘。

二曲说，唐李贺游茂陵，有感而发，作诗曰：

茂陵刘郎秋风客，夜闻马嘶晓无迹。
画栏桂树悬秋香，三十六宫土花碧。
魏官牵车指千里，东关酸风射眸子。
空将汉月出宫门，忆君清泪如铅水。
衰兰送客咸阳道，天若有情天亦老。
携盘独出月荒凉，渭城已远波声小。

从武帝陵下来，又东行五十里，到了毕郢，他们把车停在平原荒野的一棵大树下，然后步行爬坡，拜谒了周文王、武王、成王、康王四陵。仲春时节，芳草萋萋，野花溢香，绿树高耸。历经了三千年的陵墓，竟然不显得荒芜零落，但入眼映目，给人还是一种沧桑感受。二曲说："他们都是改变历史、推动社会前进的标志性人物。文王开创基业，武王灭商定周，成王承继祖训，康王鼎力中兴，为周王朝的续接发展，起了扛鼎的作用。"党克材说："文王用贤惠民，奉行仁善，推导王道，实为治国之大略。"二曲说："周人祖先后稷、公刘、亶父、季历，都具有坚韧不拔的开创精神，他们的智慧、谋略，既启发了后代，也为子孙树立了典范。”二人边走边谈，不觉到了周公和姜尚的墓冢。较之四座帝陵，其墓冢规模显得小，但也不失雄踞的气派。二曲面对周公冢，深深地鞠了一躬，感慨地说：“周公辅佐武王开创了周王朝八百年的基业，使民族融合，政治统一，疆土辽阔。在当时，使社会走上了文明的巅峰。他所撰定的《周礼》《周乐》，对我们民族文化传统的形成，起了开山和凝聚的作用。他的重伦理、轻逸乐、好俭朴、乐献身的君子风度，是儒家学说核心的重要组成部分。可以说，他是儒家学说的始祖和源泉，永远是儒士敬仰的典范。”党克材说：“周公笃仁纯孝，平定分裂叛乱坚毅果断，牺牲个人义无反顾，代理国政忍辱负重，是一位胸怀博大、深沉刚勇、鞠躬尽瘁的伟岸君子。”

此时，夕阳晚照，红霞满天，金色的阳光洒在姜冢的绿草上，显得分外绚丽多彩。二曲仰望姜冢，想起了姜尚指挥的牧野之战。这一战灭掉了殷商，是何等壮烈的一幕。二曲情不自禁，随口吟诵起《诗经》中关于这场战争的记载：

殷商之旅，
其会如林。
矢于牧野，
维予侯兴，
上帝临女，
无贰尔心。

牧野洋洋，
檀车煌煌，
驷騵彭彭。
维师尚父，

时维鹰扬。
凉彼武王，
肆伐大商，
会朝清明。

这晚，他们借宿在毕郢塬下的一个村庄。第二天，二曲专门来到泾阳的瓦村，拜会遗士王尔德。王尔德是泾阳西乡的一位贤绅，博学多才，德高景行，颇有人望。他多次到周至与二曲论学，与二曲建立了深厚的友谊。二曲此次东行，想到王尔德已是年逼桑榆的老人，以后见面的机会不多了，故绕道专往。二曲的到来，令王尔德喜出望外，遂设宴上酒，畅谈竟日。他们叙家常，论古今，谈性理，说时势，直至夜深。王尔德向二曲请求说："我们泾阳的士人学子，仰望先生已经很久了。曾经有人假冒先生的名姓，在古刹节会上设坛讲学，招摇撞骗。到现在我泾阳士庶，还把这当作笑柄在谈论。所以，恳请先生稍留数日，与大家见见面，以满足学人久仰之望。"二曲说："我此次东去蒲、同，一路颠簸劳顿，甚是疲惫，请先生告知贵邑士林，深望海涵。"第二天，王尔德把二曲送到泾阳境外，直到高陵地域。二曲多次催回，两人才执手相别。二曲已走出老远，见王尔德还站在原地张望。

中午时分到了下邽，党克材说："这里有寇莱公祠，我们何不凭吊一番？"二曲兴致勃勃，下车前往。寇准是宋太宗朝的宰相，胸有奇才奇智，处理过许多难顽的军国大事，在民间是个很具传奇色彩的人物。他的祠在下邽旧城的南街正中，坐北朝南，沿中轴线规划得错落有致。进得山门，依次为前殿、正殿、献殿，两边廊房互为衬对，各殿皆为明三暗五的布局，通檩连接的结构，殿宇前檐墙上的通檩极为粗壮，殿内墙上的壁画大都脱落。院中的巨柏高数丈，粗合围。这是元人的建筑风格，年代已久，有些破败。院中一石碑高大，然字迹已漫漶不清，难以辨识。返回的路上，二曲给党克材说："寇准七岁随父登华山，就作诗道：'只有天在上，更无山与齐。举头红日近，俯首白云低。'后来做官，他一贯以忠直敢谏闻。宋太宗淳化之年，寇准为尚书枢密院学士。这年春季大旱又蝗虫肆虐，农人困苦，朝野上下，人心惶惶。太宗早朝，满朝文武都说这是天意所致，只有寇准立于朝堂，巍然如山，以真言相谏：'什么天意所致？完全是刑罚不平、社会不公所致。高官显贵，贪污受贿，徇私枉法；地方官搜刮民财，贪得自肥。这种现象如得不到治理，天道怎能顺呢？国家怎能安呢？'没等寇准把话说完，太宗怒气冲天，拂袖下殿而去。寇准急忙上前，拽住太宗的龙袍，一定要太宗坐下来等自己把话说完。寇准的这种胆量和直谏精神，使太宗深为感动，他当着大臣的面说：'我有寇准，和唐太宗有了魏徵一样。'宋辽的澶渊之盟结束了近百年的战争，自然促进了经济的发展和民族的融合，寇准在其中做出了历史性的贡献。宋人王十朋在《观国朝故事》中吟颂道：'伟哉澶渊功，天子能用贤。'王安石在《澶州》一诗中高歌：'欢盟从此至今日，丞相莱公功第一。'"党克材暗暗称叹先生知识之渊博，非一般人可比。

四月二十九日，他们到达了蒲城。蒲城县内有横渠张载祠，原祠建在县东南方的崇礼书院旁。明万历年间，蒲城县令李烨然在龙祥观的旁边重建了张载祠。张载是关中学派的创始人，二曲决意以传继关学为担当，自然要前去拜谒。

老远望去，只见张载祠五间山门巍然高耸，门前场地宽阔，合围的柏树排列在大门的两侧，显得伟岸肃穆。前殿、献殿、寝殿、庑廊、亭楼、阁台，都以中轴线为准绳，错落有致。这座明人风格的建筑群，是那样的宏伟壮观，体现了先辈精湛的艺术构想以及超绝的智慧。二曲说："这座雄伟的祀祠，与张载博大的思想相得益彰。张载字子厚，生于北宋天禧四年（1020），卒于熙宁十年（1077），出身于仕宦之家，从小就气度不群，博览群书，无所不学。先醉心于兵法，后经范仲淹点化，才深究儒道。三十八岁中进士，经人荐举，做过几任地方小官，当朝官时间相当短暂。一生绝大部分时间是研究学术、招徒讲学和著书立说。从学者云集，颇有气势，培养了一大批有才能的弟子，像吕大忠、吕大钧、吕大临、苏昞、苏育、薛昌朝、种师道、游师雄、潘拯、李复、田腴、邵彦明、张舜民以及晁说、蔡发等。张载的著述颇丰，有记载的如《西铭》《东铭》《正蒙》《易说》《经学理窟》《礼乐说》《论语说》《孟子说》《传闻说》《横渠孟子解》《崇文集》《语录》《祭礼》《文集》等。张载的学说有别于濂、洛、闽三家，他认为宇宙的本体不是精神，而是物质性的太虚之气。在此基础上，他提出物无孤立之说的命题，认为事物如果没有同和异、屈和伸、始和卒、有和无的相互联系、相互作用，事物就不成为事物了。他还认为事物除了相互联系和相互作用以外，都在不停地运动和变化，一个是渐变，一个是突变。渐变是突变的开始，突变是渐变的必然反映。而事物变化和运动的动力，是在于事物的内部规律，而不在于事物的外部因素。”党克材说：“先生所言张子学说，深奥博大，我辈实难消化。我想知道横渠所创立的关中学派，它的特点都表现在哪些方面？”二曲说：“归纳起来有四句话可以囊括：一是注重实际，讲究实用；二是经世治用，强国富民；三是躬身礼教，革新风俗；四是注重科学，崇尚技能。还有四句话，是他思想的高度概括，也是后世学者为之拼搏的目标，这就是：为天地立心，为生民立命，为往圣继绝学，为万世开太平。”党克材听罢，很敬重地看着二曲说：“我知道家父以八十高龄，步行数百里，到你处访学的原因了！”

当晚，他们歇在张载祠附近的村庄，邑绅索云老、王伯仁等诸公投送名片，想请先生讲学，二曲婉言辞谢，第二天相别而去。

五月初二，二曲到了蒲城县东南四十里开外的东都镇。王省庵早准备了一间清静的屋子，供二曲休息。蒲邑士人听说二曲下榻王省庵家舍，都结伴前往，晋谒者竟无虚日，房小容纳不下众多的学子，移到邻人宽敞的厅堂。

此次二曲讲学，生发了新的“良知”之论。他说：“人人生来就带着固有的‘良知’，这种良知昭然存在于人的心目之间，受到遮蔽也不会昏暗，心志也不会糊涂；外界名利、情欲的干扰，也不能使之昏乱；缺少了什么，也不会使它受损；增多了什么，它也不会得到什么益处。这种良知与天地合德，与日月同明。它知道天体运行的规律，顺着这种规律行事，便是天地间的原则。这种良知不会像葛藤茎蔓那样凌乱而没有条理，不会舍真求假，空自耽搁。但是，这种良知如果本身起了邪念，人的心志就立即变得混乱而狭隘。然而，其光大之实，仍然固有而存在。所以，要时时警觉惕励，达到慎微知著的程度。”

一学子感慨地说：“连日深受先生教诲，颇知打点身心，自寻归结。”二曲说：“肯寻归结，足证其心志所向。然最担心的是立本不能巩固，世俗富贵利达之念就会乘机生发，并不知不觉，渐为侵蚀。日复一日，就会大费初心。所以，一个人就要时时反省，克服自己良知中的邪念，坚决拔掉病根，才不至于失之约束，冲破规范，犯这种那样的过错。人若能如此，何患没有归结？”

在座的学子，有的利心萌动，听了二曲的启迪，而荡尽了胸中的污秽；有的想争名于世，听到二曲学说的感召，而剪除了脑海中的幻念。在东都讲学，二曲的学说不仅使士人学子深受启发和教化，就是庶农工商贾，亦赶来环围静听，受其教化，而改错就规。

二曲在蒲城讲学十多天，士林震动，乡野广传。离别之日，士庶拥送罗拜，围车瞻送甚至一直追随到同州，才拜泣而别。

同州是理学之乡，先辈马二芩先生建书院，开讲倡学，慨然以师道自任，风泽同地。邻邑蒲城单元州，立会讲学，专治理学，士人从学者甚众。故一时同、蒲诸邑，流风广被，人人向往理学，唯恐为后。此时，同州的白焕彩、白希彩、李子燮、张珥、李士瑸、马栗若、马逢年、马棫士等，皆为理学宿儒、同州名士。其中张珥、李子燮皆进士出身，因年老而致仕归养。白焕彩、李士瑸都肄业于太学，学养深厚，著述颇丰。他们对于二曲的到来如久旱而望云雨，久雨而盼日月。

五月十七日，二曲抵达同州户军里，住宿在白焕彩的书舍。郡绅李子燮（顺治六年即1649年进士，曾任淮安府推官）率一群学人接踵而至，跪拜问学。张饵（顺治四年即1647年进士，曾任襄陵县令，笃学敦品）听说二曲住在白塾，以七十多岁高龄，步行数十里赶来，于二曲面前长跽受教。前年，二曲送骆钟麟到潼关，王省庵迎至蒲城，听说二曲在王四服林园，等他赶到王四服林园，二曲已西返；今年五月，听说二曲在蒲城东都王省庵家舍讲学，便出发前往，到了王省庵处，才知二曲到了同州户军里；这次到了户军里，才见到了二曲先生。他如饥似渴地听二曲讲授，心中的许多疑难得到了散解，眼前豁然朗明，深深折服于二曲的学说，以七十三岁高龄拜在二曲门下。

李士瑸高学贤德，孝道善行播传乡梓，他在自家厅堂悬有这样一副对联：

> 戴履七旬，寒影总由天地照；
> 省修三纪，朴心常告鬼神知。

李士瑸到白含章书舍与二曲会晤谈学，顿觉爽然自得，深悟从前所学皆人云亦云。遂退而整衣肃容，向二曲执弟子之礼，甘愿从学问道。李士瑸长二曲二十八岁，时年已七十高龄。

二曲在白含章书塾讲学、读书，忙碌无暇日。六月初六，大雨连日，二曲与白含章对坐书屋，相互论学。二曲口授其思想要旨，白含章执笔抄录，遂成《学髓》一文，即刻付梓影印，广为散发，并作序推介，说自己的伯兄白希彩曾受学于长安冯少墟先生，所以，自己很小的时候就知道有所谓儒道之正学，便暗暗向往。但自己深迷于科举入仕之俗学，苦无从入，荏苒积习，竟变得愚鲁守旧，徒增老大之悲。幸天假良缘，得拜见李二曲先生。乃始抉密藏而剖示之，有图有言，揭出本来面目，直捷简易，尽撤支离之障，恍若迷津得度，梦境乍觉者。先生无隐之教，有造之德，天高地厚，何能忘之？始信先儒所谓“有真师友，乃有真口诀”，此千圣绝响之传，怎敢当作私有，故梓之以公同志。

张珥读了《学髓》，深有感发，也作序以述心中之悟，其中有段话这样说道：“先生独探奥秘，堪破朱（熹）陆（九渊）两氏补偏救弊之苦心，而以贯之，滴骨之血，一口道尽，有功于斯道，有功于天下万世。”

王四服读了《学髓》，也作序以述对二曲的仰慕之情，说自己敬仰周至李先生已很久了，实自今日始，才真正深知周至李先生了。大概十多年前，族侄客居周至，回来告诉自己，周至有个李夫子，幼孤无师，自奋自立，其志以万物为一身，万世为一世，人道担当，志趣高远。其学以会众理，规天人，内外兼尽，以创立实学为己任。上自当道诸公、绅衿哲士，下至农工庶贾、儿童走卒，贤愚共仰，远近同敬。自己听到周至有这等贤士，心里肃然，神驰意往，急于就正。然年老多疾，跋涉为艰，故信函求教，往返已有好几年了，但总以当面失教为憾。康熙六年（1667）春天，先生送友人赴京就职，东到太华，自己听到这个消息，喜之若狂，遂偕二三同志拜见，并于园林中论学。可惜，先生只停了很短时间就辞别西返，至今梦寐难忘。《学髓》中，先生欣然告以安身立命之旨，脱去支离，只谈本源，言约而道大，词显而理精，真可谓学之骨髓也。

同州城东关有座广成观，规模宏大，殿宇堂皇。观内草绿花红，高树遮天，静邃幽雅，是同州的游览胜地。张饵、李子燮等高贤之士，邀请二曲移居到这里避暑，且此地场地宽阔，可容纳多人受教。六月九日，二曲于广成观下榻。学人、贤绅、商贾、农工皆闻风前往，环坐树下，听二曲讲授。有位贤绅问道："圣人本是生知，众人只是学知，个人先天具有的素质和性情本来就不同吧？"二曲说："众人全是生知，先天的素质和性情都是一样的。"所有听讲的人都感到惊讶。先生说："孩童知爱，长者知敬，人人遇险而知警惕，这些知是知非、知好知恶，时时都在人心中。敢问圣人与众人相同还是不同？"众人都说："圣人与众人相同。"二曲说："敢问大家：这些所知，是学而得到的，还是不学就具有的？"众人说："这些是人生来就具有的。"二曲说："人生来的素质是相同的，之所以有圣人和众人之分，关键是在于学与不学。圣人肯学，所以敬业保任，是以谓之'圣'；众人不肯学，所以随起随灭，自己辜负了生来所知，是以谓之'凡'。圣凡之分，是学与不学之分，而非有生知与学知之分也。"

又有一位学人问道："圣贤之道，不外孝悌；事亲从兄，莫非实学。舍此无学可言？"二曲说："能孝能悌，固是实学，然而，能孝能悌的意端，从什么地方生发呢？满孝满悌的力量，靠什么充盈呢？依靠父兄可以做事从业，离开了父兄又怎么办呢？有父兄在可以从善绝恶，没有父兄又将如何？"那个提问的学人无法回答。二曲说："圣贤之道，虽不外于孝悌，而知孝知悌，则必有其源，源浚则千流万派时出无穷，各种善行都会得到践行，何况孝悌呢？这样，不去鼓励你去行孝，你对自己的父亲必能行孝；不去劝勉你悌亲，你对自己的兄长自然遵从。这种高尚的品德树立在你的心中，你就自然会尽孝悌之道。自己能立身行道，就会大孝显亲，等闲识得东风面，万紫千红总是春。非‘春’，则安得万紫千红？非识东风面，又安知万紫千红总是春呢？”

傍晚，听教的人都四散归去，张珥、李子燮等十多人陪二曲在坤成阁乘凉。树鸟时鸣，清风徐来，二曲说：“各位都神闲气定，冲融和平，不知各人心中有何感想？”张珥说：“这样的际遇，心中特别感到轻快适畅。生意勃发，清明洞达，了无一物。”李子燮说：“夕阳之下，阁宽凉爽，师友相聚，自然神逸气爽，无欲忘忧。”二曲说：“但愿你们不要忘记此时的心境。一时的清明无物，便是一时的仁体呈露。趁此一时之清明，延之时时皆然，日积月累，彻始彻终，表里湛莹。这样，则形骸肢体虽于人同，而视听言动，便浑是天机，可以达天，可以补天。珍重珍重，毋自辜负。”

同州与朝邑毗邻，六月十六日，二曲到朝邑拜谒明代关中大儒韩邦奇恭简公祠。韩邦奇，字汝节，号苑洛，对于经史以及天文、地理、乐律、术数、兵法等学问，皆悉知精熟。明正德三年（1508）进士，性情耿直，崇尚气节，出任吏部员外郎时，上书指诉朝政得失，被贬为平阳通判，后迁浙江按察佥事，又作诗讽谏宦官到富阳采办勒索茶鱼，遂遭诬奏诽谤而被夺官。嘉靖时被起用，以南京兵部尚书致仕，殁后谥为“恭简”。著有《易学启蒙意见》《见闻考随录》《禹贡详略》《苑洛集》等。在学术上，他放弃了以“理”“心”为宇宙和道德本体的思想，对程朱理学和王阳明的心学都进行了深刻的反思，论道体独取张载之说，继承和发挥了张载气本体的思想。他认为：“自孔子而下，知道者唯横渠一人。”且涵养宏深，坚守意念，躬行心得，中正明达。这样的关学大儒宿老，二曲当然要去拜谒。二曲在韩恭简祠上香叩拜，又到韩恭简墓地焚纸祭奠，随行者都目睹了他对前辈学人的谦恭。

朝邑李楷，是驰名关中的学者，顺治十五年（1658）就撰文阐述二曲的学说，对二曲思想的传播起过至关重要的作用。康熙四年（1665），李母彭氏去世，李楷与二曲同伤同悲。他撰悼文、作赞言，情意寄往。康熙五年（1666），太守叶承祧曾托李楷延请二曲到关中书院讲学，可见二人交情深厚。来到朝邑，二曲要专行拜访李楷，这是两人都盼望已久的会晤。李楷时年七十一岁，二曲以师长敬之。两人相见，对坐论学，竟日不辍。时至午夜，还有讨论不完的话题。第二天，李楷陪二曲观看了咆哮奔腾的黄河后，两人依依惜别，二曲回到了广成观。

同州城东南十里的地方，有个九龙池，十亩水面，碧莲丛生，莲花朵朵，有的白如洁玉，有的红似烈火，有的紫淡烟迷。轻风过后，水纹乍起，莲叶摇摆，花朵相依，淡香四溢，令人陶醉忘归。李子燮等人邀二曲临观。这一天，学人士子，先期在湖畔集结，敬等二曲到来，叩学质疑。二曲根据各人所提出的问题，随性开发，因人答疑，很切话题。听者神情豁然开朗，惊恐叹服，奋喜之情溢于颜面。薄幕临别，众人都请求李子燮挽留二曲住下，第二天再予听教。这时，沙苑的马秼、马仲任等人坚请二曲，二曲只好推了李子燮诸士的请求，乘车西向，当晚抵达沙苑，与马氏族人相会。

马氏家族学者官宦辈出，引领当地文教。第二天，族中学俊二十余人陪二曲拜谒其祖马二芩先生祠。马二芩名嗣煜，字元昭。他的父亲马朴，历官洱海道副史，文章著述，闻于天下。二芩先生承教庭训，博读经史，刻苦自励，为晚明关中著名的学者。他办书院，授生徒，讲授二程朱熹之学。每讲古今忠孝节烈人物，慷慨激昂，低回流连，闻者动容，感叹唏嘘。后以明经科谒选，出任济南通判，整饬吏治，消除衙蠹，屏退巨猾。每次进见上司，必先陈述民人利病。俸禄虽薄，多馈赠属邑，兴学校，办公益。政暇之日，集诸生讲授。朔望日，下村社宣讲乡约。士民广传此通判为百年少见的好官。后武定州缺太守，公推二芩先生代之。适逢兵乱，他集民御众，力守城池。城破后，随从劝先生微服以避，先生说："你们可逃生，我死此矣！"兵逼先生于城墙之上，仰其声名，劝先生投降。先生大骂，兵拥而齐上，先生殉难。朝廷闻之，封赠先生为太仆少卿。二曲认为马二芩先生的事功道德，为关中士人领袖，关学自冯恭定后，唯推二芩先生。所以，他在二芩先生的祠堂祭拜之后，徘徊了好久，不忍离去。又向二芩先生的儿子马棫士索要其遗著拜读，并为二芩先生写了传记。

这天晚上，马棫士、马栗若、马仲任等马氏儒生二十余人，罗坐榻旁，剪烛请教，直到午夜时分。马棫士小二曲三岁，马栗若、马仲任皆长二曲二十余岁，他们咸拜于二曲门下。二曲坚辞，他们皆不变心志。马棫士当晚作诗三首，其一曰：

十年劳梦想，神交仰三斗。
投契斯须间，此遇良非偶。
所恨多间阔，亲炙苦未久。
自驹不少停，空谷顿成走。
何以慰吾情，相对一杯酒。
后会谅无暇，踟蹰徒搔首。

六月二十七日，马棫士、马栗若、马仲任送二曲返回白焕彩书塾。第二天，李子燮、李习之、王四服、张珥、王盛伯、马逢年、李士瑸等同州理学儒士又赶到白焕彩书塾，与二曲聚会。这次聚会是同州关学人物的聚会，是同州文化界星斗与二曲的学术交流，是把关学推向前进的一次努力。他们每日围坐在一起，各述胸中见解，共论濂、洛、关、闽之学，同数学界人物，从容议论，朝夕不辍，直至七月六日二曲西归返里。

二曲别归时，户军里士庶拥道，诸老依依相恋。王省庵等要远送先生，其仆王昭泣不自胜，遂让王昭与白焕彩的仆人一起驾车。二曲身体不适，名医宁维垣坚请随先生西行，好一路护养。党克材远道来迟，跪于车前向二曲行师生之礼。车子慢慢缓行，众人频频招手，等看不见远去的车辆，大家又回到白焕彩的书塾，饮茶相议。马仲任说："我见先生其人，是金是玉；我闻先生之语，切性切身。先生果然可与朱熹、吕泾野为伴，与周敦颐、程颢、程颐为侣。人则规圆矩方，学则天通地彻，随叩而鸣。穷则可以善身，达则可以淑世。我们要拜师求学，就非二曲莫可了。"众人齐说："确实如此！确实如此！"

初八那天，二曲西行到高陵，拜谒吕泾野先生祠。吕泾野名吕柟，字仲木，生于明宪宗成化十四年（1478），于明世宗嘉靖二十年（1541）去世。少年勤奋好学，以周、孔、思、孟之学为宗，精研二程及张载、朱熹之论，受教于恩师薛敬之先生。学成后，在家办学授生，崇尚关学的笃实践履学风。正德三年（1508）会试中榜第六，廷试夺得魁首，授翰林院编修。当时宦官刘瑾执政，吕泾野看到朝政腐败，很难有所作为，便托病辞官，在乡里创办了云槐精舍、东林书屋两所私学。直到嘉靖改元（1522），才复官入朝，到国史馆纂修《正德实录》。这期间，他看到皇帝懒于朝政，甚为国事担忧，便上书谏言，规劝皇帝勤政爱民、亲贤远馋。皇帝大怒，将其廷杖下狱。后经大臣们求情，才贬到山西解州任判官，代理知州主持州政。政余之闲，办解州书院，并亲临讲授，从此开始了亦政亦教的生涯。嘉靖六年（1527），升任南京吏部考功司郎中，后又升为南京尚宝司卿。嘉靖十四年（1535）

调回京城，任国子监祭酒。次年又升任南京吏部右侍郎。嘉靖十八年（1539）致仕归里，办北泉精舍，收徒讲学，直到病逝。其著作有《泾野先生五经说》《泾野集》《泾野子内篇》《宋四子抄释》《四书因问》《泾野诗文集》等三十余种。

吕泾野的学术思想在继承张载“气本论”的基础上，对理学框架下已成规的学术观点进行了改造，使理学中的性理之说、天理之论大众化、平民化。他和恩师薛敬之所形成的“关陇”学派，更体现了关学的特色，同时，把关学推向了一个新的起点。所以，二曲心中的吕泾野，就像关学发展史上的一座路碑、一盏明灯。二曲在吕泾野祠像前，二曲上香叩拜，长跪不起。

高陵县令许琬闻听二曲到泾野祠祭拜，立刻赶来欢迎和接见。两人很能谈得来，即交为友。目睹祠内墙围倒缺，殿宇颓毁，都黯然伤情。二曲请求许县令能拨款加以修葺，并能抚恤吕泾野的后代。许县令慷慨应诺，表示将尽力而为。

从泾野祠西行二十五里，是泾邑地面，这里有关中胜迹文塔寺。文塔巍然高耸，甚为壮观。二曲远眺，惊叹不已，便下车来塔下仰观赏看。是时，邑绅于尔锡正在寺中大殿休息，远远望见二曲一行，衣冠也不顾整理，便快步跑过来迎接，说：“此必是周至李先生，不才准备入冬时节到周至造访先生，想不到邂逅于此，此中必有机缘，这大概是天意吧！”立即让人洁净一所馆舍，坚请二曲住下，尽情招待，披沥衷愫。第二天，泾邑、池阳两地的学人士子、贤绅，闻二曲在文塔寺驻足，都纷纷前来问学。其中有一士人，特别喜欢佛经，且钻研至深，便向二曲提出佛教经典中的许多质疑，二曲一一都作了详尽的解答。凡《楞严》《圆觉》《心经》《坛经》《止观广录》《宗镜录》诸要旨及三藏中的真伪之说，都讲解得很是清楚。这位士人和在座诸生大为惊叹，他们知二曲以儒者闻名天下，想不到对佛家学说也研究得如此精熟。

正当大家叹服称是之际，二曲喟然感慨地说："儒家学说，至简至易，至平至实，反复研探求索，自然就会有所收获，何必要关注深究外来的这种教典呢？所谓来世、天国，乃何有之乡？空虚莽荡，对国家的富强、天下的治理，又有什么益处呢？"众人认为确实是这个道理，不觉掌声四起，表示赞许。接着，大家争先恐后，不停地向二曲提出问题，二曲旁征博引，据典用经，辩驳是非，讲明理性，不慌不忙，条理分明。此日，艳阳如火，热风袭人，他们于文塔寺前的树下围坐，竟忘记炙热。直到半下午时分，二曲一行要驱车西向，众人苦留，二曲他们只得在文塔寺又宿了一晚。

七月十一日，二曲到了咸阳城的北郭。学博汤日跻闻二曲先生路过此地，喜出望外，沿道接迎，邀入馆舍，设宴款待，并苦留二曲让咸阳士绅一见。二曲因路途劳顿，予以婉谢。车到兴平，于渭河岸边，宁维垣医生见二曲身体已康复，且过河便到家，遂向二曲辞别。二曲紧握宁维垣的手，含泪说道："一路多亏你细心照料，我方无事，难忘，难忘。"宁维垣说："能为先生护养，算我幸运，还望保重。"二曲当晚抵家，第二天到母亲墓上焚纸告归。

吕泾野祠的破败荒芜之态，总在二曲的脑海里萦回。虽说已当面向许县令求葺，但他也总是放心不下，便静下心来又给许县令修了一封书信，题为《与高陵许明府书》。信中写道：

> 仆素仰慕吕泾野先生，昨因赴同州讲会，道经贵治，进城瞻先生遗像，睹庙貌摧圮，不禁叹息！承明府闻风枉顾，雅宜殷笃，辄不自揣，敬以捐俸修葺为恳。往者，当事奉部文裁革冒滥书香。先生六世孙衣顶，亦在革除中，此未悉先生之贤故也。望鼎力具文申复，使世世相

承弗替。夫表扬先儒，振起后人，乃守土者之责。执事之素心，自不待仆之言也。

许琬接到二曲的信函，放之案上，视读再三，甚为二曲敬贤的精神所感动。康熙十年（1671），许琬捐俸修葺了泾野祠，并多次上奏知府，恢复了吕泾野后代的书香之名。

二十三 再赴同蒲

清政权稳定之后，朝廷对知识分子开始采取招抚收拢之策。康熙八年（1669），朝廷下诏，让各地推荐隐逸之士。陕西巡抚白清额，满洲正白旗人，想以特别的上书举荐推扬李二曲。二曲闻知后，立即致书骆钟麟，托他在巡抚面前尽力辞退。骆钟麟接书后，亲见巡抚，委言陈词，多方诉情，这事才算了却。

咸宁县丞郭传芳，字九芝，是顺治五年（1648）的拔贡，有康济之才，贤声蜚扬三辅，诸上官莫不推崇，有要事多与他商量决定。康熙八年（1669）八月，他来周至与二曲相会。两人一见如故，对坐论学，达三天三夜。从此以后，他对二曲的学说格外崇信，其友谊也越来越深。

康熙八年（1669）四月，骆钟麟调任本郡司马，九月便升任为常州知府。这次他远离陕西，亲近故旧都相聚远送。二曲和这群人直送到西安东边的长乐坡。骆钟麟又提议大家共游骊山，同沐温泉。

骊山脚下的华清宫，自古以来就以温润滑柔的温泉和旖旎秀美的风光成为历代帝王的离宫别馆和达官贵人游览休闲的胜地。周幽王曾于这里建骊宫，而温泉修在宫外，上无尺栋，下无环墙，晚上沐浴，星辰可见，当时叫“星辰汤”；秦始皇时修宫建殿，以蔽风雨，才改为“骊山汤”；汉武帝时大兴土木，扩建为离宫；魏晋之时，各朝都在这里修建楼台堂馆；隋文帝开皇三年（583），在这里植松柏千余株，栽植各种花卉于其间，给这里平添了许多美色。唐初，太宗、高宗拨款营造，更名为温泉宫。玄宗时，唐帝国经百余年的发展，国家殷富，天下太平，玄宗滋生享乐之念，对骊山温泉大肆扩建，改汤为池，环山列殿，宫周筑城，颇为堂皇壮美。天宝六年（747），将温泉宫更名为华清宫。从此，常年游幸，恣意享乐，也荒芜了朝政。唐人白居易就写道：

云鬓花颜金步摇，芙蓉帐暖度春宵。
春宵苦短日高起，从此君王不早朝。

玄宗怠于政事，误用奸邪，李林甫、杨国忠完全忘了天下的百姓和国家的险危，招致了“安史之乱”，使盛唐开始走了下坡路。想起这些历史，大家一番感慨。

二曲说：“宋人司马光在《资治通鉴》中，对唐玄宗作了十分中肯的评价，叙文道：明皇恃其承平，不思后患，殚耳目之玩，穷声技之巧，自谓帝王富贵皆不如我。欲使前未能及，后无能逾，非徒娱己，亦以夸人。岂知大窃在旁，已有窥觎之心，卒致銮舆播越，生民涂炭。乃知人君崇华靡以示人，适足为大盗之招也。”

骆钟麟说：“千年以来，历代文人宦士到此寻幽探古，或抒发沧桑史变，或感叹李杨爱情。晚唐杜牧有《过华清宫三绝句》，咱们吟诵一下吧。”说着，骆钟麟吟了第一首：

长安回望绣成堆，山顶千门次第开。
一骑红尘妃子笑，无人知是荔枝来。

二曲吟了第二首：

新丰绿树起黄埃，数骑渔阳探使回。
霓裳一曲千峰上，舞破中原始下来。

郭传芳吟了第三首：

万国声歌醉太平，倚天楼殿月分明。
云中乱拍禄山舞，风过重峦下笑声。

众人沐浴过后，神清气爽，思潮涌动。闲话间，二曲忽然灵感神动，瞬息之间心中生发出了一种新的学说，名曰“洗心藏密”。这是二曲研读《周易》之一创建。他体认到人的心本来就是光明澄澈，无念无杂，所有什么都可以应对，具有天趣盎然的特征。但人们受外界的影响，便产生了各种各样的杂念，念起就会使本心受到遮蔽；要排除遮蔽，就得洗心，才能把本来的良知密藏起来，使之生发善念。显然，二曲骊山之游中所生发的“洗心藏密”说，是对所产生的杂念应做的修养功夫。

游完骊山，骆钟麟劝大家返回。众人说：“府君自来陕西，忙于公务，名山大川均未能游。索性我们送你到西岳华山，随便一游，也好尽兴。”骆钟麟拍手道：“甚好！甚好！”

华山北临关中平原，雄踞秦岭东段，是一块完整的花岗岩构成，东西长约四十里，南北宽约十五里，经亿万年风雨侵蚀，万千姿态，雄秀峻美。所有峰峦，奇异突兀，直插苍穹。士人称之为“峭拔峻秀雄冠天下，奇险人间第一仙山”。

天刚麻麻亮，骆钟麟、李二曲、郭传芳等一群人经玉泉院，进入山间谷道，逶迤数十里，越青柯坪、回心石，登踏奇险无比的千尺幢、百尺峡、老君梨沟，才到达北峰云台。再面壁挽索，攀上三十级的上天梯，爬过曾令韩愈惊魂失魄的苍龙岭，就到了金锁关。这里是走向通天门的隘口，杜甫对此处的险峻用两句诗作了形象的描绘：“车箱入谷无归路，箭栝通天有一门。”穿过这道门，豁然开朗明媚，有置身天界之感。在山岚飘逸之中，华岳山峰隐现其中。登东峰，站在朝阳台上，看太阳已升起老高，把奔腾的黄河水烧得通红。爬上南峰，顿生“极天地之险，极山峦之峻”的感受。到明代建的金天宫小憩，在宫旁的太上泉掬水洗汗，并听泉水流入山涧的叮咚奏韵，宛若见仙女抚琴传神。下到西峰，眺望北方，秦川平原的村舍如星辰密布苍穹，渭河像一条银带飘然东向。鸟瞰天地，一群人豁然兴致勃发，坐在翠云宫前的石脊梁畔，边休息边闲话。骆钟麟说，《竹书纪年》这本书中记载，唐尧四巡西岳，舜帝三巡西岳。秦汉以后，皆把华山当作神山。汉武帝首先为华山修神庙。南北朝时，少数民族入主中原，历代皇帝为笼络汉人，多在华山修庙祭山。唐玄宗封华山神为“金天王”，开元十年（722）、天宝九年（750）曾两次到华山登临封禅，并命御史大夫王珙在华山开凿山路，以供人游览。郭传芳说，唐玄宗有一首《途经华岳》，诗曰：

饬驾去京邑，鸣鸾指洛川。
循途经太华，回跸暂周旋。
翠嶝留斜影，悬岩凝夕烟。

四方皆石壁，五位配金天。
仿佛看高掌，依稀听子先。
终当铭岁月，从此祭灵仙。

二曲说，华山其实也叫道山、玉泉院、云台观、通仙观、真武宫、镇岳宫、金天宫、翠云宫，多供道士们修炼的宫观道场。道士们在这里创立自己的门派，陈抟老祖就是最有神秘色彩的代表人物。陈抟老祖字图南，号希夷，亳州真源（今安徽亳州）人，在道教发展史上是位承前启后的人物。他为了找到道教的真谛，对儒、释、道三家的学说作了有益的探索，把黄老的清净无为、修炼方术及儒家的修养、佛家的禅性融为一体，创立了内丹学派，即修炼人体内的精、气、神，以清净无为、离境坐忘为基本功课，根据天地方位、五行所属、四时运转的道理，对照身体脏器的部位，提出修炼的时间、方法。他认为只要以“神口为炉，宫室为灶”，就能够达到人体健康的最高境界。同时，陈抟又是一位奇才远略的政治道士。周世宗热衷于道家的炼丹之术，陈抟就劝谏曰：“陛下为四海之主，当以致治为念，为什么要喜爱炼丹这世外方术呢？”宋太宗问他治世安民之策，他挥笔写了“远近轻重”四个字。太宗问是什么意思，他说：“远者，远招贤士；近者，近除佞臣；轻者，轻徭薄赋；重者，重赏三军。”太宗认为很有道理。为了笼络陈抟入朝做官，太宗居然送来一群美女，陈抟拒绝接受，并作诗道：

冰肌为骨玉为腮，多谢君王送到来。
处士不生巫峡梦，空劳云雨下阳台。

大家一阵欢笑，各抒胸中观感。这时，红日西斜，金光洒在座座峰峦坡巅，华山显得更加美丽壮观。难怪数千年来，多少文人学士为之赞叹，为之倾倒，或激发为诗歌，或钟情为文赋。今天这群文人士宦，站在西峰之巅，看华山之险、之奇、之伟、之峻，不觉放声同吟诗仙李白的《西岳云台歌送丹丘子》：

西岳峥嵘何壮哉，黄河如丝天际来。
黄河万里触山动，盘涡毂转秦地雷。
荣光休气纷五彩，千年一清圣人在。
巨灵咆哮劈两山，洪波喷箭射东海。
三峰却立如欲摧，翠崖丹谷高掌开。
白帝金精运元气，石作莲花云作台。
云台阁道连窈冥，中有不死丹丘生。
明星玉女备洒扫，麻姑搔背指爪轻。
我皇手把天地户，丹丘谈天与天语。
九重出入生光辉，东求蓬莱复西归。
玉浆倘惠故人饮，骑二茅龙上天飞。

雄浑高昂的吟诵之声，在峰峦沟壑间回荡，在突峻险危的山道上传响。这是何等荡气回肠的神韵，又是何等雅美激越的情怀！下得山来，虽说累坏了，但这群文士看到祖国山河的雄伟壮丽，各人都即兴赋诗。二曲的诗是：

阴崖风雨泻回湍，一朵芙蓉不可探。
流水断桥缘石过，野花随处倚晴岚。

骆钟麟的诗是：

奇峰巍巍生岚烟，一路风光处处险。
学人才知登山累，倚石仰卧对天叹。

郭传芳的诗是：

千古高道藏名山，一处宫观一神仙。
悬亭铁棋今尚在，空留卧石丛林间。

这晚，他们在玉泉院住宿。第二天清晨，大家刚送走骆钟麟，一辆轿车停在了玉泉院门前。车上下来一位银发飘髯的学士，二曲一看，是同州宿儒张敦庵，忙上前相见。张敦庵也急忙迎了过来，向二曲施礼说："鄙邑士人闻知先生登览华山，便托我前来，请先生北往，再播雨露。愿先生不要推辞。"二曲有点犹豫，众人从中劝说，二曲说："也好，你们一路西归，我随他们北行。"相互道好，各自上路而去。

张敦庵进士出身，品学名贯关西，曾任襄陵县令，是同州少有的世富之家，馆社藏书达数万卷之多，在当地颇具人望。第二天，闻张敦庵迎来了二曲先生，附近村舍的宿老妇幼都拥来张府门前，要亲睹二曲先生的风采。张敦庵将众人安置到家塾，为二曲设座于前。二曲用餐之后，便开始了第一天的讲学。二曲刚走在门前，屋内的掌声便轰然响起。二曲开讲以后，迟来的学子屋内无法容纳，只好拥门围窗，踮足探头，伸耳倾听，天天照此。张敦庵怕二曲累着，劝他休息几天。二曲说："学子们求知受教如饥似渴，跑这么远到这里来受学，对他们、对我都是个机会。我累点不要紧，可不能冷了他们的心、挫了他们的情。"张敦庵说："那就只好满足学人们的期盼了。"自此，同州、朝邑、蒲城等近邻州、县的士人学子，闻讯结伴，连队成群，不避近远，争先奔来受教，咸质所疑。二曲整日坐堂，根据各人所提问题，很有针对性地阐述解答，谆谆施教，垦耘不倦，一连数十天都没有歇息。

十月中旬，北风挟裹着雪花，一连下了几天，山峦、河流、道路、原野、村庄，都被银色的积雪所覆盖，大地旷寒奇冷，肃穆寂静。二曲和张敦庵坐在张家中厅西屋的书房里，围着火炉，谈经论学了很久。张敦庵向二曲求教“明体适用”之说。二曲谈了这一学说生发的背景、内涵及用意，既而列举了学人应读的“明体适用”书籍，并对每本书的要旨进行了评说。二曲口授，敦庵笔录：“明体”类书籍是《象山集》《阳明集》《龙溪集》《近溪集》《慈湖集》《白沙集》《二程全书》《朱子语类大全》《朱子文集大全》《吴康斋集》《薛敬轩读书录》《胡敬斋集》《罗整菴困知记》《吕泾野语录》《冯少墟集》等二十四种；“适用”类书籍是《大学衍义》《衍义补》《文献通考》《吕氏实政录》《衡门芹》《经世石画》《经世挈要》《武备志》《经世八编》《资治通鉴纲目大全》《大明会要》《历代名臣奏议》《律令》《农政全书》《水利全书》《泰西水法》《地理险要》等十七种。张敦庵将其整理成书，名曰《体用全学》，刻版印行。

此次二曲同州讲学，张敦庵、李士瑸晨夕侍候在侧，随时究问，二曲瞬间解疑，他们听到了许多前所未闻的见解，大开眼界。十月十五日清晨，李士瑸领着他的小儿子李襄来见，希望能得到二曲的启蒙和开导。二曲见李襄长得聪明伶俐，问了几句，李襄回答得很是得体适宜，二曲高兴地拍手道：“小子可教！小子可教！”并让李士瑸执笔记下孩子先后应读的书。李士瑸执笔展纸，二曲出辞成诵，依次列出读书次第：《小学》《近思录》《四书蒙引》《四书疑思录》《四书因问》《礼记大全》《礼记疏》《周礼注疏》《仪礼注疏》《仪礼经传通解》《文公家礼仪节》《四礼翼》《诗经大全》《诗经注疏》《书经大全》《春秋大全》《春秋左氏传》《春秋谷梁传》《春秋公羊传》《春秋胡氏传》《春秋啖氏传》《周易大全》《周易古今文全书》《周易程氏传》《易经本义》《五经译》《九经解》《资治通鉴胡氏注》《宋元通鉴》《皇明宪章录》《函史上编》《函史下编》《八大家文钞》《皇明十大家文钞》，以上史书，乃学人之急务；有余力则《老子》《庄子》《管子》《韩非子》《鸿烈》等集，可一一披览，以广其识。地理书：唯《大明一统志》《寰宇通记》，宜购之以备参阅；但《广舆记》《皇舆图》《职方考镜》，勿观览以分精力。二曲每列一书，对其著作者姓氏、书中内容、阅读要点及个人见解，皆予述说。李士瑸笔不能停，手不能歇，不长时间，几十张红格素笺，都写得满满的。然后凝神复看，由《小学》渐入《大学》，自经传徐徐进入文史，步步有读书之挈要，书书有论断之渡津。李士瑸整理成文，并写了“识言”。

二曲两次同州讲学，历时两个多月，多次告归，都被挽留。直到这年十一月底，他才结束讲学，乘车西向。王四服、白焕彩、李士瑸、张敦庵、王化泰、马栗若、马棫士等宿儒名士送二曲到同州境外，众人于大道旁的古槐树下，畅叙多时，才依依惜别。

二十四 襄城招魂

二曲的父亲李可从明崇祯十五年（1642）殉难河南襄城，到清康熙九年（1670），已有近三十个春秋。这些年，二曲一直供奉着父亲的遗齿，朝夕上香叩拜。母亲去世后，父齿与母柩合葬，名曰“齿冢”。虽说如此，但二曲总觉父亲的尸骨未能归葬，孤魂羁游异乡，似走磷飞萤，旷野漂泊，无所栖依，不但不能享受亲人的奉祀，还备受寒夜霜雨之苦。每念及父亲魂魄如此凄惨，二曲总是如刀割心。于是，招魂归里的念想，始终在他心中萦回，所以，他常自称“多惭夫”。孀母在堂时，二曲不敢违离；再说艰窘万状，根本无法远行招魂。如今母亲去世，且已服孝三年，二曲决心了却这个长久积压在心头的愿望。他从乡人中借贷了四两银子，给妻子淑珍说：“《仪礼》中的五服制度，是按照服丧亲情的远近、周期的长短及做工的粗细，分为斩衰、齐衰、大功、小攻、缌麻五个等级。斩衰是五服中最高的一种，使用最粗的麻布，只裁割而不缉，请赶快给我制作一套。”淑珍说：“你上路的衣服我已经准备停当，斩衰孝服我连夜给你赶制。”二曲斋戒沐浴，于母亲坟前焚纸哭告，在康熙九年（1670）十月十六日，鸡叫三遍后，出门踏向东去的路。

一路上，二曲行色匆匆，忍饥受寒。他踏白霜，冒飞雪，不知爬越了多少座山，不知涉过了多少条河。夜晚，或宿于古庙，或宿于祠堂，或借宿于村社人家。为尽快找到父亲的遗骨，他心急如焚，每天不停地赶路。

这年十一月初七，二曲到达襄城，路上已整整走了二十三天。他先造访父亲当年驻军寄宿的主人，求其引路指引。老人年已耄耋，悠悠往事，一切都凄苦迷离，说不出个子丑寅卯。二曲又四处寻问，听说当年死亡将士的遗骸掩埋在襄城周围的六处：一在西门内枯井，一在西南方大坑，一在西门外河边，一在北门外坛侧，一在城北韩庄，一在城南新河沟，其余零星尸首全埋在各处的枯井中。二曲身穿斩衰丧服，仰天恸号，绕城各处觅寻。他记得《新唐书》上记载：王少玄为遗腹子，父亲在隋末时为乱兵所害，尸体抛在荒郊。十岁时，问父所在，母亲告诉了实情，他即到荒野中哀泣求尸。当时荒野里白骨覆压，无法辨认。有人给他说：“你把血滴在白骨上，若能渗入者，就是你父亲的遗骨。”少玄破肤滴血，一一辨认，十多天后，终于找到了父亲的尸骨，才归葬以祀。二曲效古人滴血寻父之法，每到一处，割腕流血，滴骨验证。泪洒荒野，血染襄原，然无所获。无奈中，他于社庙内作《祭父文》祈祷，以慰父亲的魂灵。祭文曰：

惟康熙九年岁次庚戌十一月初八日，不孝男颙，谨以刚鬣柔毛之仪，致祭于我父之魂曰：呜呼，我父弃儿母子，从征兹土，殒命王事，实甘厥苦。所恨儿以母在

> 之故，不能收骨归葬，迷返故土，以致尊灵泣风濡露，漂泊异域者三十年于兹。哀哀此情，儿罪何赎！今敬陈薄奠，伏望我父之魂，赦儿往愆，怜其积诚，依儿还乡，用慰终天，是祷是祝。

二曲面对襄城的断墙残壁、荒原郊野，心想三十年前，自己的父亲在这里纵马驰骋，血溅沙场，以身殉国。岁月流逝，沧海桑田，金戈铁马，刀光剑影，早已消散得了无踪迹，又如何能寻找到父亲的遗骨呢？于是不觉潸然泪下，一时抓胸顿足，悲痛交加，失声长叹，仰天叫苦。夜色侵来，二曲又于城郊的城隍庙中祈祷：

> 呜呼，惟尔神明，允作慈土之主。凡在幽冥，咸厥攸司。兹有颙父某于崇祯十五年二月十七日，从征襄邑，殒命王事，旅魂漂泊，久羁于此。叩祈明神开牖父灵，随儿还乡，无俾迷恋长留异地。惟尔有神，尚克相之。

在荒野的残庙中，二曲昼夜痛哭。寒夜旷静，声传悠远，城中、村社的老幼闻声无不泣哭流泪，老翁妇妪结队来庙中劝慰。二曲泪尽血继，众人相围，都诉说当年战事的戮杀残酷，为二曲的孝心感叹不已。

二曲城隍庙招魂整夜啼哭一事，很快传遍了襄城。襄城县令张允中，字东峰，山西太原人，进士出身，很早就仰慕二曲的学说。听说先生来襄城为父招魂，张允中很是感动，也很哀伤，便亲到城隍庙中，把二曲迎入县城，设宴招待，清洁馆舍，供二曲住宿。二曲以斩衰在身斋戒招魂为由，辞谢婉绝，到社庙暂宿。县令张允中深受其感，也沐浴斋戒，撰写祷文，以表地方官员彰显忠孝之风化。

第二天，襄城名士刘宗洙来到社庙拜见二曲，两人对坐而叙。刘宗洙说："当年襄城战事，家父亲自经历并与守军一起战斗。五千将士阵亡后，起义军进城大搜捕，俘获二百余人，割耳劓鼻，众血流满面，皆宁死不屈。家父惨遭劓刑，苏醒后自裹其伤而伏。待起义军退却后，他组织市民，收埋死者遗骸，清扫街道，抚孤慰老，被推举为襄城邑宰。上任后，他整理残疆，修饬政事，襄城才恢复了原来的面貌。"二曲听后，甚为惊骇。这是他在襄城遇到的第一个与当年战事有关的人和事，他像见到亲人似的，握住刘宗洙的手，抽泣难语。刘宗洙也流着泪说："请到我家暂住，然后再从长计议。"

刘宗洙的家在襄城西南街东边中间的一所大院中，纵深三进，宽五间，两边厦房相对。刘宗洙的二弟刘思广、三弟刘宗泗出门把二曲迎进中厅。经过交谈，二曲得知其父名叫刘泗冲，号汉臣，一家三代都研读性理之学，是豫地的名门望族，以忠义孝友称著当时。他们久闻二曲倡道秦陇，很是仰慕。今二曲千里匍匐为父招魂，来到襄城，学人相见，有道不完的话题。说起襄战，又有叙不尽的往事。一时情谊交融，心头同迸出火花，互愿结为通家兄弟。刘宗洙请出寡母安坐堂上，宗洙、二曲、思广、宗泗，按年龄排列，同给刘母叩头跪拜。刘母说："二曲是个大学问家，你们兄弟要向他学习，并诚心与他交友。"从此，刘氏兄弟子侄及二曲师生开始了近半个世纪的交谊，使豫地的洛学与秦地的关学在文化相融的长河中，奔腾流淌，叙写了难以尽说的佳话。

第二天饭后，刘宗洙对二曲说："你徒步千里二十多天，又绕城滴血辨骨，实在太累了。今天，让我二弟思广陪你在家中休息，我和三弟宗泗出门有事要办。"二曲说："兄有什么事尽可去办，不能因我而受扰。"

当天，刘氏兄弟出门联系了十多位贤绅富贾，一起到县衙拜见张允中县令。张县令招呼大家坐定后，刘宗洙说："二曲的父亲李可从在襄战中殉难，这是为国尽忠；二曲徒步千里来襄为父招魂，这是尽孝。我们襄城人自古以来都以忠、孝、义为道德行为规范，乡间风俗把义看得至为高尚。所以，大家出钱出力，盼望县府发令执行，为可从等五千将士修祠起冢，让这些忠勇之士的亡魂不再漂泊旷野，给他们在襄城有个安神的牌位和住所，以尽我们的大义。这样，忠、孝、义三者也就齐全了。不知县令有何指教？"张县令说："我也正在考虑让大家出钱出力为五千亡魂修祠造墓，以显我襄城士民的仁义之举，没想到大家走在了我的前面，真是惭愧。一切由县府派人组织执行，你们看如何？"刘宗洙说："只要县令做主，这事就好办了。祠和墓的地址您来决定。"张允中说："祠就建在社庙西边的空地上，以三间两进规划；墓修在城北官道的南边，因为这里是当年两军对垒的战场，图个纪念的意义。只是墓地如何征用，县府得派人去协商。"刘宗洙说："不用协商。我家官道南边正好有十五亩好地，我就捐出来供修墓使用。"十多位贤绅富贾深受感动，当场都报了捐款的数目。县令张允中说："我襄城真是仁义之乡，祠就叫'忠义祠'。起冢造丘后，广植松柏楸杨，再刻石竖碑以纪。墓冢设置之处，就叫'义林'。大家看如何？"大家齐呼称好。继而又议了若干细节小事。直到暮色苍茫黑夜降临之际，张县令才送这群人出了县衙。

刘宗洙兄弟回到南街西头的家中，看到二曲正与二弟思广坐在灯下交谈，顾不得吃饭，把消息告诉二曲。二曲听后，先是一脸惊愕，继而摇摇头说："这不可能。"刘宗洙把事情的经过一一告诉二曲，这时二曲的一双大眼里才慢慢滚出泪水。他的内心深处，第一次触摸到"义"的伟大和不朽、感受到"义"的温暖和大爱，一时不知说什么才好，心头百感交集，汪然痛啼。刘氏兄弟劝慰多时，刘母也走来中堂宽抚，二曲的心情才平复了下来。

十一月十二日，在寻觅父亲骨骸没有结果的情况下，二曲在当年父亲驻军人家的附近，设一方桌，两旁各置椅子一张，芦席围拢东、南、北三面，灵口朝西，让父魂知回家的路。一领白布罩其上，安父亲灵位于方桌正中。二曲明烛上香，化纸跪拜，仰天高呼："父亲，您的魂灵在哪里呢？我是孩儿土生。三十年前您负志出征，不幸殒命襄城，游魂羁留异乡，随风飘浮。山峦旷野，无所栖宿，饱受寒霜雨淋之苦。今天，孩儿土生，徒步千里，到此为您招魂祭奠，您的灵魂就跟着孩儿回走吧！"边哭边诉，哀声如潮，悲怆泣苦，泪水把斩衰孝服的前襟打湿了一大片。闻者泣下，望者泪涌，观者动心。襄城的阖邑之众，都被二曲的孝心悲情所感动，当时就有人作诗道：

太华峰头望白云，麻衣千里哭襄原。
风尘远见旌旗色，草蔓深迷壁垒门。
花落野棠寒碧血，冢留明月伴黄昏。
何来空际声声厉，有子能招万古魂。

又有人作诗道：

世亦谁无死，乾坤重此身。
行人识孝子，道路说忠臣。
赑屃丰碑古，云烟野冢春。
相怜生意气，碧血不腥尘。

话说骆钟麟任常州知府后，曾派吏到周至请二曲倡学东南。

二曲对来吏说："你回去告诉郡守，我准备辞别母坟到河南襄城寻求父亲的遗骨。如果得到了，我就应邀前往；如果没有得到父亲的遗骨，能不能前往，我还得考虑再说。"二曲在襄城滴血寻骨、祭奠、招魂，一切礼仪完毕后，正准备西向回陕，这时，骆钟麟又遣人到襄城恳请二曲赴江南讲学。二曲犹豫不决，刘宗洙兄弟立即向二曲进言："襄城父老被先生的孝行所感动，决议为先翁和五千将士的忠魂建祠起冢，以告慰先生的孝思之心。然建祠、修墓、植林，亦需数月时间，先生不如南行讲学。待数月后，祠已建成，墓已修好，先生再祭奠而归，岂不更好？"二曲认为很有道理，遂决定南行讲学倡道，以光大儒业。

二曲的门人张仁覆先天晚上为老师整理好行装，陪老师南行，一路上好有个照应。第二天，刘宗洙兄弟及襄城多位贤绅簇拥着二曲上了路。县令张允中闻知，也出城为二曲饯行，还派了两名小吏，让他们送二曲到襄城东界，并管好二曲一路上的伙食、住宿。二曲与他们一一拱手施礼，才东向而去。

二十五　知府恳请

二曲此次南行，一路见名山大川，长河落日，沃畴旷野，丘陵波动，甚为壮观。然为父招魂的悲痛阴影，始终笼罩在二曲的心头，他郁郁寡欢，很少言谈，只是默默地赶路。走了几天，出河南，进江苏，天气也不是那么干冷，风也不那么凛冽，阳光虽不明媚，但照在人身上似有暖意。北国的皑皑霜雪，此地却变成了蒙蒙细雨，随着天气的变化，二曲的心情也稍有舒展。

六合县是江苏古老且有名的县城，汉时叫棠邑县，两晋时更名为尉氏县，隋时因境内有六合山而易名为六合县。康熙九年（1670）十一月二十五日，二曲步入六合县城。这天阴云密布，细雨绵绵，道路泥泞难行，他们便住宿在县城南郊一所旅社内。旅社的主人叫刘安石，是当地的一位回族掌教学者，受过良好的儒家文化教育，与当时有名的王涯、刘智、伍遵契、马注等同被尊称为“回儒”。他们用儒家学说解释伊斯兰教的教义，被标列为伊斯兰教的“金陵学派”。刘安石看店中来的这位客人，身材高大，头颅方硕，滚动的两眼似火炬旭光，高隆的鼻梁端庄而具神采，嘴唇宽厚而有棱角，气宇之异令人突生敬畏；与之交谈，则大惊，仰慕之情油然而生。遂把二曲向同类掌教者一一作了介绍，说：“客人之学，自有源流；学问之深，如谷渊无测；天地人三德万幻之变，皆蕴藏于胸中，实乃儒辈之大家也。”

刘安石和其余掌教者对二曲以礼相待，甚为恭敬，并邀请二曲到他们所供奉的礼拜寺中参观。进得寺院，见一群回族兄弟姐妹正恭敬地对天朝拜。二曲与刘安石及诸掌教者在寺院从容散步游看，众掌教者向二曲问敬天之事，二曲说：“所谓敬天实际就是在自己的心中始终存怀着天理，自己的言行始终遵循着天理，处理所有社会、人伦的事情必须谐和于天理。处处小心翼翼地按天地运行的规律办事，时时想到天命对自己的顾眷，这才是真正的敬天之事。如果只是以礼拜的勤勉为敬天，那么对敬天的理解也就太肤浅了。”刘安石说：“按照您的理解，我们的礼拜是不是可以废止了？”二曲说：“怎么能说废止呢？不过，礼拜的次数繁多，本身就是对天神的一种轻慢；如果整日对天处于恭敬之中，认为天威不可侵犯，就会使自己生活在惶恐之中，这又何必呢？只要心中有敬天的念头，就足以上对天心了。而天本来没有心，它是以生物为心。所以，遇人遇物，都以慈祥之心对之，以互济助利之举行之，唯恐自己做出了不利于他人的言行而给对方带来危害，人人如果都能长久地保持这种思想境界，便是替天行道，为天地立心。敬天之事，还有比这样更大的吗？”众人听罢，感慨拜谢，都叹息着说：“这样的高论，我们从来没有听说过！”于是，请二曲到客堂，簇拥着让他坐在上位，作礼问道，彻夜不散。第二天，二曲辞别起程，他们依恋不舍，送得很远很远。

十一月二十七日，二曲一行走到扬州。这座历史名城，上演了多少壮烈的英雄史话。三十年前，史可法在这里抵抗南下的清军，城破殉难，数万将士被杀戮，近十万无辜市民惨死在清军的屠刀之下。而今市面萧条、一片荒芜破败之象，往日的繁华太平难觅踪影，面对此情此景，二曲不觉潸然泪下。这晚，他们住歇在城南的客舍中，第二天，拜谒了附近的范文正公祠。

范仲淹是北宋著名的政治家、文学家，生于宋太宗端拱二年（989），仁宗皇祐四年（1052）去世。江苏吴县人，字希文，谥号文正。他的“先天下之忧而忧，后天下之乐而乐”，把古代士大夫为官的思想理念推到一个至高的境界。这句话与张载的“为天地立心，为生民立命，为往圣继绝学，为万世开太平”如两把火炬，在中国人文思想史上闪烁万古，历久弥新。天禧年间，范仲淹在扬州辖内的泰州做盐官。他看到海潮冲毁民田，浸没盐场，给人民带来极大的灾难，于是奏请朝廷，以工代赈，于沿海一带修筑长堤，抵御海潮的泛滥。长堤修好之后，又于两岸栽植垂柳以固堤坝，春日秋临，长堤上烟雨迷蒙，百鸟高啼，海风吹动如发的柳枝，显得那么美丽壮观，这长堤给沿海人民带来了福祉，也成了人民游乐的场所。从此，“范堤烟柳”便记入了扬州的史册，人民给范公修祠纪念，以彰显给这座城市造过福的官员。

二曲敬仰范仲淹的为官清正、爱民如子，羡慕范仲淹思想的博大、深沉和旷远。进祠后，他于正堂对范仲淹的坐像上香叩拜。之后，走读两廊文人学士来此拜谒的诗文石刻。到了后厅，只见一位戴着黄冠、穿着褐黄长衫、长眉皓髯的人，正与众人谈玄说道。见二曲到来，便邀入屋内，让座上茶，很有礼貌地交谈起来。他笑着问二曲：“你是不是也喜欢道家之术？”二曲说：“日用常行就是道。人自降生以来，仁、义、礼、智、信五德就已具足，万善咸已备全。按着自己的性子行事，自然就爱亲敬长；保持住这种品德，自然就君臣有义、父子有亲、夫妇有别、朋友有信。

如此自然地行世，天下就实现了道的运行。这种道贯通于人身日用之间，一时一刻也离不了。这岂不是我们常说的道吗？如果用五金八石、炼丹求寿、服养炼形、凝神结胎，这是违背天地自然的准则，背离人生伦理纲纪的事，这种道自称玄妙莫测，然这却不是常行的自然之道，不是治国理民的正道！”众人听罢，愕然起坐，亲切地围着二曲，七嘴八舌地问这问那。其中一个人说：“先生之论令人信服，然是不是能把修行的事情给我们谈得深刻些？”二曲招招手，让大家坐下，然后说：“修者，是修正自己的言行，把好的发扬保留，把不好的剪除丢掉，这就叫作‘修’。但‘修’必须落实在自己的行为处事上，否则，就会流入空谈虚无。人的身心，生来就是纯白无染，只因堕于气习，才失却了本色。如果要还我的本体，就必须在日用常行间下功夫。有不仁、不义、不礼、不智、不信之行，便是我身上的过错，就要把它们一一克服剔除，使自己的言行完全符合天地运行的道理。但这种修行只是外在的修行。反之，自己心中有一微之念觉着有不仁、不义、不礼、不智、不信之私，这便是我心中的缺点，便一一根除净尽，使自己的思想意念完全在天地运行规矩和社会道德准则的指导下行事。省察一切私心杂念，使之浑然无瑕，这便是内修。内外交修，这样言语行为就会适宜于人情时态的变化，永远处在一个安然宁静的环境中，哪里还有比这更愉快的事？”众人听罢，雀跃而起，都表示赞同。戴着黄冠的道士老翁一手捋着雪白长髯，一手整整衣襟，很恭敬地对二曲说：“此中庸之道也，钦佩！钦佩！”

二曲经过半个月的长途跋涉，于十二月初一到达常州。一路上，他览名山大川，凭吊先哲遗踪，会晤中原人物，以共证所学，以力弘大道。到了常州，虽是隆冬，然江南的阳光却是那么明媚，漫山遍野依然葱郁绿翠。冬风扑面而来，却是温和柔顺。这里的自然物态、天象气候，与北国形成鲜明的对照。二曲不觉浓眉舒展，心境开阔，脸上洋溢出一种欢乐愉快之感。骆钟麟带一群僚属在常州郊外已等候多时。两人离别已一年有余，此番在这里相见，都分外高兴。执手多时，只是微笑相视，各自竟说不出心中的话语。

骆钟麟知道二曲有不入公府的气节，便把他安排在知府衙门左边的客店中。客店位于常州市中心，临街商铺林立，车水马龙，人潮如涌。二曲喜欢寂静，讨厌喧嚣，在这里住不惯，骆钟麟便让他移寓到常州南郊的龙兴禅院。

龙兴禅院是明万历年间兴建的一座寺院，宽阔壮观，花木翠草，鱼塘假山，列局有序，清幽静雅。“龙兴禅院”的牌匾，是当时著名书法家平湖县宰陆光祖题写。在江南，此寺是人们向往游览的名寺，二曲住在这里很是爽心。

此时，常州人已在清廷高压之下，完全清化了，然二曲出于士人气节，还是明时的一身装束。常州人看到二曲身着这样的冠服，都直着眼睛审视，感到万分惊愕。既而知道他是周至李二曲先生，皆顿生敬佩之念。文人学士便接二连三地来到禅院向他问学，既而呼朋结伴，络绎不断。数日之内，接踵往来，其门如市。一时巨绅名儒，远迩骈集。他们各自提出自己的疑难，二曲径直解答，直通要津，使听者门户顿开，蹊径了然。如此，常州地域的学人争相请益，龙兴禅院的大殿竟不能容纳，大门口、窗牖旁，都挤满了人。郡人目睹此状，诧然议论：“此江左百年来未有之盛事。”

座中有一老翁，祥和、慈善、儒雅。这人叫吴光，字与严，常州武进人。幼时极颖悟，每日能背诵数千言，作文论理，既有文采，也很具有逻辑。后来入太学读书，有学问的人都争着与他交友，把他的文章当作范文来读。居京师，他目睹日渐衰弱的时局及官场腐败恶斗之象，便厌倦了帖括举业之道。究心经济，务求有用之学，工坟典，研五经，旁通九流百家；发议论，著文章，自成一派；清明调畅，新颖勃发，时人赞誉。他有韩愈、欧阳修的文风，大著有《弄丸吟》《大学格致辩》《论孟合参》《中庸臆说》《五愿斋文集》《耕娱集》《遂初集》《易粕十笺》等十余种。常州的士人学子，都推他为儒道魁首，敬他为德业贤达。甲午之变，吴光听到后痛哭流涕，心情几个月都没有平静，把自己平时所著的时论著述及时弊杂议，举火焚烧。自此，绝意人事，避居于山林幽深之处，每日以玩《易》为乐。疲倦了就走到山坡原野，与老农较晴量雨，话麻桑，谈稻菽；耳不听城市喧嚣之声，目不视纷乱华美之容，足不入厅堂官人之室，口不说名利逐誉之言，恬淡逍遥，怡情山水，故自号野翁。自二曲到龙兴禅院讲学以来，野翁每天必到。有事来迟，众人一看是野翁，都转身移步，开一夹道，让野翁入内，请居中而坐。

这天傍晚，二曲讲罢，众人散去，野翁上前与二曲施礼。二曲忙迎过来，请野翁客堂叙话。经过交谈，知二人的人生多有相似之处：都少小失亲，二曲殁父，野翁丧母；易代之后，都怀亡国之痛，隐居林野，誓不与清廷合作；两人都不走应举帖括之道，而专务有用之学。彼此心灵相通，意融情淌，有说不完的话题。野翁请教性命之学，二曲叙濂、洛、关、闽各家之要旨，谈陆王、姚江之奥秘，野翁深有所得，听罢叹曰："圣学之道在江南已晦塞至极，今日先生讲学之盛实在是天意。"二曲说："我们且不论这些，你年倍于我，我当以先辈敬之。"野翁说："先生学说，我等向背而学，实不可以年龄较之。"两人遂定交为忘年友。当晚，同榻共宿，闲语夜半。常州人闻之，都说这是圭璧相映，珠玉共堂。

骆钟麟执掌常州政事，案牍堆列，日无暇时。这晚，明月悬挂，树影婆娑，蜡梅送香，骆钟麟与一群僚属踏着月光来到龙兴禅院。大家围着二曲，相互问学。二曲先以移风易俗见勉，继而常州别驾长官张榜问二曲："匡时治国，当以何为要务？"

二曲说："大夫无心斯世则已，如果有心斯世，须从大根本、大肯綮处下手。这样就会事半功倍，不劳而易举。天下之大根本，莫过于人心；天下之大肯綮，莫过于提醒天下人之心。然欲醒人心，唯在于明学术，这是今日匡时的第一要务。我这里说个大概，供有心斯世者借鉴。

"经书垂训，在于规范维持人心；创设学校，在于联群会讲，教化切劘人心。然而，关于教化养正，父兄的督促、师友的引导、当权者的鼓舞、子弟们的习尚，都不外乎背诵词章追求名利。此外，就不知道学校是为何而设、读书的目的究竟是为了什么。这样，学术晦暗，达到了极点；人身陷溺之深，让人不忍言及。为什么会出现这种状况？昔者墨翟的学说，是爱人济物的学说，视天下为一家，视万物为一体，慈悯利济，尊爱非攻，唯恐一夫失所。杨朱之学贵我重生，自私自利，拔一毛利天下而不为。然这两种学说，却同时盈满天下。天下之言，不归杨则归墨。然墨子之学因拒而埋没，杨子之学因拒而愈盛。天下士人所学唯在于词章，所志唯在名利，其源流很是久远。所以，要阻止这种流弊很不容易，这就是学术杀天下后进的原因，将之比作'洪水猛兽'也极为恰当。

"可是，洪水猛兽的危害只在于其身，而学术不明的危害却在于人心。身害易于回避，心害则醉生梦死，是在不知不觉中贻害天下。发政害事，其患无穷。除非有担当世道的英雄、以主持名教为己任的君子出来倡明学术，心害才会得到拯救。

"天下之治乱，在于人心之邪正；人心之邪正，在于学术之明晦；学术之明晦，在于当权者之爱好。所好在正学，则正学明，正学明则人心正，人心正则治化淳；所好在词章，则正学晦，正学晦则人心不正，人心不正则治化不兴。所以上之所好，下则成俗，这是事物发展的规律，其影响是很大的。

“人要保护天性的善良，比每天所需用的水火还重要。人可以一天无水火，但不能一天不学习。要保持每天的学习，就必须天天去听老师的教诲。开讲论道，是要剔除人心中的垢病，这样日淘月汰，天理长存，人心不死，学术自明；如果不设校论讲，人就会昏昏然不知所为，糊涂愚昧地在黑暗中行走，不免任意妄为，滋生名利贪婪的欲望，随着习俗奔走而狂荡不羁。

“故此，立人达人，全在讲学；移风易俗，全在讲学；拨乱反正，全在讲学；施乾转坤，全在讲学。为上为德，为下为民，莫不由此。此人生之命脉、宇宙之元气，不可一日停止。如果停止了，国家的元气就会枯竭而失去了生机。”

继而，二曲旁征博引，透彻论议，说孔子创立讲学之功、孟子承继讲学之景，谈王阳明讲学授徒之业，道冯定恭、邹南皋讲学京师之心，以及各代大贤以讲学为务，明学术，定人心，意在强国安民的大义担当。

从明月初上，直讲到玉兔西垂。骆钟麟一言不发，于灯下笔录缮写，一句不落，一字不差，整理成文，名曰《匡时要务》，成为二曲南下的第一收获。此文，也如一声春雷，轰鸣阵阵，给江南的文化思想送来了一束曙光。

除夕夜，二曲在龙兴禅院设案祭祖，想到父亲的惨死、母亲的凄苦，不觉失声号泣，声飘萧山林野，被风送得很远很远。常州的大儒唐献珣，已七十岁高龄，听到这种哀悲之音，叹息说：“此人一定是个孝子。”便于漆黑暗夜之下，冒雨上路，携杖出门。到了龙兴禅院，知是二曲先生年节祭祖一时情悲失声，老人也不觉泪下凄然，速让家人取来佐餚佳酿，与二曲对坐食饮，叙话谈学直到深夜。从此，两人结下了深厚的友谊。

唐顺之，字应德，号荆川，明嘉靖八年（1529）以状元及第入仕，先为翰林院庶吉士，后调任兵部主事，累官右佥都御史、南京兵部主事、太仆少卿。少时博览群书，精研百家，通天文、地理、兵法、乐律、弧矢、勾股，后受命率军阻击倭寇，施计用谋，身先士卒，屡建奇功。在文学上，他主张直抒胸臆，信手写出，文章要有真精神及千古不灭之识见，认为学古人决不可摹拟剽窃、鹦鹉学舌，而应得意于笔墨蹊径之外，神解其意而后才可以动笔成文，写出超乎古人的文章，才算是学古人。于是，在中国文学史上，他与王慎中、归有光被称为“嘉靖三大家”，与宋濂、方孝孺、王守仁被称为“明六大家”。崇信濂、洛、关、闽之学及白沙、阳明之说，死后，朝廷追谥为“襄文公”。嘉靖三十九年（1560），总督胡宗宪为唐顺之建祠于常州关帝庙的西边，后重建于运河南天禧桥之西。唐顺之有两个曾孙，一名唐宇昭，人称云客先生，一名唐宇星，人称闻川先生。两人皆帖括中举，家学渊深且精于绘画、诗文。然易代之后，都隐居林野，不出仕入宦，以遗民自尊。二曲在龙兴禅院讲学以来，兄弟二人天天到场，二曲闻知他们是唐顺之的后代，即邀入客堂叙话，并提出要拜谒“唐襄文公荆川祠”，唐氏兄弟异常高兴。正月初九，他们事先召集了数十位文人学士汇聚祠内，然后派人请二曲来祠。二曲向唐顺之的塑像上香叩拜之后，众人簇拥着来到厅堂，摆宴设席，问学闲话，气氛相当热烈。弟弟唐宇星深悟二曲的气节，于众人叙话之时，在一旁展纸舒笔，为二曲画了幅背身之像，既彰显二曲的伟大人格，也抒发二曲内心的气节。画好之后，悬于厅中墙上，众人啧啧称赞。哥哥唐宇昭即挥笔赋诗，以记其事：

清家江山明人服，无辫束发高拢头。
一身伟岸隆山丘，天地正气贯东吴。

正月十一日，骆钟麟太守和常州别驾长官张榜邀二曲南下，到苏州虎丘游览，散散心，以解讲学之疲劳。虎丘是苏州西北处的一座小岭，古树林立，绿翠罩山。虽说没有北地高山的奇险峻拔，但也显得秀美壮观，被誉为吴中第一山。这天，善男信女，呼群引伴，从朝阳门拾级而上，人们相让着攀登，老幼搀扶着向前，游人都是那么的温和慈善。骆钟麟和二曲一行登上山顶，站在虎丘塔下，抬头仰望，塔七级八面，青砖白缝；飞檐斗拱，雕花其上；木栅嵌窗，折纹拱花；角铃垂挂，随风摇响。塔高约三十余丈，雄伟壮丽，含神动采，很是壮观。二曲说："名寺录中记载，此塔是五代周显德六年（959）起修，宋建隆二年（961）建成，至今已七百年。虽风雨剥蚀，还是这样动人情魂。遗憾的是塔稍向西倾斜，很令人担忧。"大家绕塔一周，正要离去，云岩寺住持素怀闻常州知府与周至二曲先生来到寺院，急急过来应酬。素怀领着他们看吴王阖闾的陵墓；观剑池，看劈石；到云岩阁听琴饮茶，临五贤厅论古谈风，下千人石领略名师讲经；过亭台，穿长廊，登高眺望，下崖寻幽，把这里的山上山下，处处胜景，一一遍览。二曲他们下得山来正准备回程，苏州的一群文人围了过来，坚邀二曲一行进城开讲。当晚，二曲他们下榻在拙政园。骆钟麟、张榜被苏州知府接进了府衙，借二曲讲学期间，他们游了寒山寺等苏州胜景。

第二天，拙政园南门的空地上，早就聚满了一群学士。二曲阐发濂、洛、关、闽之要旨，问者如潮，答者汪洋，真是空谷绝响，鸣雷叩耳。近三天的讲会，苏州学界为之轰动。期间，有个苏州画家为二曲画了坐像，大儒郑素居题赞道：

其服甚古其容舒，其情甚深其心虚。博闻多识，不读非圣之书；存诚主敬，不求当世之誉。溯洙泗之渊源，而继濂洛之正统者，斯为二曲先生欤。

临别，苏州士人依依不舍，直送到运河岸边。

十四日，二曲回到龙兴禅院。第二天清晨，骆钟麟接到母亲去世的消息，非常悲痛。二曲即打破平生不进官府的戒规，到常州府衙为骆钟麟的母亲吊唁，并送去了挽幛挽联。二曲的挽联是：

宝婺云迷妆阁冷，却育栋梁柱常州；
萱花霜萎绣帏寒，仍有贤德名临安。

发生了这样悲痛的事情，二曲不想再给骆钟麟添麻烦，便决定二十日返回襄城。常州士人听到这个消息，纷纷致书骆钟麟挽留二曲，骆钟麟让州府教授王迈、武进教谕王琰商办挽留。二曲难却盛情，只好暂留不返。问学者络绎不断，二曲白天会讲答问，晚上还批阅士人们的撰著文章，暇无片晷，终日劳碌。王迈觉得二曲这样太累，便安排二曲到常州府的明伦堂和武进县的明伦堂分天会讲，中间也有个休息。如是十多天中，常州辖区及武进属地，上自府僚绅衿，下至工贾士庶，皆来听二曲会讲。每会都聚众不等，其间还杂有侠客羽士也环拥恭听。

每临会讲，桌下前排总坐着两位学人双耳聆听，手不离笔，记录二曲的叙说发议。这两人一人叫吴发祥，一人叫陆士楷。陆士楷，出身于仕宦人家，其祖父陆宪学，历官太子太师、兵部尚书，功业德望，载于国史。父亲陆孝标，少承庭训，恪守先祖之风范，修孝悌廉洁之高德，读书唯求自得，为文重创新意。明崇祯十五年（1642）乡试中举，陆孝标因父军功荫润，被授任为中书舍人，易代后，没于林野，百请不出。二曲来常州讲学，陆孝标闻风冒雪踏冰，是第一个到龙兴禅院问学的常州士人。他们相互谈论，很是契合，自是每日必到，到则殷切询问研讨，凡进修之要、安身立命之微、治国理民之策，莫不究根溯源，于是，结为忘年之交。一天，陆孝标领着儿子陆士楷来见二曲，令他拜于二曲门下。所以，二曲常州讲学，陆孝标、陆士楷父子常随左右。

这天，风和日丽，常州明伦堂的大厅坐满了人，二曲登台坐讲："设立学校在于教化，教化必从学校开始。然教化不能是空谈义理，而在于明此心，体此理。不管是古是今，人心相同，天地间的道理相同。可是，古人教化是为了明心修德，达理治国；今人教化却是追名趋利，以求个人的功名富贵。如果能按照古人的教化宗旨教人，不论资赋高下，人人都可以成为圣贤。静则涵养，动则省察，这些全在日用常行与纲常伦理之间。颜子、曾子、子贡都是我们学习的典范。所以，孔子强调'三畏''九思'，中庸说'戒惧慎独'，孟子说'求放心'，都是教人收拾身心不致放逸，这些才是圣贤之学的根本。故此，古人学知求本，父兄相戒，子弟相规，只在此处，别无他道。而今人教子弟，自六七岁读书时，就给输以富贵利达之念，很早就播下了追求名利的种子，故朝夕所干的事情就是为了名利而已。与朋友会聚，言及名利则感到异常的欣悦；言及修德治国，则认为这是迂腐，这是异端。古人和今人也相差太远了。

"对于'功名'二字，今人大多理解错了。所谓功名者，是有功于一方，有功于天下，有功于万世。如伊、周、孔、孟，他们得志则经纶参赞，兼善天下，不得志则继前启后，兼善万世，自然天下颂之，后世传之，不求名而名自随，如形之有影，是有功又有名也。而今童子进学，举人登第，只知肥身家，保妻子，谓之富贵则可，谓之功名则不可。人要明心见性，本源澄澈，此心凝然不动，常变如一。这样，即就是不想得到功名，而时至事起，随感而应，功自建，名自立。所以，求功名者，须以道德为本、社稷生灵为念。否则，富贵未必得，而此心先亡；多一富贵，则反受一富贵之累。但这不是读书人的过错，是因为学术不明，时势世俗迫使读书人这样做罢了。为今日计，唯在明学术，学术明则人才兴，人才兴则风俗正，风俗正治化自然清明，人民自然安乐，国家自然富强。”

有人说：“请先生说说什么是异端。”二曲说：“首先要弄明白‘端’的含义。人发端起念之初，其端一定是仁、义、礼、智、信，这便是心术端，这便是端人正士。否则，便是邪念，便是心术不端，这就不是端人正士，而是邪人歹徒，这就是大异端。并不是把信奉杨、墨、释、老的人称为异端。”

有学士问：“学问之要，全在于涵养省察，我们当如何涵养省察？”二曲说：“涵养省察必须先有个主旨，有个头脑。不然，涵养个什么？又省察个什么？有了主旨，有了头脑涵养，就有旨向和着落，省察就有了主体和实际。这样，时时保持这种意念，时时提醒自己修德养正，时时在实践中厉行自己的行为，忙时不至于慌乱，闲时不至于落空，如此，方好涵养省察。”

又有学人问：“那什么是头脑？”二曲笑了笑说：“而今问我者是谁？”在座诸君闻之，心里豁然明朗，相互感叹着说：“先生一言之下，令人如还故乡。”整个讲堂的气氛活泼欢悦，众人感到二曲是无比亲切。

二曲说：“天下的所有事情，从开始到终结，都不外一个‘敬’字。小到洒扫应对，中到察物明伦，大到经天纬地，治国安民，总是以敬为警戒，以敬为规范。这是绝大功业，出于绝小一心。

“为学不要骛高远，但从浅近处做起。手足耳目神明之符也，须得精神抖擞，聪慧领悟，恭敬待之，决不可见境思迁，要专心如一，时时事事都约束住自己的情感。只有这样，我们身上的器官才能各尽其责，按照规律运行。如此，万物的器官也就与人的器官感应如一。我们之性情和善，万物之性情也就和善，这就是修身立命、成己成物的道理。所以，最上道理，只是在最下修能。”

有一学人站起来说：“入门下手之要，先生能不能给我们讲讲？”二曲说：“我这里论学，本无定法，本无一定下手之要。唯要各人自求入门。”这个学人又站起来说：“学人若知自求入门、自能下手，怎么还麻烦先生呢？”二曲说：“各人的情况不一样，所以，入门下手的方法也就不一样。自己知道所患病在什么地方，就寻找医生治疗这个病，这便是下手，这便是入门。如果定一个下手入门的规程，就不对其症。犹如所患在虚寒，便用温补之剂；若笼统地对所有人都用这个药，就会误人不浅。再说，人的病痛各别，或在声色，或在利货，或在名高，一切胜心、妒心、悭心、吝心、人我心、是非心，种种受病，不一而足。须是自克自治，自复其元。如果对所患之病不能对症投药，这病就不能除掉。就是终日请医诊治，用尽药方，总是不投症，仍旧是个病人，这就是令人最可叹的事情了。孔、颜、思、孟及宋代的濂、洛、关、闽及明代的河、会、姚、泾，都是医人的名医。五经四书及诸儒语录，俱是医人的良方。我们从少年开始，便终日读其方，但只是把它当作追求富贵名利的资本，而不是用这种药方治疗自己的疾病，实在是辜负了明医立方救疾的初心。”

常州学博王迈问：“王阳明的‘良知’之说怎么样呢？”二曲说：“此千载绝学也！”王迈又问：“那为什么人们都说它近于禅？”二曲说：“这是人们对他的学说不了解的缘故。天若无明，则遍地昏暗，怎么还能白天做活晚上休息呢？人如果没有良知，则身躯就变成了僵尸，怎么还能视听言行呢？良知主宰着人的一生，如果不承认良知，就是骑驴觅驴，实在是可悲的事情。”王迈问：“既然‘致良知’是千载不传之秘，然诸儒却纷纷对其议论发难，这是什么原因？”二曲说：“此故有以下三点：一是对这个学说只从字面上了解了大概，没有领悟它内在的深刻含义，是不全知、深知之故；二是自我标榜自己的高论，是门户之争，以彰己说而贬他人之举；三是学说随着时代的发展，必然出现与之不相符合之观点，遭到时人的批评，也在情理之中。”

此言一落，学子们纷纷站起来问学：有的问“君子讷于言，敏于行”的内涵说议；有的问儆切之诲、励志躬行的旨向；有人问静坐收敛性灵，而一念省存，一念涵外，将怎么办；有人问天命之性，三教同否；有的问学问之要，在于自治其病，但道理无穷，学问无穷，病去之外，还没有进步的原因是什么……二曲旁征博引，说古及今，深入浅出，针对每人所问，都一一解答。讲堂掌声四起，窃议论赞，惊诧敬佩之情呈现众人颜面，既肃静又轻松。

唐顺之的曾孙唐宇昭当场赋诗曰：

始信当年立雪甘，发蒙开瞶有微谈。
一揆先后欣亲炙，历世箕裘愧未堪。
缁帙斜阳看冉冉，停杯时鸟听喃喃。
不知杖履安西去，果否还称吾道南。

二曲在常州与武进明伦堂轮番会讲，吴发祥、陆士楷将两处会讲之言，整理成册，名曰《两庠会语》。常州府学博王迈作序道：“先生所论，让我们明知斯道如日月之经天，江河之行地。先生之言在一时，先生之功在万世。”遂刻印刊布，传之海内。

二十六 无锡坐坛

二曲在常州、苏州、武进讲学的盛事，很快传遍了江左的州县，无锡、江阴、宜兴、靖江等地的官绅士庶，争相迎请。正月二十七日，无锡县令吴兴祚、教谕郝毓蓼，亲乘舟船，以隆重的礼节来迎请二曲，并对二曲说：“先生人到了江南，先生的学说思想也传到了江南，而且使前代圣贤的宝典在江南也得到了弘扬，所以，多少文人学士都想拜于先生的门下。听说先生到来，有人没有穿好鞋子，就跑出来迎接。恳请先生到敝县正学。望先生勿辞。”二曲难却盛情，只好推迟西返日期。

正月三十日二曲乘船东往，二月初一到达无锡。当日，县令吴兴祚、教谕郝毓蓼等县府属员，陪二曲拜谒了文庙。闲谈间，二曲对吴县令说：“我少时读明天启间逸事，知贵县有个叫高攀龙的忠臣义士，是东林书院的领袖人物，很仰慕他的风节。往日，遇到江南人，皆打听他的事迹及著述，耿耿于衷，已有许多年了。

今天，来到了高攀龙的家乡，我想寻找他的宗祠及著述，以了心中夙愿。”吴县令，原籍山阴，贡生出身，由沂州知州调任无锡知县，是一位饱读史书的儒士。听后，他高兴地对二曲说：“高忠宪公是中国人的翘楚、无锡人的骄傲，妇幼皆多敬仰。他的宗祠在惠山河塘的南岸，离县城不远，我们现在就一同前往。”

二月，江南小道两旁的垂柳已是鹅黄飞絮，田野里、山坡上的农人穿梭如织，小鸟的欢叫之声、吴音侬语的小调之歌，不时从远处传来。一行人在江南的春耕图画中穿行，谈古论今，笑语声声。当他们欢快前行之时，对面来了一群人，领头的是一位气质高贵、儒雅大方的中年文士，这人见到二曲即行宾客之礼，说：“闻知先生来无锡正学，急与友人前来拜谒，不想在半道相遇，真是幸会。”吴县令向二曲介绍说：“此人就是高忠宪公的侄子高世泰，汇旃先生。先生崇祯十年（1637）中进士，授礼部主事。崇祯十三年（1640），主持广东乡试，后升为湖广提学佥事。甲申之变，先生仰先祖忠节，隐居林野，重修东林书院，现讲学授生，是我无锡的名官高士。”二曲听罢，忙上前以大宾之礼相还，喜悦之情溢于言表，双手紧握，久久不放，像见到了亲人似的，一时竟不知从何处说起才好。

高世泰知他们来拜谒忠宪公祠，便导前引路。绕惠山，过荷塘，越石桥，便到了高忠宪公祠的正门口。祠宽五间，深三进，祠内草木花卉栽植有序，忠宪公的遗像安置在中厅正中的祭案上。高世泰先上香叩拜，并对着遗像说：“吴县令、周至二曲先生等人专程前来祭拜，您神灵有知，当会很是欣慰。”接着，吴县令、二曲等，都向高攀龙的遗像行了大礼。此时，春日的夕阳竟显得那么绚丽壮美，一抹柔光给祠内的殿宇树林都罩上了金黄色的异彩。一群人在祠中的回廊漫步游走，像在寻觅当年东林学人的遗风和一个忠臣义士的人生轨迹。

天色向晚，高世泰令人摆宴招待二曲、吴县令、郝教谕等，挽留他们今晚同宿宗祠，共叙古今。吴县令婉谢道："我们公务在身，不便留宿。你和二曲先生叙叙，这机会实在难得。"二曲说："既然这样，我就在此住宿一晚，也算留个纪念。明早，我赶回县城，听凭府君安排。"彼此又寒暄一阵，吴县令他们才告辞而去。

饭罢，高世泰领二曲到内堂，两人相对而坐，饮茶叙话。高世泰说："先君万历十七年（1589）中进士，授行人，主管与异国交往之事。名臣赵南星被奸人所陷，先君出于正义，上书斥奸，欲救赵南星出狱，结果被贬到揭阳县，当了一名典史，任满回乡。当时顾宪成也因上书指斥朝廷被罢免，两人便商量修复了东林书院，在此讲学三十余年。天启初朝廷召用，先后历职光禄寺丞、太仆寺卿、都御史、刑部侍郎、左都御史等职。这期间，邹元标、冯从吾在京城创办首善书院，先君常临堂会讲。东林学派强烈反对宦官把持朝政，提出天下事天下人众议，国家事全国人众治，呼吁除民贼、消奸宦，彻底铲除以魏忠贤为首的宦官集团。魏党恼羞成怒，于天启五年（1625）下令削党籍，尽毁天下书院，并把东林党人的名字公布天下，实行生者削籍、死者追本、已经剥夺者禁锢，凡三百零九人。先君为东林党人亚魁，魏忠贤派党羽崔呈秀去拘捕，老人家不忍受辱，跳水而亡……"高世泰泣不成声，二曲拍案说："东林党人讲学办会，在学术上弃空寂、抛玄虚，追求实心实学，力主明学术、治天下，在思想上是一群先知先觉的精英贤达。他们面对当时朝政的黑暗腐败，讽议指斥，裁量人物，抨击奸宦。在朝当官，志在君父；封疆守土，志在民生；居水边林下，志在世道。发天下之清议，举宦党之罪孽。对宦党的血腥屠杀，视死如归，吟讽热血，洗涤乾坤。你祖上跳水保身，是以身谏朝廷，以身谏天下，其凛然忠义，将传之千古。"他们互发议论，同叙往事，心心相印，情意互通，遂定交为友。高世泰取来先君的《高子遗著》，两人边读边议，直到深夜。

第二天，二曲与高世泰趁早赶到县城的明伦堂。吴兴祚县令、郝毓蓼教谕及全县的绅衿硕儒聚集堂上，两廊和墀台都坐满了人，门外众庶，拥在窗口朝里遥望。二曲入堂坐定，看了看大家，定了定神，开讲道："我幼孤失学，昏庸愚鲁，迷茫彷徨，但特别羡慕先哲的德行说教。于是，遍读儒家经典，究及濂、洛、关、闽及陆王姚会之说。十多年来，偶为一二先达所认可，但这都是些虚名，实在没有什么造诣，真是惭愧。咱们无锡是人才辈出的地方，文章典献丰甲天下，我承教洗心还来不及，哪里还敢妄发议论？但唯有东林书院一事，却想与诸位商量。我私下认为，咱们无锡之有东林，犹新安之有紫阳、南康之有白鹿、南岳之有岳麓。这四大书院是宇内不朽的学府，学人们在此考德问业，儒道在这里发扬光大，中华文化在这里传播流淌，其社会效应是何等的宏大。其他三个书院所在的域处，地方长官、富绅商贾，时时修葺，讲会聚学相延不辍。唯独东林学院被奸人捣毁后，至今没有修复，致使讲会寥落无闻，在下暗暗为之伤神。今天，我很不自量力，欲望地方诸君共同商量，图得复兴东林书院一事，以继前哲所开创的事业，使东林讲学之风得到续接，这是诸君子正大光明之美举、平生不朽之快事。当年，东林诸君不怕讥毁，担当正学，道德风节，标范海内。虽一时不幸，被群小所陷，然光彩焕发，流馨无穷，千秋耀日，为儒道的流播立下了不朽之功。所以，一个人安身立命，无论是显大还是暗晦，都要有补于国家和民族。在位，则砥德砺行，表正人伦于上；在野，则砥德砺行，表正人伦于下。这就是不管在朝在野，都有功于世道。"

二曲说完这番话，众人掌声四起，久久未能平息。等静了下来，二曲说："现在谁有什么问题，提出来我好回答。"整个讲堂一下子活跃了起来，诸生纷纷提问，二曲对题发议，因人用药，很是恰切得体。一题答过，啧啧称道之声盈满堂上屋外。

一学士问“格物”，二曲说：“格物就是研究推求事物的道理，对事物弄清楚了，道理也就明白了。那么物都是些啥？物就是身、心、意、知、家、国、天下。格物致知必先立本。本又是些啥？就是修身树德，排恶从善；大本立，然后才能言及家、国、天下；本立而心自正，意自诚，知自博，身自伟。这样，天德俱备，王道必行，齐治均平，皆顺理成章。故君子欲学，都是暗暗清除自己内心那些不健康的意念，使自己适应日常人伦生活之用。这样，大人物格物穷理，都是针对礼、乐、兵、刑、赋、役、农、屯，对此一一究及，以备治家、兴国、平天下。所以一物不格，则一理未明，则临事应物，就不能掌控要害，动协机宜。小人物格物穷理，在于稼、圃、围、林、风雨、节气、耕作，以备于养家糊口。所以，格物穷理都在于实用，大则修齐治平，小则赡养家小。否则，夸多斗富，奢靡玩物，放荡不羁，这样，丧志愈甚，去道愈远，此等驳杂之弊，学人应当深戒。

“日月流逝，人寿不常，倏而青颜，倏而白发。所以，智者常悲寸阳之易去也。想到这个，真让人毛骨悚然。于是，人要自我把握好机遇，格物穷理，自奋自宰，稍有差池，大事去矣。时常联络三五同志，朝夕聚首，互相研讨，互相激发，以除萎靡因循之气，坚定奋发向上之心。时时检点自己，刻刻努力不懈，这样，力到功深，物格理穷，形骸耳目虽与人同，然视听言动浑是一团天理，可以达天，可以补天。先天而天弗违，后天而奉天时。在乾坤谓之肖子，在宇宙谓之完人，今日在名教谓之圣贤，将来在冥漠谓之神明，方不枉活一场也。”

二曲话刚落音，一士人站起来问《易》。二曲说：“不知。”又问，二曲还说：“不知。”这位士人穷追不舍，定要让二曲当场讲

《易》。二曲说：“子之问《易》是为什么？”士子说：“《易经》乃诸经中之要也。”二曲说：“你欲知诸经之要又是为了什么？”士人说：“古今好多名公都很爱好《易经》。”二曲笑了笑说：“看来子之治《易》，是为诸名公而治《易》，不是为自己而治《易》。不为自己而治《易》，则平日之所以朝研夕讨，欲解众人所不能解，欲发众人所不能发，夸其精微，斗其深奥，只不过是作一场说话而已，这怕是用力太苦、费心太劳了吧！”

士子又恳求二曲说：“闻先生曾著有《易说》和《象数蠡测》二书，今天先生就给大家讲讲吧。”二曲说：“过往，我血气用事，学无要领，凡读书谈经，每欲胜人，以为经莫精于《易》，于是殚精竭虑，终日穷玄索迷，欲知人所不知。每与人谈，便盛气凌人，只是倾说自己的见解。后染重病，卧床不谈《易》者半载。一息尚存，心中以为可依靠炯炯求生的一念而已。至于种种理象卦说，均属葛藤虚言，无一可依。从此，闭口钳舌，再也不言及《易》说。《易经》固然是学人当务的经典，但当务之急，必然还有比这更急切的学问。”士子思忖后说：“据先生之言，则《易经》可以不学了吧？”二曲说：“不是《易经》可以不学，而是较之《易经》有必须先学的经典，而《易经》不是首先需要掌握的。”士子说：“请先生指点先学的都是哪些？”二曲说：“我们为学，自有次序，像‘四书’这类浅显而易懂的典籍，我们躬身实践未有万一，又安敢贪高慕远，先攻读晦涩难懂的《易经》呢？”士人这才默然不语。

二曲言罢，又不想挫伤这位士人问学的初心，便笑着说：“我为你试着说一下《易经》的大旨可以吗？”这位士人欣然应诺，脸上露出了高兴的笑容，众人也侧耳仰头，恭敬待讲。二曲说：“吾子姑且静坐片刻。”良久，讲堂上一点声音也没有。二曲这才说：“今天且不必求《易》于《易》，而先求《易》于己。人心中一件事情、一个物体也没有，就是一念不起，此便是‘无极而太极’；心中有了事情和物体，并想着利用自己的聪明才智来处理，此便是‘太极之动而阳’；心中有了各种念头，但思虑之后，放之高阁，收敛而不予处理，此便是‘太极之静而阴’；心里无时无刻不在想着去欲存理，解决困难，处理事务，不断进取，此便是‘天行健，君子以自强不息’；心里的各种欲念完全清除净尽了，而天理却在心中流淌，此便是‘乾之刚健中正’；往日颜回的大智若愚、曾子的大聪若鲁，这都是敛华就实，一味韬晦，此便是‘归藏于坤’。亲师取友，丽泽求益；见善而迁，如风之疾；有过则改，如雷之勇；时止则止，时行则行；见险而进，知难而退；动静不失其时，继明以照四方，则兑、巽、震、艮、坎、离诸卦，就一一在己而不在《易》了。诸士子想想，看我说得对不？”其人大喜，堂上掌声雷动。

这位士子又问：“‘用九，见群龙无首，吉’当怎样理解？”二曲笑了笑说：“你这是枝节之问，刚才我回答的言论，你没有深深体会，而竟在书中摘章引句，我就是回答得再精到巧妙，对你的日用常行又有什么用处呢？‘用九’不过是体乾，乾之六爻不言‘吉’，而此独言‘吉’，是在示意无首便是‘吉’，并指出天德不可为首罢了。从这里识德观人，就能知道其人不但富贵，而且性善，特别是贵而不以善自居，不去传扬；而有善心，却不去行善，便丧绝了天良；有善心，又能去行善，但又四处传扬善行的人，必定是有私心的人。这是学《易》之三昧也。”

如此解答问学的讲会，在无锡整整办了两天，二曲的门人徐超、张浚生沐手恭录了二曲的答问，名曰《锡山语要》。吴县令、郝教谕组织付梓印行，使之传播流远。

二月初四，高世泰等邑中硕儒绅衿邀请二曲到东林书院会讲。一群人到了东林书院的旧址，看到讲堂、学舍、宿室等建筑皆已坍塌，院中瓦砾遍地，杂草丛生，墙角处的一株大树，在风中摇曳，一派凄凉之象。只有门前石柱上顾宪成为书院撰写的楹联“风声雨声读书声声声入耳，家事国事天下事事事关心”，还赫然入目，很能勾起人们对当年盛况的回忆。

二曲说：“昔日，东林书院闻名天下，每月集吴越士绅会讲三天，远近赴会者数百人。朝野士大夫，也争着听讲受教。当时，吴、皖、赣、浙四省学士，几乎无一不属东林之士，就连提倡西学的李之藻、徐光启、杨廷筠等，都常到东林书院讲学。从这里走出了许多栋梁之材，教养了多少仁人志士。”

高世泰说：“顾宪成和先父为了扩大影响，广联同志，制定了《东林书院会约》，不管士庶工贾，愿受教者咸愿集纳。于是，学人们负笈涉远，千里泛舟，皆来问学；草野齐民、总角童子，都到会听讲。且讲学、诘问、辩难、研讨、歌咏、唱和交相共用，学风独树，不同凡响。”

二曲说：“名高招谤，气盛招毁，物议横生，党祸继作，乃使东林书院成了众矢之的。一场宦阉祸后，东林书院变成了这般景象，真是令人伤情。”众人都唏嘘不已，既气愤，又无可奈何。二曲说：“幸有高君站出来担当世道，继父之业，东林之兴大可在望。”高世泰说：“继父之业，义不容辞，然还要靠地方诸君共尽绵力，方能使东林书院有往日之盛。”

高世泰心归林野，在东林书院东边的空地上建了“再得草堂”，于此收徒讲学。这天，学人们早就聚集堂上，二曲与高世泰居中而坐，众人环围恭听。一时诘难质疑，踊跃草堂，二曲与高世泰轮番解答。一学人请讲“学而时习章”，高世泰说：“首章‘学’字，注中是‘效先觉之所为’，‘为’字在这里着力，注中又说‘坐如尸，坐时习也；立如齐，立时习也’，这都体现了一个‘敬’字。所以，朱熹先生说‘习静，不如习敬’，确实令人信服。”

二曲说：“敬是实习的根本，静是实习的基础。博学、慎问、慎思、明辨要同时躬行实践，一有所缺，就不是学问。从内心上讲，时习首先要存敬静心，不可心慌意乱；其次，要时时清除心中的杂念，专心致志，保持良好的心态。一旦有了不好的念想，就要用理智来约束，使私欲窒息在未发之际，遏制邪念恶行，扩展慈心善念，完全让理占据自己的心房，这就是内养德行，以保习性之功。从外部言行上讲，足容重，手容恭，目容端，口容止，气容肃，声容静，立容德，坐如尸，行如蚁，息有养，瞬有存，昼有为，宵有得，这样动静有序，外养以保时习之业。如此，内外交养，相互为勉，就会喜怒哀乐有度，视听言动有礼，纲常伦理不亏，辞受取予不苟，得失毁容不动，生死患难如常，无人而不自得。如是，则心存性复，不愧乎人道之宜，始可以言学。”

高世泰说：“这就是冯从吾所言‘效先觉之所为’，时习必能取得一定的硕果。”

二曲说：“学习，就是要把知识变成自己的知识，使自己的内心得到觉悟和生发，而不是为他人而时习。然而，不效法学习他人的知识，自己要想生发出新的见解，也是很不容易的。只有在前人的基础上研发，才能产生新的果实。中华文化就是这样不断前进和发展的。比如，尧之‘执中’，舜之‘精一’，禹之‘祗承’，汤之‘以义制事，以礼制心’，文王之‘不临亦式，不谏亦人’，武王之‘敬胜怠、义胜欲’，周公之‘思兼’，孔子之‘敏求’，颜回之‘愚’，曾参之‘鲁’，元公之‘主静’，二程之‘主敬’，朱熹之‘穷理致知’，陆九渊之‘先立乎其大’，王阳明之‘致良知’，甘泉之‘随处体认’，都是如此。一个善于学习的人，一心一意研究别人的知识，在此基础上，自己于一个领域，深钻精研，时习时学，必然会有新的创造和发现，这就是学习的开始。

所以，时习时学是为了开发心中的智力，树立自己内心的德行，而成就自己的事业。如果专务他人之学，自己没有生发，只不过是因循沿袭而已。人家的知识再精深博大，只是人家的而已，自己又安能左右逢源，以称自得呢？”

一学人问“举业”之陋。高世泰说：“隋唐以来实行科举取士制度，本无关于身心。所以，这就不是圣贤之道。像八股取士，所读者，圣贤之书；所慕拟者，圣贤之言；只是不曾发得圣贤之心，故不能做圣贤之事、立圣贤之德品。今人只以应考为务，以书本为敲门砖，科名到手，书本弃去，一一尽是反做。此之谓‘言不顾行，行不顾言’，不但违背了圣人之言，即自己平生之言也丢之脑后，何能成人？”

二曲说：“‘举业’之谓，原是明体适用之业，举而用之，也不能说不是一种妥善政策。试之四书五经，在于明体；试之议论，在于测其心智；试之以策，在于考察是否识其时务。表以观其华，判以验其断。凡是应科举者，果能一一躬行心得，效其所用，则‘举业’即‘举业’也。”

二曲言毕，又有人问朱子、陆王之学。高世泰说：“言满天下而没有口过，只有紫阳朱子而已。说‘六经皆我注脚’，是陆九渊的口过；说‘满街都是圣人’，是王阳明的口过。看来学者论学，不可不慎之又慎。”

二曲说：“紫阳之言，句句平实，大中至正，粹乎无瑕，宛然洙泗家法。陆、王矫枉救弊，其言犹药中大黄、巴豆，疏人胸中积滞，对虚怯之人也不能说不适宜。”

高世泰说：“行满天下无怨恶，怨恶在人，如何免得？但自己的行世处事，不能是求免怨恶。此两句在于警示孝子不登高、不临深的念头。”

二曲说：“行满天下无怨恶，就是尧舜也做不到。天地之大，人各有好，君子只能按照自己的意志处事，哪能满足众人的胃口？”

夕阳西下，人们还团围不散。两位先生轮番答难解惑，所论互有暗合，互有见解；学人各取所需，都有所得。这场独特的讲会，像溢香的桂花，馨馥之气在东吴大地回荡飘散。二曲门人徐超、张浚生敬录其要，名曰《东林书院会语》，汇旃先生刻梓印行，使之流传播远。

二月初五，高世泰及入室弟子秦松岱、徐斗一、张子邃等十多人邀二曲游览惠山。惠山在无锡县城的西边，是江南的名山，周长二十余里，与锡山一脉相接。其翠岩叠嶂，峰峦高耸。石崖边，山坡上，泉水喷涌，蔚为壮观。天下第二泉、龙眼泉等十多处喷泉星布罗列。泉旁，寺庙、书院、祭祠、别墅巍然其间。惠山第一峰的石崖上有唐人篆刻的“听松石床”四个大字。相传，此山原名叫“历山”，也叫“九龙山”，后来西域僧人惠照居此传教，故更名为惠山，从隋唐时一直沿用至今。

二曲一行遍览了山上胜景之后，来到二泉书院旁的邵文庄祠晋谒。邵文庄公名庄宝，号二泉，明成化二十年（1484）进士，授许州知州，历任右副都御史、总督漕运、户部尚书、南京礼部尚书等职，有《学史》《简端》等著述。卒后，赠太子太保，谥文庄。文庄公的后人接待了他们，取龙眼泉水，煮沸冲茶，让他们品茗慢饮闲话。又在中厅设宴摆酒，以尽地主之谊。

宴罢将返，无锡贤绅徐斗一、张子邃及大宦硕儒秦松令、秦松岱并诸弟邳仙、凫仙、汉仙、瀛仙环围二曲，恳求他到淮海宗祠会讲。二曲问：“你们说的淮海宗祠，是不是宋大词人秦观的宗祠？”秦松令说：“我们是他的后人。”二曲说：“你的祖上是江苏高邮人，怎么能在这里建祠？”徐斗一说：“秦观的儿子秦湛任常州通判时，将秦观的棺柩迁葬于无锡，故在此建祠。”二曲说：“淮海先生神宗元丰八年（1085）中进士，先后任太学博士、秘书省正字及国史馆编修等职，并与黄庭坚、晁补之、张来等人受到苏轼的赏识和提拔，相互论文品诗，切磋学问，以‘苏门四学士’称著于世。绍圣初年，因与苏轼交往过密获罪被贬南夷，后受命回京，途经广西滕州时去世。一代词人，无端遭贬，命殒荒郊，实令人悲叹。能到他的宗祠讲学，甚为欣欢。今晚我与学宪先生再聚相叙，明天前往，你们看如何？”秦氏兄弟相笑称是，心中暗想：“先生无锡讲学以来，我们场场到会受教，知先生发名教之论，名显天下，没想到先生对历史学人也了解得这般清楚，实令人佩服！”

淮海宗祠前院西边建有“友善堂”，是秦氏兄弟学习研讨的地方。这天，临会的有陈世祉、王时晋、徐斗一、张子邃、邵芾南、施存华、秦松令、秦松岱及他们的叔父秦天乳、秦清闻和弟弟秦一原、秦次蜚等十六人。除陈君外，皆秦门子侄及门人，其中施存华是易学名家。因为人数不多，质疑问难，各罄所怀。陈世祉问：“孝悌为人之本，古人从孝悌做起，推而仁民爱物，由此贯穿始终，并无阻塞。如今学者，亦有事亲思孝、事长思悌的，其状似乎可观；等到待人接物，居官莅事，就贪腐刻薄，截然于孝悌相反，使仁爱受到阻塞，而不能行。这是什么原因？”

二曲说：“孝悌而不能为仁，只恐这个‘孝悌’还是从名色上打点，未必是真孝真悌。若是真孝真悌的人，爱敬就深深地植根在心中，和顺的言行自然就表现出来。一举足不敢忘父母，一出言不敢忘父母，推之待人接物、居官莅事，不敢刻薄一人，不敢傲慢一事，这难道不是为人之本吗？故学者之患，只患孝悌不真；若孝悌既真，哪里还怕仁爱阻塞呢？”众人听罢，无不踊跃称快。

秦松岱说：“良知之‘知’与知识之‘知’，如何分别？”二曲说：“良知之‘知’与知识之‘知’迥然分别。良知之‘知’，是知善知恶、知是知非，是人性的本体，是人心中固有的意念。知识之‘知’有四：或从意见生发，或靠才识得来，或从客气用事，或因尘情染着。这四者，皆非本来所固有，均为后天所获得。后天所获得的知识，又对人性所固有的良知有极大的障蔽和影响作用。自古英雄豪杰，多在后天所获得的知识中，陷入迷茫，而失误出错。刘玄德是何等的英雄，只因报仇一念不能忍，结果落了个‘江流石不转，遗恨失吞吴’的下场。这难道不是意气用事的结果吗？学者必须正确对待知识的‘知’，使心中的‘良知’保持敞明不蔽，以主宰后天所得的知识，这就是以德帅才，以德帅‘知’。如是，才能体会‘致良知’的要诀。”听罢，众人叹曰：“指点心源，非先生其谁与归！”

问答论学，整两天时间，秦松岱、陈世祉同录了这次会讲，因淮海宗祠在梁溪之畔，故曰《梁溪应求录》。陈世祉是夜撰诗作序赠予二曲。诗曰：

太华峰高高插天，巨灵掌劈莲花悬。
月岩龙岭倒空碧，谁能独立挥云烟。
遐哉横渠古张子，西铭透辟乾坤理。
后起冯公曰少墟，渊源直接闽江水。
年来绝学付狂澜，砥柱何人耐岁寒。
纷纷功利争谈道，汩汩词章侈流言。
何意先生从岳降，千仞丹崖开晓绛。
读书好读朱与王，尽扫支离还浩荡。
二十年前归草庐，一心奉母乐在肠。
和靖几曾规利禄，白沙闲居非好尚。
幽人高卧千山曲，明月梅花春草碧。
不知轩盖访崇阿，三代高风此堪续。

古人几见骆明府，拜道横经在环堵。
黄金白璧等浮埃，麦饭葱汤式歌舞。
五马南来忆盖公，蒲轮迎向渭河东。
直下龙城过蓉水，东林会语开群蒙。
清襟雅量曾无比，淮海祠中日月美。
倾箟倒峡胡足奇，鸾翔凤翥群钦只。
提点心源最超豁，依稀口耳非真学。
止水虔参忠宪公，遗书相印心如昨。
归来石屋称高子，洛闽宗传本如此。
拂衣去看大江春，春江万里浩无尘。
一介不轻莘野志，三公莫换柳禽心。
吁嗟世网何拘束，未得从游怅空谷。
何时立雪华山旁，学参子半观初复。

二十七 学镇群迷

二月初八日，江阴县官绅来迎二曲，陆孝标、高世泰都赶来送行，秦松令、秦松岱在淮海宗祠设宴，众多学人相聚，谈江南风光，话历史人物，论理学流派，学人们意气风发，话语无收。直到傍晚时分，二曲才登上了开往江阴的大船。临行，门人徐斗一、张子邃、吴英武、邵公甫等东林士人，要跟随二曲一同前往。二曲高兴地说："也好，一路有你们做伴，也能说说笑笑。"众人上船，艄公动桨，朝江阴方向开去。

一群人相围船舱，谈古论今，评点人物，猜谜语，对对子，忽然，一人问二曲："知先生读过《元史》，请问成吉思汗作为一个丧父的孤儿，怎么就能统一蒙古，成为蒙古帝国的大汗？只有几十万蒙古骑兵，怎能打败有几百万大军的宋，甚至征服了半个世界？又为什么这个蒙古帝国，竟在几十年间分崩离析呢？"这个问题，二曲在读《元史》时，就曾思考过，他从政治、军事、经济、文化、信仰等多方面，综合分析，一一给了解答。这人又问：“成吉思汗死后埋在什么地方始终是个谜，先生能不能给我们说一说？”二曲说：“关于成吉思汗的后事安排，有多种传说，其中一种说法是成吉思汗生前就选定了水草丰盛的萨里川。所以，他在西征的战场上病死时，遗嘱诸将秘不发丧，等战争胜利了，把他的遗体送回萨里川安葬。但在萨里川始终找不到成吉思汗的陵地。这又是为什么呢？原来，成吉思汗被埋葬后，驱万匹战马践踏周围的草场，然后杀死一峰小骆驼，放在安葬的地方，派一千名骑兵守候。第二年春，草木复生，守护的人移帐远走。青草遍野，树木丛生，谁也不知道成吉思汗埋在哪棵树下。到祭祀之日，则让母骆驼做向导，母骆驼踯躅悲鸣的地方，就算是埋葬地点了。等那峰母骆驼死后，人们就再也找不到埋葬地点了。所以，成吉思汗陵墓至今还是个大谜团，吸引着人们去探究和遐想。”二曲说完，众人都觉得很有趣，又没天没日地问了许多问题，二曲也不厌其烦地作了解答。不知不觉到了深夜，人们也慢慢入睡。江流两岸的灯火明灭可见，早春的江风在舱外呼啸，木桨有节奏地拍打着流水，船儿在暗夜的江面上，悄悄地前进。

第二天中午时分，船到江阴靠岸，县令周瑞岐与学博和一群官绅早在岸边等候。周瑞岐，进士及第，深研理学，对二曲甚是恭敬。两人一见如故，执手并肩，一同来到明伦堂。周县令对二曲说：“你一路劳顿，先在这儿休息两天，一切我都安排妥当。有不到处，请先生告知。”二曲说：“越简单越好，越随便越好，一切都不必铺张。”

二曲在众人的陪同下，游览了江阴的名胜古迹，到农村看了当地人的房屋住宅，了解了这里的风土人情。所到之处，人们看到他的穿着与众不同，都围观尾随，知他是周至李二曲先生，更敬佩不已。

二月十一日，江阴县的学人官绅都聚集到明伦堂。等大家坐定以后，县令周瑞岐陪同二曲来到堂前，向众人介绍说："先生树士人大义，隐居林野，经年苦学，终成大儒。主持名教，生发新意，继绝学于秦地，盛名动于神州。在下与众官绅恭请，先生才来到江阴古县。有先生来布道施学，我江阴学风必会大变。"二曲说："我不自量力，来江阴与诸君相见，也是个学习的机会，望大家不嫌余鄙陋，咱们就有关问题进行探讨如何？"二曲说罢，问学者踊跃而起。他们问《易》之修德治世及卦象命数，问《论语》的经国修人之道，问《孟子》的宏博大论，问《礼经》的格式规则，问《大学》的中庸之说，问历史的兴亡盛衰……总之，问学者漫无天际地发问，二曲都针对各人所问，一一给予满意的解答。明伦堂上掌声阵阵，如是者整整两天。江阳学人私下议论："听二曲先生讲解质疑，实如临海观龙、临山望岳，让人惊叹，让人敬仰。"

二月十三日，靖江县令郑重、教谕袁元亲来江阴迎二曲赴靖江讲学。宜兴的官绅也派人到江阴迎请二曲到其邑会讲。但郑县令和袁教谕先到，宜兴只好以礼为约，二曲答应赴靖江之后再到宜兴。次日，二曲被邀请到官府华美的大船上，郑县令让二曲坐在最好的位置，二曲推让再三，大家才各自坐定。

郑重，福建建安人，康熙二年（1663）进士，在靖江任县令已近八年。他对朱熹的闽学精研至深，便与二曲攀谈起来。他说："我们闽学派的朱熹，早年对佛教就很感兴趣，读佛经，读道典，后来经名师指点，才研探儒家经典。"

二曲说："朱熹曾自谓道：'清夜眠斋宇，终朝读道书。'其实朱熹正是在充分吸取佛、道哲理的基础上，对理学展开了一次系统性和创造性的总结，才把理学推到了一个新的高度，成为两宋理学的集大成者。"

郑重说："朱熹在哲学思辨的建构上，认为'理'是一切事物的最高范畴。'理'借'气'而存在，当'气'派生万物时，'理'及'气'进入'物'中。'气'在派生万物后，本体'理'又通过'格物穷理'的认识方法，破除物、理之间的障碍，向自身复归，从而形成了'理—气—物—理'这样一个逻辑行程。"

二曲说："朱熹不仅构造了以'理'贯通万物的逻辑结构，而且，还围绕着'理''气'问题，多方面、多角度、多层次地论证了一系列哲学观点和意念，真可谓'致广大，尽精微，综罗百代'。"

郑重说："朱熹认为'理'是先于、高于、超越于万事万物的现象世界，所以，才构成了万事万物的本体存在。他说，未有天地之先，毕竟是先有此理。宇宙之间，一理而已，天得之而为天，地得之而为地，凡生于天地之间者，又各得之以为性。"

二曲说："但'理'绝非玄妙不可测，人世间的伦理纲常便是'理'的具体化。天理流行，触处皆是。暑往寒来、川流山峙、父子有亲、君臣有义等，无非就是这个'理'。天理只是仁、义、礼、智、信的总名称，仁、义、礼、智、信不过是天理的部件。天理实际就是宇宙论与伦理学融合而成的一个理性本体。于是，它对个体有一种主宰、统帅、命令、决定及先验的作用力。"

郑重说："朱熹高度重视人对'天理'践行的自觉意识，事君不能不忠，事亲不能不孝，事兄不能不悌，交朋友不能不信，天理固在，贵在自觉守诚。"

二曲说："要自觉守诚，不得不正心诚意。如朱熹所言：'欲明德于天下者，先治其国；欲治其国者，先齐其家；欲齐其家者，先修其身；欲修其身者，先正其心；欲正其心者，先诚其意；欲诚其意者，先致其知；而致知在于格物。'格物之实就是践行，由践行到获取知识，就是把外在的规范行为转化成内在的道德欲求，这就是伦理上的自律。人一旦有了这种自律，方会正心诚意地去修身。如此，就会取得齐家、治国、明德于天下的功业。所以，朱熹所构建的以人的伦常秩序为本体轴心的理学体系，给孔、孟一系列思想注入了活力，作出了新的解释。同时，把佛、道两教关于个体修炼及宇宙论、认识论的思想摄取其中，完成了中华文化的融合与集成。因此，朱熹是儒家的'传人'和'礼教'的圣者。"

船舱里十多人对坐恭听，目睹高人论学的这一幕，情不自禁，惊叹齐呼："精彩！真是太精彩了！"钦佩与敬仰之情溢于言表。郑重与二曲也结下了深厚的友谊。

第二天中午，船到了靖江。郑重在明伦堂设宴招待二曲，饭罢，安顿二曲好好休息。

二月十五日，在明伦堂的大厅为二曲设座，靖江的宿儒名士、官绅庶贾，接踵而至，各质所疑，二曲随叩而鸣，让各人都满足自己的求知欲望。二曲说："吾之教人，树德安善，绝邪戒恶，求实务用，重本轻末。时间长了就会养成良好的习惯，胸襟变得潇洒自然，一切外物就不会扰乱自己的身心。"

一士人问："据先生所言，人不能只追求富贵利达，因这些区区浮名是末，那么，文章功业也莫非是末了？富贵、利达、浮名，把它们视之为末，我很认同，而文章功业难道可以全都废止吗？"

二曲说："怎么能把这些全都废止呢？我是说为学先要识本，诚识其本而本自立；立了根本，则末自然兴盛。我用水作一个比方：水因为有源泉，自然滚滚而出。流入巴蜀，人们把它叫作岷江；流入豫章，人们把它叫作九江；流入金山，人们把它叫作镇江；流入沧溟，人们就把它叫作东海。这是随所在而得名的。学人如果树立了根本，且躬行实践，则为道德，但人并不知道这就是道德；且口之于言，则为文章，人并不知道这话就是文章；且见之于事，则为功业，但初心并非为功业去处事；时势发生了变化，则有气节，但初心绝不是立气节而变化。这和水之所在而得名是一样的，是自然而然的事情。如果舍本趋末，专意为文章，则神思所关注的，只是文章而已，这就是心中之本为文章所占据了。志在功业者，所急唯在功业，遇之则意气飞扬，矜功恃业；不遇则精神消沮，垂头丧气，感到才不能用，志向不能实现，蕴之于胸，有害身心健康，气滞病出，作祟不浅。气节也是如此，如果你志在气节，则必以客气为气节，其害事更为严重。凡此者，都是根本没有树立的原因。所以，为学者贵在立本也。”

一学人又问：“请问先生，什么是本？”

二曲说：“本是各人心中知是知非、知轻知重、知进知退、知上知下、知恶知善的一点灵明，这是天下的大本。立本，就要立此本，其无他本。只有此本立，才会诚恳真挚，大智高德；才会成为有源之水，奔流起来浩浩汤汤，应时而出，闻道而行。如此，一证求证，一了百了，生顺死安，无复余憾。”二曲言罢，掌声四起，久久不能停息。

一学人又问：“性善之说，诸家纷纭，敢问先生有何论说？”二曲说：“子七岁时，已念过‘定说’，还有什么疑惑？”学人说：“我七岁时所念者不过是《三字经》，何曾见‘定说’？”二曲说：“《三字经》开章第一句，便云‘人之初，性本善’，这难道不是‘定说’吗？”学子说：“《三字经》虽有此言，然‘性本善’之说，终觉茫然。”二曲说：“善行是人生来所固聚在心中脑海的一用意念，且万善同涵其间。它的外在表现，是恻隐、羞恶、辞让、是非等念端。这种念端随感而发，不待学就能知道，不待思考就能践行，这就是本善的解释。”学人又问：“那么，夫子说‘相近’又如何理解？”二曲说：“我少时也曾就这个问题请教过老师。其实，人性实不可以远近论！相近者，是指人的禀质而言。性虽无不善，人的禀质却有纯正和驳杂之分。其纯正者，清明剔透，对原本的善毫无遮蔽，其作为都是善行善念；而驳杂者，就会产生私欲之念，遮蔽了本善，就有了善与不善的行为。而这种不善，却与原本的善，有相近的地方。继而，这种不善牵于情感，移于时势，辗转反复，就会数倍地增加。人们看到这种极为严重的不善，就怀疑有生之初便有不善，这其实是一种误解。”学人又问：“近有讲学者专讲论性善，谁言及气质，就认为不对，先生如何见解？”二曲说：“言性而舍气质，则所谓性者，是没有道理的。那么，所谓性善者，从什么地方能看得出呢？如眼之视，此气也，而视必明，乃性之善；耳之听，此气也，而听必聪，乃性之善；手之执，此气也，而手必恭，乃性之善；足之运，此气也，而足必稳，此性至善；以至百凡感应，都必须经过气的运导，应感才能各行其道，不失有致。这难道不是性的本善所为吗？所以说，如果没有这样的气，性虽善，又怎么能见到善呢？于是，程子说‘论性不论气则不备，论气不论性则不全’，讲的就是性、气依存的道理。”

一学人又问：“王阳明说‘无善无恶’这句话，诸儒都不认可，这是为什么？”二曲说：“这是诸儒从文字表面上去理解，没有从大处、深处去研探，所以，就不了解王明阳的本意。世间凡是言善的人，大都想落一个行善的好名声。但从最高的道德范畴来说，行了善，而隐其所善，不把自己的善名向外传扬，这才是真正的行善。行点善，就急于传名的人，必定有什么目的和私心。行善而隐善，善自在，善名自然得以传播；行恶而隐恶，恶自在，必定臭名远播。这才是王阳明的本意。”

一学人问：“朱熹与陆九渊的学问，有什么异同？”二曲说：

"陆九渊教人克服了凌乱无条理的陋习，在儒士中最能使人警悟而不犯过错，令人听了他的教诲，而豁然朗明觉醒，使人有所获得。朱熹之教人，循循有序，恪守家法，中正平实，极便初学。总之，二先生均有功于世教人心，实不可贬低谁、抬举谁。若从二先生的言论去揣测，仰慕一个，贬低一个，都不能说是善于学习的人。再说，辩朱辩陆、论同论异，皆是替古人担忧。今天，我们暂且不论朱陆学说的同异，须先论自己心中的同异，扪心自问自己平日起心动念及所言所行，与书中之言是相同还是相异？相同，就是学问路上的人。如此，你尊朱抑陆也可，取陆舍朱也可；只管自己，莫管别人。"

学人们接连起问不断，问《中庸》之要旨，问"思虑起灭不定"之缘由及纠正之策略，问"静坐"，问"无思无虑"，问"慎思睿想"……二曲都一一作了回答。

这天，讲会结束，靖江宿儒邹隆祚私下对学友们说："七十年来，我见到谈道宗匠的学人太多了，没有一个如关西夫子者。先生所答，痛切醒快，言言血脉，真学人之指南，机会实不可失。"他来到二曲榻前，又问了几个疑难问题，二曲都一一给了解答。继而，他向二曲呈上自己的新著《三教貌》。二曲手捧细阅，好大一会儿才看完，笑着说："《三教貌》，只不过是三教的面貌而已，然三教之精神要旨，决不是其貌能概括的。即使气貌若神，且一一能叙述得周到，然对自己安身立命又有什么帮助呢？您年逾古稀，这不是您急于研究的课题，您应该急于办自己该办的事情。"邹隆祚竦然再拜，望二曲指迷，二曲告以反己自认之实。邹隆祚深庆自己晚岁还能听到这样的教诲，使自己的学问思想有所归宿，遂拜于二曲门下。

三天讲会，二曲已很疲惫，且身体大有不舒。便见郑县令，告知要返回常州诊治。郑县令立即安排船只，让人陪送二曲。二曲忙给宜兴县令写了封信，说自己本应即日赴贵邑与众官绅研学，然忽患急恙，不能前往，深望谅解。交给郑县令，让派人送往。

众学人闻知，都来送行。无锡、江阴、靖江的县令，镇江学博及富绅贤达，深感二曲阐明绝学，有益于地方风教，于是，各具礼币，都来感谢二曲。二曲一一谢绝，不收一钱一物。众人围着二曲规劝，二曲总是不予收受。这些人引用古人“交以道，接以礼，虽孔子亦受”之词，硬要二曲收下礼物。二曲笑着说：“我不是孔子，况孔子的家法，吾人不效者多矣，岂可偏效取财一事？”众人看到二曲态度坚决，也就不再相强。但众人纷纷献上自己听二曲讲学的感受诗文，以表其敬重之情。

宿儒郑钰作诗曰：

斯文幸未丧，绝学启关西。
逖矣李夫子，南游镇群迷。
相见即相勖，勿为物论齐。
躬行实维艰，议论真筌蹄。
主静自探本，寡过斯日跻。
匡时矢鸣鸟，惜阴晓闻鸡。
方期共砥砺，乃复生暌离。
千里命相思，同志敢永缔。
顾言各努力，聊为圣道隄。

大儒杨珠作诗曰：

汉唐鲜真儒，晦蚀数百年。
濂洛接遥绪，光辉发残篇。
时则有关学，周程共联翩。

西铭明理一，仁量称如天。
风气自此开，血脉今独延。
赫赫忠孝胄，道统独仔肩。
学崇礼愈卑，夕惕朝乾乾。
上公勤式庐，邑宰问道虔。
赖我五马交，千里而惠然。
会讲集黉宫，奥义星月悬。
愿言执鞭随，佩服尤拳拳。

二曲不胜感激，一一拱手致谢，将所赐诗文交门人张仁覆收存。郑县令、袁学博共领二曲上船，一一话别后返身登岸，直到看不见船帆，才返回县衙。船过无锡，县令周瑞岐及高世泰、秦松岱、秦松令、徐超、张睿生等一群挚友门下，早在码头等候，恳请二曲进城休息。二曲以病辞谢。无奈，众人邀二曲上岸，叙话多时。临别，一士人取来纸笔，请二曲留言以赠。二曲舒笔运斤，写了“安分循理”四字，肃严庄重，气薄云天，众人啧啧叹服。又求二曲再留宝墨，二曲难却盛情，又写了“勤俭忍”三字，方才惜别而去。

靖江讲学，门人吴发育、尤霞、邹隆祚、张充复、朱士蛟、羊球六人共录了二曲的讲学话语，整理后编成《靖江语要》一册，郑县令刻梓印行，并作序以记。

二十八　友人忠义

二月十八日，二曲返回龙兴禅院养疾，对所有来访的学人一一婉拒。在二曲榻前照料的，有杨瑀、龚百药、陈玉堪、马负图、潘静观、杨珅、杨珂、唐昆玉及吴野翁、郑素居几位。这些人都不同凡响，是常州的名儒高德之辈。杨瑀饱学而负名节，甲申之变后，他坚拒举业，以遗民自许。当初，讲学于延陵书院，后应高世泰聘请，讲学于东林书院。他深掘儒道的精微奥旨，清明透彻的语言表白，很得门下学人赏心。问业者负笈涉远，蜂拥而至。著名学人李光地大加赞赏，说他有周敦颐、邵康节的遗风。二曲初到常州讲学，郡人争先恐后于门下就教，杨瑀却犹豫不决，持观望之态。继而听到太守骆钟麟对先生都以师礼敬之，便心有所动；后听说先生至今还身着明人服装冠履，其气节让他有不敢仰望之意；又听说先生不事举业，隐于林野，不觉心犀相通，顿有同类相惜之感；众人盛传先生讲学，多阐明王阳明的学说，而王学已成众矢之的，全国上下，同批挞伐，而先生竟独树一帜，以扬其说，是智是勇？先生讲学意在知本溯源，适用践行，天下讲学的人很多，有几人能像先生这样呢？于是，杨瑀产生了迫切求见的愿望。他随众人来到先生馆舍听讲。望其貌，伟岸昂然；听其言，精粹凝练；观其动作威仪，彬彬如式；听其语，条分缕析，秩秩严谨，浩浩穷尽；其所论学，上者语上，下者语下，老者、壮者、少者各随其宜，因人而教，因题而发。杨瑀不觉怳然自愧，退而叹曰："太让人惊奇了，世上有这样的人，是我儒道之幸。"于是，告知兄，告知弟，告知门生厚友，对二曲尽力传扬赞赏。并领着自己的两个儿子和侄子来见二曲，让他们拜于二曲门下。二曲与之交谈，发现他们的底子很厚实，且资赋有过人之处，悟性很高，便说："此三子是可塑之材。"并常于人稠广众中褒奖鼓励。二曲有病，杨瑀于榻前侍奉，其情可见。

龚百药，举人出身，德贤之名，贯于武进，对二曲之学极为敬仰。陈玉堪，康熙六年（1667）进士，官至中书科中书，豪情好友，家中常宾客满座。提笔动思，诗文立就，时人都以陈才子相呼，著有《椒峰集》二百卷。目下，丁忧在乡。闻二曲讲学，场场到会聆听，两人结下了师友之谊。马负图，悬壶济世，潜心理学；潘静观，绝意举业，办学授生；杨玾八岁通《毛诗》，九岁能作赋属文。

这一群文人围在二曲床前，见其寂寞难耐，便轮流说故事让二曲开心。杨瑀说："戎夷是战国时一位有才智的国士，他离开了齐国来到鲁国。当时天气极冷，他在鲁国城门关闭后才赶到城边，只好与自己的一位门徒在露天过夜。夜晚，天气越来越冷，戎夷便对那位门徒说：'你把衣服给我穿，我就会活下来；我把衣服给你穿，你就会活下来。我是治理国家的杰出人才，为了普天下的利益而爱惜自己的生命；你是一个普通人，不必吝惜自己的生命，你把你的衣服给我吧！’那位门人说：‘我这个平庸之人怎能慷慨地把衣服给你穿呢？’戎夷听了，叹息地说：‘看来我的主张不能实现了！’说完，便把自己的衣服脱下来给门徒穿。到了半夜，自己冻死了，却救活了这个门徒。戎夷能否把一个国家治理好，已无法证明，但是，那种有利于国家和人民的思想，却达到了不能再高的程度。”

二曲说：“在生死的重要关头，还想到天下、想到他人的人，才是最高尚的人。这个故事出自《吕氏春秋》。”

陈玉堪说：“古时候，有个叫薛谭的人，向著名歌唱家秦青学习唱歌，还没学完秦青的全部技能，便自以为学了不少东西，就向秦青辞别回家。秦青也不劝阻他，反而在郊外的大路上摆酒为他送行。秦青打着节拍，唱着送别的歌曲。那歌声慷慨悲壮，在树林中萦绕，树木也好像被感动了；那歌声优美洪亮，响彻天空，连云彩也好像在停留静听。薛谭这才向秦青道歉，请求回到他身边继续学习。从此，薛谭再也不敢提回家的事了。”

二曲说：“学无止境，满足于一知半解，便不会有任何成就。”

龚百药说：“宋国边远地方有个人，得到一块未雕琢的玉石，把他献给子罕。子罕不肯接受，那人说：‘这是珍奇的宝物，适宜于做君子的器皿。我是个粗野的人，不配使用这种东西。’子罕说：‘你把玉石看成宝贝，我却把不接受玉石的这种品德看作宝贝。所以，我还是不会接受。’”

二曲说：“这个历史故事出自《左传·襄公十五年》，后人多有引用。一个真正品德高尚的人，决不以难得之物为宝，而是以洁身自好为宝。”

众人都说：“先生其实就是子罕这种人。”

二曲连连摆手说：“过誉，过誉，实不敢当！”

在场的每个人都讲了有趣并有意义的故事，就这样度过了愉快的一天，二曲的病情也似有好转。

第二天，二曲病情突然加重，门人吴发祥及其弟吴发育、其子吴应武一家三口，昼夜侍候于病榻之旁，延医调理。汤药煎好，吴发祥亲口尝过之后，才送给二曲服饮。又将二曲扶上扶下，殷勤服侍，周到入微。二曲情动哽噎，溢泪执手，无语为表。来访学人，观其情景，皆脱口称道："真义士也。"

吴发祥，常州人，生而端谨，少小入塾，过目不忘。稍长，专务儒典，且写得一手好文章，才敏颖达，卓识践行，很得郡丞闵公的赞赏："吴生才器不群，洞晓世务，绝非一般常人，是为时而生的梁栋之辈。"自此，身不出闾里，而名已动于远方，每到郡城，郡人争识其面，履满户外。明末之乱，潜迹荒僻；易代之后，冠戴遗民之名，坚守气节，以收徒讲学为务。集四方宿儒，说易研理，究心二程、朱熹之学。行必顾言，不必空谈。事亲，想法让父母欢心笑颜，极备诚敬；待弟，饮食起居以乐为让，友爱备至；视兄弟姊妹之子如己子，抚孤子三人、继绝者二、续命者四，使其摆脱虎狼之口，全其室家者五六；周济贫困不能自己生存者，供给饮食，又收徒为教者十余人。对宗族，则复祖庙，建宗祠，置义田；于乡里，则赈饥荒，立义仓，建义学。同邑唐云客先生叹曰："吴君，祖上并没有为他积攒下多少财富，宗族中又无一个出来帮助他，他靠自己的铢积寸累，来办这些义举之事，实在是当今的古人啊！"

二曲来毗陵讲学，多次听到吴发祥的行义大举，甚为感动，想去拜访，没想到吴发祥先来造访自己。两人昼夜论学，互为敬佩。此时，吴发祥方知二曲把他的义举不认为是义举，而是身心中的良知之念，退而要向二曲执弟子之礼。二曲再三婉拒不敢当，吴发祥持志愈坚，二曲只好答应，以师友之交相切磋。继而，吴发祥领着弟弟吴发育、其子吴兴武、其侄吴丕武、其外甥邵公甫及门下众弟子，让他们都拜二曲为师就学。这件事既表露了吴发祥的赤诚善学，也彰显了二曲的声名，一时被传为佳话。

几天以后，二曲的病情慢慢稳定了下来，但嘘寒问暖的学人终日不断。为了不影响二曲病情的恢复，陆孝标和吴发祥商量，夜间，悄悄把二曲从龙兴禅院接到自己的家塾，向外传言二曲已返回陕西，以绝士人们求见探望之念。这一招果然灵验，二曲终于有了静静养病的环境。名医杨虞玉按时来诊治调理，陆孝标、陆士楷、张涵生、张濬生及杨亭玉，陪二曲闲话，躬侍汤药，悉心照料，无微不至。如此数天，二曲的病大有好转。

这天，春日高照，洒下一地金光，暖风徐来，花儿也苞蕾待放。二曲步出屋外，在院中散步，走了一会儿，坐在老桂树下歇息。陆士楷呈上《圣学宗传》一书，请二曲评点。二曲说："这本书是明人周汝登编撰。周汝登，字继元，别号海门，人称海门先生，浙江嵊县人，师承王阳明的弟子罗汝芳。周汝登是一位学问大家，他的撰述有许多独到的见解，很能发人深思，启人醒悟。这本书上自三皇五帝，下至大明儒士，凡是有关性命之论，先生依据所说，生发心得，进行评点，很是恰切得当。然书中对王阳明的弟子如赵贞吉、张九成、杨简诸人的评价，不免有些过高，初学之人会产生疑惑之感。所以，读此书时须自我思忖，尽量避免其贻害。"

张涵山的叔父张兼山向二曲行弟子礼后，持所录《慎独说》就正。二曲笑着说："首先要弄清什么是'独'、什么是'慎'，独慎自明，其意自现。'独'是人心中惺惺灵明的一种意念，是人的一身之主，主宰着人的情欲言行，什么都不能代替它，所以谓之为'独'。'慎'是巡查保护'独'的士兵，'独'是主帅，'慎'是三军。主帅明而三军勇，三军勇而主帅安。独是主体，'慎'是功夫。主体朗然捷立，功夫就不至忙乱失度；功夫不心意散乱，无所适从，本体才能有目标和追求。‘慎独’是借功夫以维本体，‘独慎’是帅本体以动功夫。‘独’与‘慎’相即不离，将军与士兵相依为命，功夫与本体合二为一。”张兼山听罢，跃然回应：“先生之言，如暗夜灯塔，迷途指南，今后处世做人，皆可为范。”遂再拜而退。

夜幕降临，人各归去，私塾中的居敬堂内，只剩下二曲和陆孝标、陆士楷三人。田野已无嘈杂之声，一束灯光腾腾闪跃，他们围坐在床上，腿伸到一床被子里，在热烈的气氛中，论学谈天。陆士楷问“心”，问“自新之功，当从何处着力”。二曲生发议论，透彻解答。陆士楷闻之如饮琼露，不觉神思融畅，接连问个不断：“敢问下学立志之始，当以何者为主？”二曲说：“用功莫先于主敬。‘敬’之一字，是为学应下的第一功夫。千古圣人心传的旨要就是专一。当你选定了目标，就要发愤，实实地下一番苦功。犹如人过危桥，唯恐堕落，不敢有丝毫的懈慢。就是在独处无人的情况下，也应知是知非，知好知恶，不敢散乱妄为，不可姑息自怒，不可悠忽虚度时光。专心致志地学习，始终体现一个‘敬’字，这才是下学立志之要。”

陆士楷又问：“请先生讲讲安身立命之法。”二曲说：“为学不在多言，而在于默坐澄心。体认天理，务必庄敬静默，从容镇定。静是动的基础，动以静为对立存在。动和静相互为用，刻刻观照，步步提醒，不可有须臾的疏忽，否则就会犯有过错而悔之莫及。如果能做到动静相宜，屏缘息虑，常寂常定，就会达到口无他言，目无他视，耳无他闻，心无他念、内想不出，外想不入、洁洁净净、洒洒脱脱的崇高思想境界。没有讲论，就知道了事物的生发缘由；不待著述，就知道了内容的实说要旨。如此，去耳目支离之用，以全虚圆不测之神，则安身立命之法，尽为己有。”

陆士楷又问：“先生常说为学必先立志，请问吾人立志当何如？”二曲说：“立志，当做天地间第一等事，当做天地间第一等人，当为前古后今着力担当这一个大担子，自奋自力。在一方，则谋一方民人之福乐；在天下，则谋天下之太平安宁。今学术久晦，人失其心，则要倡明学术，以救人心而安社稷。集会一二同志，共同肩负研讨阐扬光大之事，使学术的命脉在天地间流淌，这就是‘救得人心千古在，勋名直与泰山高’。但立志如果是为追求荣华富贵，那就太渺小了！”

陆士楷的父亲陆孝标问：“像我等已日暮途穷，与功名、事业、文章皆无什么干系，在未闭眼之前，等大限来临之时，如何修行才不至于散乱？”二曲说：“人一到七十，就算进了古稀之年；人能活到八十多岁，就很稀少了。对于这般年龄的老人，不即有传世的著作，有德望横溢四海的声名，有勋业超越古今的大功，到这个时候已与性命没有什么关系了。你生、你死，这些都不会帮你、助你。为今之计，就是将从前的种种牵缠尽情地摆脱，如鱼鸟之脱网罗、麋鹿之离陷阱，寻一个安身立命、归元之处。上不知有天，下不知有地前不知有人，后不知有物，只知道有自己罢了。思想到了这种境界，就会万念俱寂，幡然醒悟，以至一念不起，鬼神莫测，自己变得聪明广大，尽性率直，寸丝不挂。什么骨肉至爱，全放下不念；外部世界，不管怎么变化，都与自己没有什么关系，如秋阳西下，江河东流，自自然然地面对大限。此说不知能不能作为参考，望陆翁自度。”

这晚的论学，陆士楷敬录其要，装点成册，名曰《传心录》，陆氏父子刻印广传，以流布江南。

经常州名医的精心调治和一群门生友人的悉心护理，历半月时间，二曲病愈康复，三月初三日回到城南的龙兴禅院。是晚，有个僧人来访。这个僧人是虎丘云崖寺的住持，名叫素怀。二曲游虎丘时他主动接待，二曲苏州拙政园讲学，素怀听后深受启发，便跟随二曲一同来到龙兴禅院，素怀在旁边租了一所房子住下，不但到会听二曲讲学，还暗自窃听二曲与门人、朋友的谈话论学。素怀对二曲钦佩至极，常击节嗟叹：“我平生听过多少次宿儒讲学，在二曲先生这里才得到了新的启示。先生言言透顶，语语当机。先生对尽性至命的论述，使我明白了释氏对明心见性阐说的不足。释佛如能吸取儒学精髓，将会更为完善。先生大中至正之训，实令人倾倒。”当晚，二曲谈儒，素怀谈佛，互为印证，交相论辩，直到深夜。第二天，素怀来向二曲告别，请求二曲为自己题字留念。二曲施礼婉谢道：“我平生喜与佛道学人论讨其说，但从未与之结缘，深望住持谅解。”素怀说：“先生持守儒道之严，令我敬佩，恕我冒昧，实不敢相强。”二曲随手将所梓《传心录》赠予素怀，素怀珍藏告别。二曲送得很远，素怀再三劝阻，二人才挥手各去。

骆钟麟居家守孝，听到二曲因讲学劳累突患疾病后，心里很是不安，急令自己的儿子和外甥到常州照看二曲。其实，二曲病已好转，他见到骆钟麟的儿子和外甥，甚觉惭愧，因自己这点小病，竟坏了千古的大礼，即致信骆钟麟说：自己本应远上临安，于老夫人柩前吊唁，你却让孝男离柩远行看我，这是你的大义，却是我的罪过。病愈后我将西返，现写有悼念老夫人祭文一篇，托贵子带回，以寄哀思。继而，详细问了老夫人的葬礼安排情况，便敦促他们二人尽快返回临安，于祖母灵前尽孝。直到亲眼看着他们背着行囊上路，二曲才稍稍心安。

自上年十一月二十日离开襄城，至十二月朔日到达常州，已三月有余，为父招魂之事总萦绕在二曲的心头。彻底病愈后，二曲告知门人挚友近日将离常西返。众人闻之，纷纷出面挽留。骆钟麟服孝在家，也托人致书，力挽二曲暂居常州。官绅士庶多人来到龙兴禅院，恳劝二曲再播绝学于常州士子。二曲以“久违先陇，痛切于心”为由婉言谢绝。三月六日，二曲起程西行，学人各自撰文作诗为二曲送行。

岳宏誉，武进人，顺治十八年（1661）进士，官至湖广道提学。他为二曲送行的文章曰：

周至李先生之来毘陵，毘陵之人从之者如归市。是何毘陵之人闻道之速，向道之笃乎？抑或先生之德入人之深，而闻声响应。兹何以来毘陵也，曰：与郡伯有旧也。郡伯昔为周至令时，折节严事养其母，举其丧，朔望必枉驾于先生之庐，登其堂而就教焉。然先生足迹未尝一入县治。郡伯在周至，先生不入县治，郡伯在毘陵，而先生何以来也？曰：威郡伯之德，应郡伯之聘，思欲行道设教，以助郡伯德化之成，藉以报郡伯也。于是，毘陵之贤士大夫，争往候于其门，而就教者接踵焉。

先生以康熙九年十二月朔来毘陵，以十年三月六日去，勉留于毘陵者凡三月。往来于梁溪、荆溪、江阴、靖江之间凡一月，毘陵之人物，大略可睹矣。自此，毘陵人士循循好学，慕道不倦，人心风俗一大变焉。则先生与郡伯之功，岂在孟子下乎？

逸士潘静观作诗曰：

忽枉名贤共订盟，离群此日怅遄征。
皋比江左初谈道，夫子关西旧有声。
长夜发蒙双眼豁，千年希圣寸心明。
春深无恙归帆稳，绿树青山赠远行。

名儒贺麒征作诗曰：

鹿洞重开大雅存，成溪桃李发孤根。
春江浪静人初渡，华狱云深道自尊。
鲁国多言勗端木，汉庭曲学诫公孙。
他年负笈游关洛，立雪还承时雨恩。

高士鼎成作诗曰：

闻公德业类文成，继倡良知道复明。
慨昔通家文举谒，愿今得御李君行。
坠甑愧乏安行孝，避雨犹难不踞情。
翼返吟风并弄月，免歌白露水盈盈。

吴光、杨瑀、郑钰、杨珠、唐宇昭、杨昌言、杨文言等人都以诗文送别二曲，士绅、门人不召自聚，都来为二曲送行。二曲多次劝大家回去，众人才一一执手含泪而散。杨瑀领着两个儿子，又送了很远，二曲劝阻并亲切地握住杨瑀两个儿子的手说："我今西归，不能再时时教导你们，然凭你们的资赋和好学，我十余年后听到东南有人杰名世，必定是你们两人。"杨瑀及其子听罢，感动得流泪而泣。杨瑀让儿子叩头谢过二曲，并说："你们要好好努力，莫忘先生的话。"

陆孝标领着儿子陆士楷、外甥张濬生，坐着船，一直把二曲送到丹阳，才大恸分手。吴发祥跟随二曲，逾京口，渡大江，历瓜洲，抵维扬，二曲坚决劝阻不要再送，吴发祥呜咽不能自已，二曲也流下了泪水，两人依依惜别。吴发祥回到家，变卖了产业，创建了延陵书院，中厅供奉二曲的肖像，立学规，招生徒，讲授二曲的学说。从此二曲的学术思想在江南得到了进一步的发扬光大，吴发祥也成了传播二曲思想极为重要的人物。

三月二十五日二曲回到襄城，知县张允中闻知，率官绅十多人迎于郊野。当时，祠和墓都已告竣，只有供案还未砌好。晚上，十多个工匠加班加点，直到深夜时分。正准备休息时，忽然鬼声大作，呼声四起，高亮悲凄，达人心骨。众人惊恐失色，或战栗乱抖，或屏息伏地。工头张文昇壮着胆子，走出祠外，立在台阶上高喊："你们战死疆场，襄城官绅为你们修祠建冢，立碑名世，经营备至，这下你们的游魂就有了归宿，何必如此哭闹！"话音刚落，四野寂静如初。第二天清晨，襄城上下，四处传开，人们都拥聚到祠堂，上香焚纸，虔诚祭拜，纷纷议论，都说这些冤魂，是被二曲的孝心所感动，才会出现这样奇异的事情。县令张允中听到后，便作文记录了事发的经过，并谈了自己的看法，其文曰《襄城记异》。

这天，二曲身穿斩衰孝服，在新祠设祭堂，县令张允中和通家兄弟刘宗洙、刘宗泗及官绅学人近百人，陪二曲祭奠亡父灵魂。祭毕，众人又陪二曲到"双忠墓"祭拜。到了墓地，见墓左道旁一高大石碑雕有"义林"二字，墓前石碑上刻有"李忠武公墓"五个大字。墓地四周，松、柏、楸、杨森列成林。见此情景，二曲万感俱生；有忘父之痛，有对襄城官绅义举的感激之情，有国破家败的悲愤之念。他不由自主地扑倒在地，匍匐着跪到墓前，放声恸哭。众人围过来解劝，总是搀扶不起。悲痛凄惨之声，动人魂魄，人们也都抽泣流泪，唏嘘不已。

县令张允中写了《义林记》：

治西郭有"义林"，千夫长李忠武公之所葬也。公佐制府汪忠烈公乔年，驻襄剿贼，贼围城，城陷，汪公死，公与之俱死。馨骨丹血，藏之长坑古井间。前令君余补庵筑祠祭祀，尚未大备也。愚增饬龛位，竖立丰碑，视昔有加。至康熙庚戌，李忠武之元子颙来，长号五衢，招父魂而葬之。乡先生刘宗洙割腴田数亩，立茔兆焉，藏有文石于窀，曰“烈士”，私谥“忠武”。

李公讳可从，字信吾，陕西周至人，生于万历二十七年十一月十九日子时，殉难于崇祯十五年二月二十七日。后镌知县某立石，吏部候选同知刘宗洙奉祀。藏石方阔四尺有三，上镌“李忠武公墓”五字，两翼小识附焉。凡官到此与此地之士大夫，各植松楸一二，蔚然成林，为城郊踏青胜地。道左竖石碑，高七尺，阔二尺有奇，大书“义林”，表异举也。

……年运而往，木拱且抱，茑萝俯石，松柏参天，骚人凭吊，游士流连，必豪歌悲壮，洒经雅之醇醪，抒忠贞之气志也。

关中李因笃、襄城刘宗泗、古南汜刘晟等都分别叙写了“义林”的壮观，并抒发了各自的感慨，记烈士之勇武，酬孝子之情怀。仕官、后学、墨客、骚人先后赋诗三十余首，把忠义、节烈、孝亲的伦理道德，讴歌赞扬，题咏传唱。

前襄城县令蒲敏政作诗曰：

风雨萧森处，寒生宝剑光。
秦川多侠烈，豫士待平康。
天道谁能测，君恩未敢忘。
千秋真介胄，日月共辉煌。

后学冯天培吊李烈士诗云：

朝廷思猛士，意在爱生成。
骨以壮心重，身蹶报主轻。
丈夫别有愿，男子不求名。
莫洒千秋泪，天地本忘情。

墨客黄甲云观义林，慨然赋诗曰：

三秦饶壮士，用以固封疆。
剑景春云冷，杀声夜月黄。
人缘无大志，天不佑岩廊。
游骑经行地，深怜古战场。

后学张雯过义林吊忠武李公墓赋诗曰：

千里驰天马，胆令逆贼寒。
山河凭画戟，君父托雕鞍。
自有血诚在，何忧肢体残。
英雄留本色，尽与上苍看。

通家晚学刘青莲为忠武李公墓作诗曰：

荒城野树照斜阳，遗冢高碑大道旁。
千里飞旌劳铁马，双身倚剑谢穹苍。
出师五丈心徒切，抗节睢阳志可伤。
独使西郊风雨夜，青磷冷落泣沙场。

这晚，二曲住宿在通家兄弟刘宗洙家，兄弟几人围着一盏明灯说话。宗洙、宗泗把修祠堂、建义林的详细情况一一告诉二曲，二曲感动得哽咽不止。继而，二曲也把江南讲学的历程，告诉了宗洙、宗泗兄弟，直到深夜，才各自休息。

第二天清晨，二曲把一页纸交给刘氏兄弟。刘氏兄弟展开一看，上面写道：

刘四冲先生赞

颙生也晚，未获扣依四冲先生之门。幸得拜遗像于诸公子处，不容无一言以抒追慕之思，仅为俚语，用赞万一，深愧不文，聊志渴仰云尔。

有树厥绩，于彼遐方。
有持厥危，于彼异壤。
孰克树绩，桑梓之乡。
孰克持危，父母之邦。
首山苍苍，汝水洋洋。
先生之德，百世其胡央？

看罢，刘宗洙握住二曲的手说："先生的这颗心，我们兄弟会永藏着。"二曲说："我兄的大德忠义，中孚及后代子孙永远不会忘却。"

第二天吃过早饭，二曲向刘老夫人行了个大礼，并嘱语老夫人保重身体，后由刘氏兄弟陪同来到祠堂。县令张允中、游击将军王天锡、教谕马夺锦及阖邑乡宦、生员、绅衿，早在此等候。二曲于供案前行礼后，将写有五千神灵的木龛，用黄布裹好，背在身上。又与众人一同来到"义林"，在父亲坟墓上取土一升，装入备好的口袋，扎好，匀平，搭在肩上，才向众人告别。众人不舍先生，直送到十里铺。二曲再三劝阻，大家才泫然挥手，依依各去。住在襄城边远地方的绅衿，来晚了未见先生，竟追到郏县谒送二曲，其殷切之情，实令人动容。

四月初，二曲与门人张仁覆行至华山，把写有神灵的木龛安置在华阴庙正厅的供案上，二曲口头祷告，望土地神引领，让五千游魂各归原籍，以供后人祭奠。做完这件事，二曲心安了许多。然后，他背着写有父亲灵位的神牌，连夜赶路，急急向西而去。

四月初九日，二曲回到新庄堡，即去母亲墓上焚纸告归。择吉日，将父亲冢上的土均匀地撒在母亲的墓上，并率家人于墓前致祭。又把父亲的灵牌安置在家中，全家人穿白戴孝，如父母刚刚去世了一样哭祭。做完这些事情，二曲立即给襄城县令张允中、通家兄弟刘宗洙写了致谢信。

东吴顾炎武闻知二曲匍匐千里为父招魂，深受感动，即赋诗以颂：

踯躅荒郊酹一樽，白杨青火近黄昏。
终天不返收崤骨，异代仍招复楚魂。
少室愁云随独雁，频桥哀水助啼猿。
五千貂锦皆忠义，孰似南山孝子门。

二十九 内外交困

四月的关中平原，百花盛开，春意盎然。这晚，明月当空，夜风徐来，二曲离家半年，今晚才得与家人团聚闲话。他们坐在院前的香椿树下，二十二岁的大儿子慎言，十九岁的小儿子慎行，一左一右紧挨着二曲，十二岁的女儿冬梅和母亲淑珍并排坐在对面。二曲一手抚摸着慎行的头，一手搭在慎言的肩膀上，笑着问淑珍：“这半年来，你和娃在家可都好？”淑珍爽朗地说：“啥都好着呢！你看，两个儿子，大的和你一般高，二的也长到了你的肩头，女儿也跟他哥识字读书，还学着做针线，拾柴火，家里的事有我担着，你就甭操心。”女儿说：“没米下锅，我就和我娘去挖野菜……”没等娃把话说完，淑珍急忙捂住女儿的嘴，并用眼瞥了一下慎言、慎行，嗔怪地说：“今晚，谁也不准说让你爹不高兴的话。”二曲看着两个儿子，见他们都对着母亲笑，心里明白了许多，对淑珍说：“这穷日子难支撑，让你为难了！”淑珍说："穷日子穷过，这有啥为难的？不过有件事我很想说，但我今天就不说了。"二曲说："你有啥话就说。闷在肚子里难受。"淑珍看了看二曲，笑了笑说："慎言都二十二了，到了娶媳妇的年龄。我们做父母的，也该给娃操心这事。"二曲听罢，拍了拍慎言的肩膀，说："你娘说得对，不能让你打光棍。"慎言说："不着急，不着急，等咱日子过好了再说。"慎行皱了皱眉头，看着父亲，想说又不敢说，怕母亲怪罪，可现实迫使他不能不说："先不说给我哥问媳妇这事，过几天就要断顿，咱全家人咋过活呢？"二曲听了，一脸的愁苦和无奈。淑珍用眼盯着慎行，说："你这娃就是多嘴，你爹刚回来，就给他心上添愁。天塌下来，有娘呢，不会让你受饿。"淑珍的话刚落音，大街上传来一片叫骂声，四五个泼妇赖狗，站在二曲的门前，呼喊着二曲的奶名："土生，你这个狗东西，凭着点小聪明，就山南海北地跑着讲学，有一点臭名声，竟瞧不起乡党邻居。不管外边的人咋看你，你娃有几斤几两，难道我们不知道？""三十年前，你爹砸了我们的饭碗，只要我们还有一口气，就叫你娃不得安生！""一家子懒屄，不会做庄稼，却在地畔上欺人呢，今天就教你娃知道狼是个啥！"他们没踪没影地乱叫，慎言、慎行站起来向外扑，要和这些人理论，二曲和淑珍一人拉住一个，把两个儿子推到屋里，关好门，任他们在外叫骂，就当没听见，采取沉默对抗之法。因为与这些人根本讲不出什么道理，辩不出什么是非。再说，他们是故意寻来闹事的，只有避而应对，才能不生事端，稳住局面。

上次，县令马芝和刁江海一伙及几个地痞士人对二曲的陷害，因骆钟麟回调本郡司马而宁息。自此以后，马芝对二曲的怨恨更深，刁江海他们也不甘心，总在伺机而动。这次，二曲刚从江南讲学回来，刁江海就去寻县府师爷顾文存，说："二曲目下虽在外有点名气，但现在周邑没人给他撑腰护苫，再说这货穷得连饭都吃不上嘴，没力量和咱斗。我进来找你，是想让你告诉马县令，能给出个主意，收拾收拾这东西。”顾文存眨了眨眼，奸笑着说：“马县令已知道二曲回来了。你们先干，马县令肯定支持。”刁江海说：“咋着个干法，望师爷指点。”顾文存一脸阴险，拍着刁江海的肩膀说：“你在江湖上跑腾了几十年，竟不知道无中生有之法？”刁江海说：“明白，明白，把啥脏水都往这小子身上泼，让他没脸见人，让他无地自存，让他没有回手之力，让他从周至这块地面上消失！”顾文存伸出拇指，在刁江海面前晃动了两下，二人对视一笑。心神相通，刁江海即辞别而去。

当晚，刁江海唤来自己的一帮兄弟和那几个学人文士，如此这般地吩咐了一番，于是就有了在二曲家门前叫骂一事。相继五天时间，这帮人轮番在二曲家门前呼喊骂街，把啥缺德的事都给二曲身上搁把啥难听的话都给二曲头上泼。二曲一家闭门不出，不理睬，不搭茬。新庄堡的邻里乡党实在看不下去，几个有威望的人出面阻止：“你们骂了几天几夜，先生不回嘴，这也就够面子了，你们还想咋？”“再说，先生的为人，我们谁不知道？你们说的都是阴天没日头的事，咋能这样诬人清白呢？”“前辈人的事，都过去了几十年了，就是有仇有恨，也应该忘记，何故要让后人来承担呢？”这些人因此有所收敛。但他们背后有县令马芝撑腰，当然听不进去人的劝解，还是隔三岔五地到二曲家门前骚扰。

面对这种情况，二曲实在难有平静的生活。村中的邻里乡党、世交好友、亲朋门生，凡护爱先生的人，都劝二曲徙居到近邑眉县，远走高飞，以避其难。二曲心想：自己不远千里，刚从襄城找回父亲的魂灵，安于家中，先祖和母亲的墓地都在周至，自己咋能为了个人的安危避居异地？这是人间的大不孝。所以，坚不迁徙。并对前来劝说的人说：“道家有超世、顺世、游世之说，佛家有悟世、来世、苦世之论，儒家有正命、随命、遭命之言。我今祸患之来，是谓遭命，怎么躲也躲不过去。我就守在这里，任凭事态发展。”

听到二曲讲学返乡的消息后，前来问学谒访者络绎不绝。二曲家门前，有泼皮群小在诬陷叫骂，有官人、学者的坐马嘶鸣。屋内，客人向二曲极为恭敬地执礼求教，二曲若无其事地答疑解惑。新庄堡的乡党邻人，看到这种生活场景，既为二曲骄傲，也为二曲担忧。

会纳是满洲镶黄旗的高官，这年六月，他带着弟弟奋魁来二曲家中问学，提出了四书五经中的许多疑难问题。二曲旁征博引，作譬设喻，钩沉浅说，都给了满意的解答。会纳回去后在满人中大加传说二曲的博学独见，称之为国士高人。于是，满洲各旗的首领，固山额真、牛鹿额真等官员，结朋引伴，或坐马车，或乘大轿，或徒步上路，栉风涉远，历霜冒寒，来周至于二曲门下求教。其中有个将军叫冯尼勒，满洲镶红旗人，竟然来了好几次。二曲看他乐思好学，崇德向善，气宇轩昂，且诚心尊贤，以图国事，有古人之遗风，便教导他说：治理军队，贵在严明纪律；操持演练，要懂得行军布阵及败敌取胜的诸多方略；更要体恤地方，千万不可扰民等。冯尼勒心境洞开，慨然纳之，又虚心请教治军卫国、守城安民的策略，一直盘桓了几天，才欣然告归。

二曲的学说人品，通过各种渠道，流播到了北国的大草原。当时，蒙古族的部落首领鱼皮鞑靼及其上层知识分子，对二曲及其学说都极为倾慕，许多人带着汉语翻译，不远万里来到关中拜见二曲先生。二曲对他们都极为恭敬，很耐心地与他们交流，回答他们的问题，了解他们的风土人情，并与来访的诸多首领建立了深厚的友谊。多少年之后，这些人还致函二曲先生，向他问好和请教。

这年十月，咸宁县丞郭传芳、陕西掌印都司张梦椒来周至拜谒二曲先生。张梦椒，山西代州人，明兵部尚书张凤翼之子，以父功袭锦衣卫指挥同知，康熙三年（1664）任陕西掌印都司。幼时，随父旅居京都，有名师亲教，故淹雅宏博，且为人倜傥豪义，交谊善友，很受地方名流的推崇和敬仰。他与二曲初次相识，倾心论学，便互生爱慕之心。他和郭传芳知道二曲近来正被奸人陷害，闷在家里难受，便邀二曲去游览拜谒董子祠，散散心，以疏解其烦恼。二曲以董仲舒能在秦始皇焚书坑儒后，竭力弘扬儒学，其功绩不可磨灭，便应邀前往。

董仲舒祠在咸宁县城东北五六里的地方，明嘉靖二十年(1541)，侍郎赵廷锡进行了整修。虽经战乱，可殿宇巍然，彩绘凝重，祠内树木森郁，董仲舒塑像端坐在前殿供台正中。三人在董仲舒像前上香行礼之后，游览了后边的殿宇亭台，及两廊历代墨客骚人游祠后所写的诗赋石刻。出祠后门，有青砖砌成的董仲舒高大的圆墓。他们坐在墓旁一棵千年巨柏之下歇息。张、郭二人都请二曲谈谈董子之学。二曲说："董子是西汉今文经学的大师，河北广川郡景县枣强人。幼时，入私塾读书，曾专攻《春秋公羊传》，专心致志，一心向学，有'三年不窥园'的苦学佳话。后终成大儒，名列博士，曾任江都相国和胶西王相国。汉武帝举贤良文学之士，他以'天人三策'相对。指出学不在六艺之科、孔子之术者，皆绝其道，勿使并进，即'独尊儒术，罢黜百家'，为汉武帝所采纳。从此，开创了历代王朝以儒学为正统的先河。这是董子对儒学的第一大贡献。其学以儒家宗法思想为核心，杂以阴阳五行之说，把神权、君权、父权贯穿在一起，形成了封建神学体系。其中心是'天人感应'说。认为上天对地上的统治者经常用符瑞、灾异分别表示期望和谴责，用以指导和警示统治者的行为，为君权神授的理论基础进行阐述。他将天道与人事、政治进行比附，目的在于论证‘道之大原出于天，天不变，道亦不变’。其用意是要借天意把封建统治秩序推向神坛的祭礼中，要人们明白封建王朝的政权是神圣的、不可动摇的。这是董子对儒学发展第二大贡献。董子在王朝的体制建设方面，提出了‘三纲五常’的伦理规矩，这就使人的处事、生活有了可循的章法，以此来维系社会的稳定及和谐。这是董子对儒家发展的第三大贡献。董子是个学者，也是个政治家。他以自己的远见卓识，看到当时社会‘富者田连阡陌，贫者无立锥之地’，广大民众无法安居乐业，威胁王朝政权的安全。所以，他从儒家的战略眼光出发，对贫富不均的现象进行揭露和批判，提出‘限民占田，以赡不足，堵塞并兼之路’的政治主张，为后来各朝解决土地问题提供了可靠有力的借鉴。这是董子对儒家发展的第四大贡献。秦始皇统一中国后，听李斯之谏，罢私学，去塾堂，使教育缺失，人才匮乏。董子认为，治国要人才，而人才必得教育来培养，要使汉王朝兴旺发达，必须兴办教育。于是，他建议汉武帝在中央设太学，在地方设庠序，从上到下建立一个阶梯形的教育系统，而且大力提倡创办私学，使西汉王朝形成了国学与私学互补的局面。这是董子对儒学发展的第五大贡献。董子之学实在博大精深。”

张、郭二人又问：“董子之学，对今天社会有何借鉴？”二曲说：“可借鉴的地方很多。我只说一点，董子说：‘正其谊不谋其利，明其道不谋其功。’而当今社会是人欲横流，功利之习，深入膏肓。而董子的这句话，对目前社会欲流功利状况的改变，可以说是一剂对症的良药，我们不能不佩服董子正谊之高远，明道之精辟。”张、郭二人听罢，慨然叹服，深感董子之学与松柏常青，与山石共在。

这晚，二曲住宿在张梦椒家，郭传芳陪同，三人对坐论学，论谈甚欢。张梦椒幡然觉悟，坚信儒学乃治国治世之说。三人兴致来时，张梦椒从内屋抱出其子，请二曲为儿子起名起号。会纳大人闻知二曲在掌印都司家里，便领着自己的子侄来请学，让他们拜于二曲门下，受教为徒。二曲面对这些满族青年欣然接纳，先为他们讲了许多求学之要，并回答了他们的质疑。这群人相聚了数天，二曲才告辞返回周至。

二曲回到周至，首先面对的是奸人的暗算和他们造谣生非的诬陷。忍受是痛苦，动怒是伤害，沉默是无奈，争辩且无益。前不能进，后不能退，他只能在苦闷中煎熬。尽管二曲有宽阔的心胸和高远的气度，但这次泼在他身上的污水，在他心里总有挥不去的阴影。

流寓周至的峪泉子，前段时间回家乡眉县汤峪，与挚友李柏逍遥唱和了一阵子，回到周至，闻听二曲再度被陷，即来二曲家中疏解。峪泉子七岁而孤，在内外艰难的处境中，发愤自立，刻苦攻读，从师肄业，冬不近暖炉，夏不摇凉扇，篝火午夜，食寝俱忘。久之，经艺大进，下笔绝尘。十八岁时，就补为博士弟子，督学无不赞赏。但几次秋闱大考，皆落榜不第，直到顺治四年(1647)，才中举入士，被选为滨州通判。他为官清廉持己，仁慈及物；革除地方吏治之病，使之弊绝风清；倡行辖内利民之实，使之惠义丕著。上官闻之，莫不信赖；事有疑难，皆悉心咨访。正当峪泉子仕途有望之际，他却淡出官业，要隐没林泉。诸上官深感惋惜，皆予劝留，峪泉子去意已决，终挂冠而去。归而笑傲烟霞，流连图史，寄诗文籍典，与李柏情投意合，逍遥于太白、温泉之间。曾自我怡情地说："脱离仕籍，出了樊笼，觉得耳目心神，始为我有。"他视人如爱己，热肠挚谊，率真诚意，待人无论贵贱贤愚，皆恳诚情深。性耿介爽直，有怀必吐，言无矫饰；面斥人过，不容其情，人却不记其恨，反有畏惧敬重之感。他说："酒色财气，像欲望于大海，人容易在里面溺死。"于是，他洁身自好，与酒无缘；遇花街柳巷，过而不闻，耻而不为。认为贤而多财，则损其志；愚而多财，则益其过。败名伤身，皆多财也。是而平生辛劳，只求够用而已。他说：“欲做好人，须寻好友，友为性命，一日不可离。我平生有友五人，本邑李雪木（李柏），文章道谊，不忮不求；周至赵名世，刚方正气，疾恶如仇；户邑王尔缉（王心敬），言动弗苟，内外如一；周邑刘茂林，肝胆气谊，流俗罕俪；潇洒之友赵方白，山水墨竹，妙染逼真。我与此数友时相盘桓，以乐余年，置死生得失于度外，不知老之将至。”

峪泉子流寓周至，常与二曲论学，交谊甚厚。两人相见，没有寒暄，峪泉子引说古今人物，历经诬陷迫害，而能淡然处之，劝二曲释怀其怨，大度持之。转而直白恳语：“目下，数数你的仇家，刁江海这伙人，是你父亲大人护弱而得罪了他们，故而遗恨于你，这算是你代父受辱；其余同你作对的一伙文士及几名村夫，是因你孤傲乖僻而招致了他们的不满，而你偏偏瞧不起他们，如此积小怨而成大恨，与你成了死对头。你在外边名气很大，可这些人不但不认可，反而诬陷你，让你不得安生，何况他们后边还有官家撑腰，使你陷入困境而难以自拔，这些都要引起你的思考。”二曲说：“事已至此，我只能坐以待变，任其自然。”峪泉子说：“找人说和，进行化解，了却此事，你看如何？”二曲说：“他们视我如敌，我不理睬，也就罢了。”峪泉子深知二曲，便转而谈起李柏。二曲急问：“李柏近况如何？”峪泉子说：“他原本商量与我同道来看你，临行时，体又不舒，便写了封信托我捎来，以代叙谈。”说着，从怀中取出信交给二曲。二曲展纸，只见信上写道：

忆昔与兄相见于沙河东村，兄年二十二，弟年十九。兄十四少孤，弟九岁失怙，命之同苦。兄一寒彻骨，弟贫无立锥；兄菜色而登山，弟枵腹而临水；兄缊袍而见客，弟鹑衣而访友，境之困同。兄囊萤而读书，弟爇香而照字，学之勤同。兄企慕于先民，弟亦不屑为今人，志之远同。尔时，自以年富力强，学之五十六十，其成就或有可观。至今日，兄发戴雪，弟头蒙霜，年至老同。中有不同者，吾兄学成名立，天之北斗，地之泰山；至于弟者，踉跄田园，混迹渔樵，年与时去，竟成枯落，奈何！奈何！

二曲读罢，沉思良久，不觉泪下。他心想什么天之北斗、地之泰山，不过都是些浮名虚说，就是这浮名，害得自己深陷困境，不如居山耕田，临水垂钓，翰墨放歌，那是何等洒脱自在。读书做人，乃为至尚；时不我与，隐身林野，又有什么枯落？即展纸为李柏写了一封回信，说了许多劝慰之词。

二曲与峪泉子交谈之时，慎言一直在旁添水侍候。借二曲读信书写之时，他向峪泉子很有礼貌地提出了一些问题。峪泉子见慎言英俊端庄，谈吐有序，举止有礼，便不觉喜欢上了这个青年。他就这些问题，先让慎言谈自己的看法见解，然后驳正评说。末了让慎言拿出自己近期的习作，仔细翻阅后，觉得这个青年有思想，有见地，不觉脱口而出："生子类若父，不错，不错。"说罢，一个念头即刻浮之于心：独生女如能嫁给慎言，倒是一桩上好的姻缘。

峪泉子与二曲又闲话了好久，才告辞而去。淑珍从内屋走来，给二曲说："安埋他婆时，峪泉子领着女儿来吊丧，从小就看是个机灵娃，不知这娃把婆家寻下了没有，你是不是托人提说一下？"二曲说："峪泉子和咱是一路人，如能和他结为亲家，也算是咱家的幸运。我托人去打问。"慎言一听，内心不觉发痒，暗暗有些高兴。

康熙十一年（1672），二曲四十五岁。这年春天，家中绝粮，几不能生。在此困顿艰难之际，二曲并不气馁。他以伯夷、叔齐的饿死全节；以虞人面对齐景公的杀戮不怕弃尸沟壑的精神，来勉励自己和家人，表明宁愿持节饿死，也不向恶势力屈服，不向诬害自己的奸邪之人屈服。此消息传到蒲城，至交王化泰速速徒步赶到周至，为二曲置办了三个月的薪米，才帮二曲渡过了难关。

夏秋之交，这些人又闹腾了起来。二曲实在无法待在家中，淑珍说："你去到外边转转，我和娃在家，料他们也不敢咋样。"二曲早就有了寻访收编冯从吾遗著的想法，于是来到长安县，于县西南三里的冯家村，见到了冯从吾的后人冯君洁。冯家祖上留下五间三进的老屋，已破旧不堪，冯君洁在前厅办了所私塾，家人和孩子住在后屋。冯君洁听说二曲先生来访，急忙打开中厅的雕花大门，迎二曲到正堂的方桌前坐定。上茶闲叙，听二曲说是来收集寻找祖上的遗著，想编辑《冯少墟全集》，以壮关学声威，冯君洁喜出望外，即招来冯氏兄弟十多人。大家围着二曲，争相问好，并说："我们虽是冯从吾的后人，但对他的生平及学说，都知之甚少，先生能不能给我们讲讲？"二曲说："你们家族是个显赫的仕宦之家，先祖几代做官。冯从吾生于明嘉靖三十六年（1557），少时随父旅居京都，就读于太学。学成后回到家乡，受陕西督学许孚远的礼聘，在正学书院讲学。明万历十七年（1589）中进士，授翰林院庶吉士，后改为监察御史。任职期间，清除了朝野共同指责的奸人胡汝宁，一下子在京城有了名声。看到万历皇帝沉溺酒色，懒于朝政，他上了著名的《请修朝政疏》，提醒神宗'勿以天变不足畏，勿以危乱为可危'。神宗大怒，欲廷杖下狱，幸内阁辅臣赵志泉相救才得脱免，但被逐出朝廷。由此，冯从吾名震朝野。

“冯从吾回乡后，潜心治学，并于西安宝庆寺讲学，后与周淑远等人在宝庆寺东边创建关中书院。四川、甘肃、河南、湖北等地的学子，纷纷前来拜师就学。环而听者常过千人，教学之盛，旷古绝今。时人称赞道：

出则真御史，直声震天下。
退则名大儒，书怀一瓣香。

“此后，冯从吾几次被召回朝廷，又几次被削职回乡。天启二年（1622），被擢拔为左佥都御史。此时，他处理完政事后，就与邹远标、高景遗等人，在京城的城隍庙内讲学。天启五年（1625），受魏忠贤党羽的迫害，被削职回乡。接着，多年讲学的关中书院又遭捣毁，冯从吾切肤痛恨，咯血病榻，寝食俱废，于天启七年（1627）辞世，享寿七十岁。他的学说思想是融汇了程朱、陆王诸家之说，创立了善心之论，使之形成了理学体系中一个新的学说形态。其善心学说，是在批判告子性无善无恶论、荀子性恶论的基础上，发扬了孟子的性善学说。同时，他把张载的‘天地之性’推到了一个新高度。他认为性的善恶是客观存在的，而且是相互对峙的，而善是本然之性，恶是气质中情欲的诱惑而产生的。所以，导善除恶，是修身、齐家、治国、平天下的根本所在，更是善心说的最高宗旨。就是千讲万讲，不过要大家做好人，存好心，行好事。在关学学风的继承和重建方面，主张敦本尚实，发扬张载关学躬行实践、经世治用的传统，对国计民生极度关切。冯从吾的学说，体现了关学当时的发展趋势，是摒弃门户之见、包容百家之说、扩展诸子之论，朝着求真务实的道路发展，其地方特色尤为鲜明。更值得称道的是他写了关学发展史。所以，人们把他与东汉的杨震、宋时的张载、明时的吕柟相提并论，标定他是关学发展史上一位里程碑式的人物。”

二曲言罢，冯氏兄弟面有喜色，也有愧感。各自回家，取来自己所保存的文章、书信、别集等。这些都是二曲先前尚未见过的资料，他喜出过望，一一收入袋内。

当晚，冯君洁令家人杀鸡买肉，兄弟们和二曲共同进餐。第二天，冯氏族人一行数十人，陪着二曲拜谒了冯从吾墓。礼毕，二曲北上，寓居于西安南郊的大雁塔慈恩寺内，静静地整理冯从吾著述。

二曲到西安的消息不胫而走，陕西学宪钟朗很快知道了。钟朗，浙江石门人，顺治己亥进士，由翰林改名为工部主事，升员外郎，出任江南、江西、湖广等处，历刑部郎中，康熙九年（1670）任陕西学政。他闻知二曲母亲的事迹后，大书“贤母彭氏”四字，勒石竖碑于墓前。又向二曲致函，诉说对其学说的向往之情，并盼望能见到二曲。但因公事太忙，不能亲赴周至一叙，特让张梦椒、郭传芳持书延请二曲到省城一会，二曲以平生不进官府而婉拒。此次闻二曲借寓于西安南郊，立即出城拜访。两人相见，即成至交。钟朗质疑咨学，闻所未闻，深恨会晤之晚。便天天到二曲的住所，谈说论学，击节称颂，很晚了才拜谢而去。

这年正逢秋闱大考，陕甘两省三边八郡的士子云集于西安城中。士人们闻二曲旅居于雁塔慈恩寺内，呼群引伴，摩肩接踵，争相问学于二曲。二曲随人授学，终日不倦，很耐心地回答士人们所质疑的各种问题。此举在陕西学界引起了极大的轰动，成为一时盛事。秦陇两地的士人学子，多深受启发，恍然醒悟，这才知道儒家学术的真谛，不在于章句八股、制义科举，而在于性命修养、树德治世。二曲给世人的心田吹去了惠风，送去了雨露，在他们的思想里引起了深深的反思，在社会上也产生了巨大的影响！

十多天后，二曲怕家人和孩子受到伤害，便准备起身返乡。钟朗闻知，急出城躬送，依依惜别。

二曲回到周至，那帮恶人在县令马芝的支持下，气焰更凶，手端更卑劣，二曲实难以为对。张梦椒、郭传芳、钟朗等人实为二曲担心，想尽自己的努力为二曲营造一个避害安身之所，欲在户县为二曲买地造屋，让他远离周至是非之地，以图安宁。不巧，张梦椒升为安远参戎，这事没有办成。张梦椒放心不下，给二曲写了一封恳劝信。信中说：奸人们之所以与先生产生矛盾，是因为先生名高德重，他们想与先生亲近而遭到了你的拒绝，才产生了诽谤忌恨之心。然群小的伎俩毕竟有限，可化解他们的方法有多种多样。先生如能消散怒火不与对抗，此辈便乐有依附之望，这样会化解他们的怨恨之心。如果邪正分明太甚，小人们就会愈加放肆，更为歹毒。愿先生勿以人废言，这是我自己的一点请求，盼先生思之。临行，张梦椒念二曲清苦艰难，捐俸三十金，托人为二曲购地十亩，聊资薪水。这才西行上任而去。

二曲疾恶如仇，峪泉子、张梦椒的劝告，他曾思虑过，但他觉得如果向这些人低头以保其安，我二曲就不是二曲了，仍以对峙为抗。此时，平西王吴三桂、平南王尚可喜、靖南王耿精忠，联合起兵，反清复明，吴三桂自称天下招讨大元帅，派王屏藩秦州举兵起事，西北为之震动。时局变化，天下动乱，人心板荡，为阴谋小人伤害仇家提供了时机。

刁江海已年过七十，但他总感到和李家的仇未报，便把与二曲作对的人召集起来，商量如何对付二曲。一人说：“咱们过去采用了多种方法，都没有把这东西咋样，这回趁天下动乱，就下毒手以了心结，大家看如何？”一人说：“这样做是不是有些过分？”一人说：“他在外边结交的人多，如果把活干了，咱们怕脱不了干系！”一人说：“有马县令给咱遮风挡雨，还怕啥呢？”

一人说："马县令现在也自身难保，他护遮不了咱们。"众人议论了好大一会儿。刁江海一直没动声色，只是拿着长杆烟锅抽烟，末了他说："这活要干得不留痕迹，把娃收拾了，就是县府查，也要让他们查不出来。只要大家有心把他弄了，这活你们就不管了，一切由我安排。"

上次给二曲报信的那人想，二曲确实是个大学问家，如果让这帮人不明不白地杀害，也实在可惜了，便回家把自己的想法告诉了妻子，让妻子设法转告二曲的妻子淑珍，说二曲面临杀身之祸，请赶快躲避。

二曲正愁没处可去，恰惠思诚来访。惠思诚说自己的妹妹出嫁到郭家寨，现有三间空房闲着，二曲可搬到那里去住。郭家寨是个古老的村庄，相传黄巢起义曾在此安营扎寨，锅灶林立，从此该村更名郭家寨。此村距离县城十里，在黑河西岸。康熙十三年（1674）二月二十三日黑夜，二曲全家离开新庄堡，迁居郭家寨，以避祸害。这是二曲平生第一次举家离乡，他心中无限悲愤和惆怅。

这年秋夏之交，阴雨连绵，周至各河道洪水冲堤越岸，淹没了五百余顷田地。马芝听信了师爷顾文存之言，没有向上级报灾，五百余顷田地不但没有收成，还得照旧交粮纳款，民众苦不堪言，一片怨骂之声。周邑士人写诉状到郡府衙门控诉并弹劾马芝，马芝因在周至积怨过多，特别是对二曲交恶陷害，引起上下不满，因而被免职去籍，悻悻而去，在史册上落了个妒贤害能的坏名声。

三十 书院育栋

二曲徙居郭家寨的第二天晚上，刁江海领着十多个人撵到郭家寨，计划当晚一定把事情办了。他们在村口打问二曲住在什么地方，悄悄朝二曲住的地方围拢。郭家寨的乡约张岳峰，见村子突然来了这么多人询问二曲先生，而且鬼鬼祟祟，想起之前闻知有人寻先生报仇，猜来人可能就是这些仇家。“在我管的地盘，不能让先生有个闪失！”即取出铜锣，当街敲响。不一会儿，几十个精壮小伙围了过来，张岳峰领着他们飞跑到二曲门前，见刁江海他们已把二曲的房子围了起来，一人正用刀子拨门，情况很是吃紧。张岳峰站在大路上说：“你们想干什么？二曲先生到我村居住，就是我村的乡党，谁要敢动他一根汗毛，我让他从这里爬着出去！”说着，把手一挥，几十个小伙上前，把刁江海他们赶出了郭家寨，而且追撵了一里多路。听到外面没了动静，二曲才开了门，见张岳峰和几个青年还在大道上站着，慎言、慎行忙跪地叩谢。张岳峰扶起他们，对二曲说："先生就安心住在这里，有郭家寨的乡党护着，保你没事。"二曲握住张岳峰的手，感动得流着泪，一句话也说不出。

二曲的生活暂归平静。这天饭罢，好友刘茂林来见二曲。两人坐定，刘茂林开门见山地说："你托我向峪泉子提亲，峪泉子唤出女儿，讲了你家慎言的情况，他女儿玉竹点头同意，峪泉子也一脸的欢喜。本来，我应早来通告，商量给娃把事办了，可你被群小所陷，不得安宁，只好拖到今天。"二曲说："我家徒四壁，暂居人处，境况艰难，实难面对峪泉子。"刘茂林说："峪泉子一家都知道这些情况，认为你家慎言可为女儿的依托，才决定把女儿嫁给你家。"二曲说："那聘礼不能没有！"刘茂林说："峪泉子夫妇商量，就这一个独女，要多了你也拿不出来，只要有个信物即可！"二曲和淑珍思量了好久，家中一无黄白之物，二无玉石之类，三无绣花之品，实没有什么送给人家姑娘。正作难时，慎言说："我近来有习诗百首，就算作信物相送，不知可否？"刘茂林说："玉竹从小跟父识字读书，且能赋诗填词，如此正好。"玉竹得到慎言的百首习诗，翻阅之后，甚为喜欢，用几天时间，也作诗百首，托茂林叔送给慎言。如此，这桩婚事就算定了下来。

经过一番准备，到了结婚的日子。二曲请来菜园堡的叔伯兄弟和往日要好的朋友，郭家寨的乡党虽不算熟，但都主动来帮忙顾事。乡约张岳峰用自家的牛车迎回玉竹。新人先拜了天地，再拜了祖先，后拜了灶爷，又拜了父母，夫妻对拜了之后，就算大礼告成。这天，二曲没办酒席，只让大家吃了一顿臊子面，也算了却一桩心事。

明万历三十七年（1609），陕西布政使汪可受、按察使李天麟及副使陈宁、段猷等合议，支持冯从吾、周淑远等诸君子的请求，在宝庆古刹东边的小悉园，为他们的讲学建一所书院，起名"关中书院”。初建时，修校舍，置学田，种林木，垒假山，幽雅有致，初具规模。冯从吾他们讲学其间，成为一时之盛。明天启五年（1625），东林党人顾宪成、高攀龙等人利用书院讲学之便，评议朝政，裁量人物，矛头直指魏忠贤这伙作恶多端的阉党。于是，魏忠贤向皇帝进谗言，要把全国所有的书院拆毁。皇帝昏聩，下了诏书。当时的陕西巡抚齐应甲是魏忠贤的党羽，关中书院罹难无免，成为一片废墟。改朝后，贾汉复任陕西巡抚，他和西安知府叶承祧、咸宁知县黄家鼎重修书院，复其旧制，扩充地基，增设廊圃。后有大吏尹继善、陈宏博等人续修扩建，使之大有改观。康熙十年（1671），陕西巡抚鄂善对关中书院进行了再一次整修装粉，使之焕然一新。为了振兴陕西教育，省府下令，从各郡县选拔优秀学子，进入书院求学深造。同时，物色硕学大儒来书院主讲。陕西学宪钟朗和咸宁县丞郭传芳认为二曲是胜任这一角色的唯一人选，便积极向鄂善推荐。鄂善，满洲镶黄旗人，属那拉氏一族。初为侍卫官，后升为秘书院学士，晋迁为副都御史。康熙九年（1670）调任陕西巡抚，康熙十一年（1672）授山西和陕西两省总督。他担任巡抚时，就知道周至有个李中孚先生，对先生的人品和学说深怀仰慕，此时即以省府写了聘书，携带聘礼，派大员亲往周至，恭请二曲到关中书院主讲。二曲力辞再三，给予婉谢。鄂善爱才心切，对二曲更加敬重，敦请之情愈加急迫，又连续三次派人到二曲门上坚请。二曲为鄂善的殷切之情所感动，答应赴西安，主持关中书院教务。并致信鄂制台，说明情由，以望鉴谅。

二曲一身明人打扮，长袍博带，宽袖大腰，与世俗不合。学宪钟朗在省城给二曲特制了一身小袖短袍的时装，派专人送往周至，要二曲换了这身衣服进城。二曲见了这套衣服，只是一笑，让淑珍收拾包藏，还是穿着原来的衣服进城。这晚，二曲歇在城南的慈恩寺。第二天一早，钟朗带着一帮人来迎二曲，一看二曲还是原来的打扮，不觉愕然吃惊。二曲笑着说：“我不是官僚绅士，也不是武弁营丁，穿起窄衣小袖，实为不便，也不合身份。宽衣博袖，是老百姓平时所穿的衣服，我原本就是个平民百姓，所以不敢丢了自己的本色。再说，平民百姓没有进入公府衙门的道理，我平生安守庶民百姓的本分，从未进入过公府衙门。我今进书院讲学，全是诸公对我的关心和照顾，但我断不敢破戒以违自己的信念。”钟朗明白了二曲的想法，并尊重他的志向，如实向鄂善作了汇报。鄂善是个很开明的长官，说：“我等聘先生，目的是为了他在书院主持讲学，以沐教秦地，怎可强迫他改变平生的志向呢？”即令西安知府邵嘉引备好车马，让三学博士随行，迎二曲进城。鄂善领着陕西巡抚阿席熙、布政使吴努春、按察使巴锡、提学使钟朗，到书院的侧室候迎二曲。并设宴席，以表对二曲郑重的礼遇。

宴罢，众人饮茶叙话。鄂善说：“孔子、孟子、荀子等圣贤，当年都以讲学为务，传播儒家学说，用以教化天下。教育的力量究竟有多大，能让圣贤们如此尽心？”二曲说：“关于教育的功能，是历代主政者和教育家所关心的话题。他们都追求教育的最高社会效应，因此，把教育提高到关乎国家兴衰的高度。所以，立人达人，全在讲学；移风易俗，全在讲学；拨乱反正，全在讲学；旋乾转坤，全在讲学。为上为德，为下为民，莫不由此，此生人之命脉、宇宙之元气。就是说，从人才的培养到风俗的转变，从治乱求安到变权兴国，无不与教育的兴旺与衰败有关。当权者重视教育是应当执行的治国战略，民众接受教育是每个人应有的本分。只有推行教育，世世代代的人才能得到文化的熏陶和滋润，这样才会除愚增智，才能保持宇宙的元气。一个国家要政治清明，经济繁荣，在乱中求治，在败中求胜，在退中求进，就必须兴办教育。除了官办各级各类学校以外，还应提倡民间开办私学，让自由讲学的风气遍布国家的上上下下。这样，少儿、青壮都会有求学的机会，在教育的氛围中成长。如此，他们都能躬行孝悌仁慈，就可达到明体治本的目的。这样，天下谁人能不善良呢？淳朴的风气形成了，倾国上下，和谐祥安，人人亲其所亲、爱其所爱，治国平天下，难道还有比教育的功效更好的吗？”鄂善拍案称是，众人互望甚欢，心中都敞明了许多。

阿席熙问：“学校应培养怎样的人才，以满足国家的需要？”二曲说：“教育是培养人才的必然途径，只有兴办教育，各类人才才会脱颖而出。学校首先是培养经国治世的人才，让他们立志做天下第一等事，做天下第一等人。这就是为天地立心，为生民立命，为往圣继绝学，为万世开太平。志不如此，便不成志；学不如此，便不成学；做人不如此，便不成人。这类人才是国家的肱股，是国家的栋梁，是国家赖以兴旺发达的命根子。所以，学校要把培养这种人才作为自己的目标和追求。

“再说，国家所需要的人才是多方面的，那么，学校所培养的人才就应是多层次的。既要培养卫国守边的将帅之才，还要培养做工、务农、经商的实用人才，这些是国家大量的急用人才。最上道理，只能最下修能，不必好高骛远，但就日用常行，极浅极近处做起。这样，愚夫、愚妇都可成为人才。学校如能培养治国之才、实用之才、普遍之才，就会满足兴国治世的需要。”

阿席熙拍手连呼：“妙哉！妙哉！”众人望着二曲，仰之如高山。

按察使巴锡说：“请先生谈谈自己的教育理念。”二曲说：“我的学说思想，是以求实为核心，教育理念当然也不例外，就是道不虚谈、学贵实效。中国是个农业国家，重农是立国之本，那么，多培养大量农业人才，就是教育义不容辞的责任。所以，我教育门人学习《农政全书》《水利全书》等，力求做到思想的修行与知识的实用相结合，达到明体和适用的统一。如果只强调明体而疏忽了适用，培养出来的门人就是腐儒；如果只重视适用，而放弃了明体，培养出来的人才就是霸儒；只有做到明体和适用的平衡教育，培养出来的门人才是真儒。如此，采用适用践行的教育理念，才能培养出大量社会实用性的人才，满足社会生产生活的需要，推动社会的前进和发展。这样，就会使斯世见儒家作用，斯民被儒家膏泽。儒士学人才会以齐家、治国、平天下的雄才大略，使黎民百姓过上安居乐业的生活。"

提学使钟朗说："德和才是学人应具备的素养，不知谁为先谁为后？"

二曲说："德和才不能以先后区分，而应以统属相论。人才要有一定的知识，知识转化成才能后，才能服务于社会。然而，才能没有善恶之分，才必须在德的指导和统帅下才具有目的和方向。才能如果没有德的统帅，就像疯人手中的利剑一样，会伤害他人和社会。所以，道家、儒家、墨家都强调以德帅才的教育思想，也都把道德品质教育放在首位。所以，教育门人要三省吾身，有不仁、不义、不礼、不智、不信之念，便是身上的缺点，就得一一除去。这样内外交修，知行并进，才会德在才达，蔚然名世。

"人性本是善的。善就是良心，它包含仁、义、礼、智、信五种德行。人按照良知良能去规范自己的言行，就会生出恻隐之心、羞恶之心、恭敬之心。如此伦理纲常之德、孝悌忠信之举，皆会自然成范。

"人的自私心、虚伪心、歹利心，皆由后天的气质所致，气质之所以能造弊扭曲，是因为社会环境的影响。所以，抵制社会环境的影响，批驳恶习弊病对人性的侵害，是以德育才的重要方向。凡有德之士，首先要树立济世安民、服务群生的意念，要坚决杜绝荣家身、肥妻子、追求富贵利达的想法，更不能有口头圣贤、纸上道学的虚伪面目，要坚决横扫学非所用、用非所学、无济于事的空乏学风。道德品质树立在实学实用的磐石之上，高尚的品德才会像将军指挥千军万马那样，把才能用在利国利民的实事之中。”

这些高官大吏，皆饱学之士，他们见过多少学人谈吐，听过多少大儒论学，可今天闻二曲之言，如临和风，如沐惠雨，心中之甘甜欣慰，难以用语言表达。鄂善唤人取来笔纸，写了“明道轩”三字，让人刻制悬于其室门楼，以记今天的谈叙。

康熙十二年（1673）五月十五日，时春天已过，夏日来临，但关中平原的天气还不太炎热。这一天，微风轻吹，白云朵朵，宜人之气，充溢了书院的角角落落。德绅、明贤、进士、举贡、文学、子衿之众，呼朋引伴，合群结伙，都蜂拥而来。几千人环阶席坐，等候二曲登座开讲。

不一会儿，总督鄂善、巡抚阿席熙、布政使吴努春、按察使巴锡、提学使钟朗、西安知府邵嘉引以及藩臬以下官员数十人，簇拥着二曲登台而坐。鄂善击柝发号，示意大家肃静，听二曲论学开讲。

二曲开讲即宋代理学。他先从儒家的复兴讲起，追溯到唐代，讲了元稹、白居易的新乐府运动，韩愈、柳宗元的古文运动，啖助、赵匡、陆淳的新经学运动。继而讲两宋理学的构建和发展，详细介绍了濂、洛、关、闽四大学派的学说要旨。从旭日东升，直讲到日当正午。

二曲说：“宋儒创造的理学体系，是中国社会中精致完善的学说。理学中关于理想人格的建树，对中华民族注重气节、注重道德、注重社会责任和历史使命的文化素养，产生了极其深远的影响。张载的‘为天地立心，为生民立命，为往圣继绝学，为万世开太平’，把社会责任和历史使命推到了极高的境界，彰显了伦理主体性的伟大与崇高，闪烁着理想人格的拼搏与奋进、灿烂与辉煌，使宋代理学的精神价值与道德理想达到了令人向往的高度，大大丰富了中华民族的精神文化家园。

“应时而生的宋代理学，具有系统的宇宙论、认识论和完整的伦理体系。其本身就受到了知识阶层的肯定和喜爱。加之理学家通过讲学的传播，主权者也将其学说列为正统并作为科举选仕的标准。这样，于朝、于野、于官、于民，都受到了理学的熏陶和泽润。理学由朝堂走向民间，成了大众所学习和遵循的学识思想，达到了心性化和宗教化的程度，使佛、道二教望尘莫及。所以，宋代理学占据了中国思想文化阵地达六百年之久，影响极其深远。”

二曲讲罢，掌声雷动，久久不息。

午饭后，大家稍事休息，即环坐侍列，等二曲再讲。

下午，二曲讲关学发展史。他从张载说到张戬；从蓝田四吕，讲到苏昞、苏育；从金的杨天德，讲到元的杨奂、杨恭懿；又从萧维斗、同恕，讲到侯均、第五居仁；入明以后，他重点讲了薛敬之、王恕、王承裕、吕柟、马理、韩邦奇、冯从吾、王征等人。末了，二曲说：“关学的特点，一是注重实践，讲究实用；二是经国治世，强国富民；三是躬行礼教，革新风俗；四是注重科学，崇尚技能。这四个特点构成关学的四大标志。张载身后，迄至宋、金、元、明，关学基本沿着这四个方面向前发展。注重实践、讲究实用，是关中学派总的精神要旨；经世致用、强国富民，是关中学派学说的核心及为之奋斗的目标。躬行礼教、革新风俗在于改变社会风俗，社会成员若都能尊礼、知礼、行礼，社会风俗必然质朴淳厚，仁爱之心、谦让之举就会大行于天下。这样，社会就会实现稳定与和谐。社会要发展，必须用科学技能来推进，农工、商贸、天文、地理等知识的研究和探讨，是关中学者普遍关心的问题，于是，也就出了李复、王征为代表的技能之士。所以，张载所创立的关学，造就了关中的学人。关中的学人，也为关中学派的发展，在各自不同的历史阶段，贡献了自己的力量，才使关中学派的薪火，从历史的那端，传递到历史的这端。我们关中学人不能不为之欢欣和骄傲。”

夕阳西下，余光映金，晚风轻拂，百鸟低唱。鄂善总督击柝几次，众人竟没有一人愿意离开。大家围着二曲，质疑问难，二曲引经据典，汪洋回答。直到明月高悬，人们才依依散去。

作为书院的学长，教学教务的管理是二曲的职责。于是，他以自己的教育教学思想为指导，撰写了《关中书院会约》。其中包括“儒行”“会约”“学程”三个部分：

“儒行”首先阐述什么是儒者，接着详细叙述了儒者应具备的思想和行为规范，要求来关中书院就读的门人学子都能以此为标尺，来提高自己的学养和树立自己的德行，做一个人们所公认的真儒，而不能做一个穿儒服说儒话而不行儒事的假儒。这其实是二曲从儒者的高度出发，对门人所实施的德育教育。

“会约”主要制定了会讲的仪式及各种纪律要求。规定每年逢双月进行一次会讲。讲日午初，击鼓三声，门人们穿戴好衣帽，先到所供奉的圣贤像前行礼，然后到关中书院创始人冯从吾的神位前行礼。礼毕，向前来参加会讲的三司长官揖恭三次。然后以年龄为序，分东西两班，相对作揖就座。讲毕，击磬三声，仍到圣贤像前，面容严肃，作揖后退。所列十条纪律，严明周到，很是详尽。

“学程”规定了学子从早晨起床到晚上休息，整整一天学习时间的划分，及所学课程的内容及进度，而且慎微精到。如文中规定：饭后，看《四书》数章，须看原文，勿先看“注”；原文不懂，然后阅“注”。凡阅一章，即思此一章与自己身心有无交涉。务要体之于心，验之于行。如果一言一行与此不符，就是违背了圣贤的教导，即要自行规范，以正言行。二曲所定学程，要求学子先读原文，原文不懂，再看注释，这样才能加深理解，学为己获。再者，要学思结合、学行结合，方为有益。

二曲所撰的《关中书院会约》，使书院的日常讲学，有了可循的章程和严整的秩序，有序地推动了书院各种活动的开展。经过三个月的实践，取得了非常明显的效果，使学院的纪律、学风以至习俗，都发生了巨大的变化。新任提学使洪琮读了《关中书院会约》，看了书院的变化，欣然为之作序说："二曲先生仰承图化成俗之意，述古圣贤教人为学之要，乃首"儒行"，次"会约"，而终以"学程"，揭其条目，当以古人铭戒箴规之义！先生之言如江海之浸、膏泽之润也。使一人之修行移之于一家，一家之修行移之于一乡，则三秦之风俗成、人才出矣。"短短三月之余，二曲的组织才能、领导艺术、实践精神，得到了充分的发挥。书院这个平台，使二曲有了用武之地。

洪琮，安徽歙县人，顺治九年（1652）进士。初任韶州推官，后迁为刑部陕西司主事，康熙十二年（1673）七月升为陕西提学使。洪琮其时正在凤翔处理公务，得知二曲讲学关中书院，即备礼金，差人专意送往，以表对二曲的敬仰。二曲委婉谢绝。但洪琮并不在意，回西安后，亲往关中书院，设宴与二曲礼叙，且朝夕躬陪，情感日笃。洪琮刊布了《关中书院会约》，使之广为传阅。二曲编辑《冯少墟全集》，历时一载，告竣完工。论学间，洪琮得知此事，认为其关系关学接续，即索取稿件，拨款招工，组织印行。

二曲主讲关中书院，对学生动情晓理，宽严有度。在教学上讲论研究并用，明体与践行同施。书院气氛热烈，盛况空前。关中一些耄耋学人，看到这种情况，感慨地说：“自冯少墟之后，关中的讲会久已埋没绝响，现在二曲先生起来振兴教育，力破天荒，制定纲纪，实乃一柱撑天、一发千钧，少墟于明时讲学的情况，实不可与今日相比。”

看到关中书院如此蓬勃旺盛的发展，省城上下一片欣悦。院、司、道、府诸多衙门都给二曲送来礼金，二曲一一推却不予接纳。巡抚阿席熙亲赴书院，向二曲赠金数镒，二曲不受；如此往返了四次，二曲还是委婉谢绝。

二曲家贫寒艰窘，但他对钱财却是如此的淡泊，大家对二曲的敬重之情，日益剧增。

书院要始终保此旺盛发展的态势，必须团聚一群精英人物来共同料理。于是，二曲向都府衙门写了书函，拟聘李柏、李因笃、王宏撰、孙枝蔚等人来书院坐讲。他也决心以书院为平台，传播自己的学说思想，以救治人心，为社会培养治国栋梁。但二曲万万没有想到，敬他、爱他的督抚大员，正在筹划他的人生，从而再一次打破了他的宁静及以讲学来报天下的想法。

三十一 舍命拒征

为收拢明亡后天下士人之心，康熙皇帝时，清廷多次下诏，让所有的封疆大吏把所属辖内的硕学鸿儒，向朝廷举荐，让他们入仕做官，认为这样既可瓦解明代遗民与朝廷不合作的群体，也可让他们的才识为朝廷所用。如此，广布了恩德，也化解了社会矛盾。鄂善作为陕西总督，深领康熙皇帝的旨意，对秦地的学林士人进行了摸排，觉得二曲先生是首先应向朝廷推介的大儒，他的学识、才能、德行都堪为楷模。自从二曲主教关中书院以来，两人从神交变成挚友。鄂善明知二曲有凤翔千仞的情操，决不会以仕禄为荣耀，但他实在是关中的高贤之辈，怎能隐瞒不报呢？于是，鄂善告诫提学使洪琮和咸宁县丞郭传芳，暂时向二曲保密，自己和巡抚阿席熙联合向朝廷上书奏报。其奏文曰：

一代真儒，三秦佳士。学术经济，实旷世之遗才；

道德文章，洵盛朝之伟器。负姿英特，操履存良，环睹肃然。一编闲适，经百折而不回，历千迍而愈励；刊行绪论，咸洞源达本之谈；教授生徒，悉明体适用之务。远崇孔孟，近绍程朱。初奉诏求贤，臣等虽略闻其人，恐系浮名，未敢深信。恭奉皇上赐臣等《大学衍义》，臣等仰承圣训，以广文教，修复书院，聚集多士，将颙迎至。见其人品端庄，学多识博，讲论滔滔，诚难测其渊微。今皇上曰御经筵，时亲典谟，正需穷经博古之臣，以备顾问之班。臣等既知此人，不敢不举。

奏文上达，经过廷议，吏部即行文督府，让催促二曲起行进京。直到这年九月一日，二曲才知道了这件事情。他惊愕万分，惶恐竟日，即离开书院，返回周至。并致书总督鄂善，拒辞征辟：

明公以国家太平之业，必先于正人心，故思得硕儒以振起斯民，诚吾道之中兴，而生民之大幸也！顾仆实非其人，适以重为斯文之辱。前者三辞不获，觍颜应召，而赴书院。言无可听，行无可取，中夜自思，既负明公下问之诚，兼愧朋友琢磨之益。方欲束身告退，肆力耕耘。忽闻愚贱之名，上尘睿览，惊魂欲坠，俯仰难安。自拜辞抵家，即染寒疾，历久不痊，遂至左足不仁，艰于步履。夫荐贤者，国家之大典，岂容以废疾之人，滥膺宸命哉？况今接待宾客，皆倚杖而行，犹或颠踬，其必不能舞蹈丹墀也，不待问而可知矣！伏乞明公格外施仁，代为题复，使病废之人，得以终安畎田，则始之终之，其恩皆出于明公矣！若以前疏既上，后难复请，是甚不然！历观前代盛时，凡征辟不就者，皆传为美谈，而颂荐举者之知人；其有出就一职，名实俱丧者，往往取笑于当时，贻讥于后世。此前事之已验，然则明公今日，宁传为美谈乎，抑为人讥笑乎？二者当知所择矣！

鄂善接到信，心中有点愧疚。举荐二曲，是忠于国家，却有点对不起朋友，鄂善正想法从中斡旋此事，朝廷又下了旨意催发。于是，二曲无奈又写了第二封拒征信：

前书已揭愚衷，而宪台未察，又蒙钧谕下颁。仆抚心自思，实非敢以退让为高，而拂宪台为国家起贤之至意也。夫事当权其轻重，而虑其始终。仆废疾家居，负朝廷旁求之意，其罪犹小；异日名丧实忘，使天下咎宪台无知人之明，且为国典之辱，其罪甚大。不自知耻，应诏而行，始之也甚易；以身事主，无忝所学，终之也甚难。故仆宁择其轻，而不敢为其易也。在宪台之意，以为仆虽不能有益于国家，亦不至有负于大典；而以仆计之，则甚不然。窃观古人学真行实，尚受谤于当时，往往困辱其身。况仆草野愚蒙，本无学术，即使之应对殿廷，亦且言无伦次，群起而非之，殆不可以屈指计矣。仆固不足惜，独是宪台明无不照，而为仆一人所累，致有不知人之讥，则虽擢仆之发，又乌足以赎其罪哉？此仆之所以择其轻而辞其重，图其始而虑其终，非特为仆一身之计，实所为宪台计。为国家计者，至悉而无以加也。如犹不获所请，即当以死继之，断不敢惜此余生，以为大典之辱也！存没之诚，言尽于此！

鄂善收到这封信，看到“如犹不获所请，即当以死继之，断不敢惜此余生”这句话后，顿生惶恐懊悔之情。他不禁想到康熙十年（1671），朝廷开明史馆时，内阁大学士熊赐履以隆重的礼节延请顾炎武参加。可顾炎武坚守母亲王氏“无为异国臣子”的遗言，坚决拒绝，并发誓说：“果有此举，不为介推之逃，则为屈原之死。”对于坚守士人志节的明遗民群体来说，招抚他们出仕，固然是朝廷的策略，但应者可以说是少数；绝大部分人要隐逸守志，以讲学为己任，以此来安身立命，二曲即是这种人。鄂善强迫二曲出仕做官，是违背他的意志，强行改变他的气节，可以说是迫人所难，把人往死路上逼。于是，鄂善唤来巡抚阿席熙，商量以二曲突患疾病，上书朝廷，免于举荐。阿席熙也是个明白人，答应署名，以解二曲之难。

正当他们准备起草奏文时，朝廷突然下旨，调鄂善去云南，其余三司长官大部分作了调整：哈占任总督，抗爱任巡抚，布政使吴努春，西安知府阿尔亲，全是满洲人。他们和二曲没有交情，一切都按公办事。这年十一月，督抚又奉旨催促二曲起程进京。二曲再三以疾辞却，其辞征书曰：

> 颙少失学，无他技能，徒抱皋鱼之至痛，敢希和靖之高踪；不虞声闻过情，上彻宸聪，部檄地方起送，盖旷典也。颙，何人斯？敢辱斯典！若谬不自揆，冒昧奔趋，是借终南作捷径。可鄙孰甚！有士如此，朝廷亦安用之？况颙近因汗后中湿，宿疾顿发，左足麻木，不能步履，岂堪远涉长途，趋步拜舞，对扬丹陛也。伏望矜鉴，特为转达，曲成石隐，使颙不至狼狈道途，自速其毙，佩德颂仁于无穷矣！

二曲接连写了六封辞征书函，督抚衙门却催之更急。为了躲避征召，二曲黑夜离家，徒步远涉华阴，拜访著名学人王宏撰。

王宏撰，字无异，号山史。少时随父王之良生活在官衙住所，有良好的读书条件和交友机会，既有侠肝义胆，又勤奋好学，在理学、诗文、书法、金石、古书画收藏及鉴赏诸多方面都有所造诣，时人称之为“博物君子”。明亡后，绝弃科举功名，居家研读经典，外出交友论学。与名士李因笃、顾炎武、屈大均、王士祯、施闰章、阎若璩、李楷、王建常、康乃心、李二曲、魏象枢、汤斌等交谊甚笃，在士林中具有极高的声望。顾炎武曾说：“好学不倦，笃于朋友，吾不如王山史。”王宏撰曾与顾炎武等一群友人，北上昌平拜谒崇祯皇帝的陵园，在陵前伏地痛哭，以寄寓亡国之痛、黎民之悲。顾炎武有诗道：“华阴有王生，伏哭神床下。”他与清廷不合作的士人气节，被誉为“关中声气之领袖”。其著作有《正学偶见》《待庵日札》《西归日札》。王宏撰兄弟三人（大哥王宏学，二哥王宏嘉）皆学养深厚，德望仰山，共以遗民相惜，同为关学人物。

华阴汉高祖八年（前 199）建县，有“秦岭古陆”之称。王宏撰家居华阴东南的观北乡，傍山临水，从家后小道入秦岭，不远处的阴坡山台上，有偌大一块平地，王氏家族在这里建有一座别墅，名曰“隐志山庄”。庄内亭、阁、馆、舍罗列有序；花草树木，依势植种；小池两泓，点缀其间；石板小路，蜿蜒曲斗。恰一夜飞雪，银装素裹，一株株挺立的松柏，都成了高耸的宝塔。山鸡不啼，百鸟停飞，庄间肃穆雅静，毫尘不染。王宏撰兄弟三人，在“论学阁”接待二曲。屋内炉火一盆，温暖如春；屋外雪花飘飞，彻寒透骨。四人围炉拥坐，听说二曲为躲避征召一事，远道东来，甚为敬佩。四人又暗自伤神，勾起了亡国之痛，各抒了坚不与清廷合作的心志。王宏撰说：“国破君亡，吾辈不能死，如果又寻一番出处，其罪就在于该死！”二曲说：“青山高耸，流水东去，始终如一，方向不改。我辈何能屈就利禄，以辱尊严，以毁清白。强迫之下，只有一死了之。”王宏学说：“古人向学立德，首先把气节视为金石。山河破碎，人各寻出处，也不为怪，关键是看你走人道，还是走鬼道！”二曲说：“《易经·系辞》中说‘君子之道，或出或处’，出处之事，是摆在遗民面前首先应该考虑的问题。俯首屈膝，贪图利禄，变节求荣，自然是鬼道黑路；坚守气节，昂首蔑视官宦权贵，安贫自甘，方是我辈最好的出处，此才是君子之道，一条对得起天下的光明大道。”王宏撰说：“要走君子之道，首先必须是君子；只有是个君子，才能审时度势，走出一条别人无法走出的路子。不过，这条路很艰难，有风险，没有勇气不敢走，没有高德不能走，没有学养不易走。面对清廷的征召，我辈要想有个理想的出处，还得从做人想起，方不会误入圈套。”王宏嘉说：“君子、小人，是一个人经过长期砥砺磨炼而形成的人格标签。君子行世，首先考虑的是气节，至于个人的生死攸关都在所不顾，所以人生的出处就极其艰难；而小人行世，首先考虑的是个人的荣华、富贵、升迁，至于气节则一概视而不见，所以其出处往往是顺风顺水。看来二曲先生面对这次征召，恐怕灾难还在后边。”二曲说：“我辈想的是故国存亡，追求天地间的永恒价值，至于一时的侮辱灾难，这又算得了什么？大丈夫临危不惧，或迂回缠斗，或以死相期，反正，要依据自己的心志决定出处，才不愧来天地间一场。”王宏撰说：“大明失国，天下的遗民皆才学之辈，清廷实行笼络之策，欲化敌成友，为己所用。遗民中必定有经不起诱惑者，趋之若鹜，投怀送抱，求一官半职，领一份俸禄，把廉耻当作荣耀，把羞愧揣到怀里，登殿跪拜。然这种可悲之徒，哪里还有做人的影子？”王宏学说：“失了气节，就是捞个当朝宰相，也不过是个没脸面的人。”二曲说：“古人关于出处之论，多以气节为标尺。只有坚守气节，人生处世以及何处安身立命，才会有个正确的选择。况古代的圣君明王，对隐逸恬退之士，多予褒奖收揽。然那些高士大学，都以气节为重，拒征召而图自然。像尧舜时的巢、许，汤武时的随、光，西汉时的商山四皓，东汉时的严光、周党、徐穉，宋时的陈搏、邵雍、林逋、魏野，元时的许谦、刘园、杜本、萧维斗，朝廷皆三番五次征召，可他们却屡征不起。这些人的事迹载入了史册，淳化了风俗。所以，道虽未弘，然志不可夺，如此可立儒者之骨，平息贪婪之风，才能达到无为而有为的效用。其廉耻之素养，也得到了金石之鉴。”王宏撰说：“敢问吾弟，当以何由应对官家？”二曲说：“我胸中空虚无物，学不通古今，识不达事务，上之不足以备顾问，下之不足以备器使。这等庸陋之辈，岂不辱朝廷而羞天下士？这是第一个原因。我生不能养母，死不能葬母，乃大不孝之徒，而天下众生以孝为高德大道。岂有不孝之人临召就范，独冒其荣，为天下笑？这是第二个原因。我本是个隐逸之士，如果因隐而受征就官，就会使世风虚伪成俗，以隐终南为捷径。我是不忍以身作俑，使世风由我而变坏，这是第三个原因。我以讲学救治人心为务，劝人改过迁善，寒素是甘，轻名淡利，才赢得了众人的信誉。如果改节变操，便会让人嗤之以鼻，给教化尚学之风造成重大创伤。以后师长千讲万讲，谁还来听？这是第四个原因。”王宏撰说：“此四因在官家看来，都不过是牵强附会之词，很难说服他们。吾弟只有以心志面对，方可全志保节。”四人就人生出处问题进行了热烈的讨论，从早晨到中午，从中午到华灯初明，家人上好饭菜，还话题无收，谈锋正浓。

第二天雪停日出，阳光照着白皑皑的山坡和平原，大地显得静穆壮美。二曲与王氏兄弟登上山庄的最高点，赏雪观景。他们既有名士的风度，也有学人的雅兴，更有明亡的苦痛。闲谈了一会儿，回到论学阁，把炉火烧旺，众人团围而坐。二曲对王宏撰说："人生的出处，关键在于气节，气节却在于修养。但修养的方法与次第，不知兄有何见解？"王宏撰说："朱熹告诉我们，以格物致知为穷理、诚意正心为主敬，所以，穷理为先为本，主敬为后为末，这才是为学修养的正确途径。"二曲说："真正为格物的学者，其用工之序，先之以主敬而后渐及物理，伦理修养为先，穷理穷物为后，这才是为学之正途。"二曲与王宏撰的见解不同，各抒胸臆，论辩得很是激烈。在论辩中，王宏撰多从经学的元典语意出发，来印证自己的主张，体现了他重考据的学风。二曲则重于说理而不拘于经文章句，走的是一条义理体证之路。就这一问题，他们整整论学了一天。接着，他们进行了本末之辩、慎独之辩、体用之辩、养心放心之辩、经世治国之辩。在这些辩学中，王宏学、王宏嘉竟插不上嘴。二曲与王宏撰的论学相辩，一直进行了五天。过后，王宏撰给两个哥哥说："中孚天资高明，学识渊邃，近代之好古笃行者，罕见其正。"

五天以后，二曲告辞西返。王氏兄弟知道二曲家贫，也时近年关，便拿出银两相送。二曲坚辞，王宏撰硬是将之放进二曲的褡裢内。兄弟三人，把二曲送得很远很远。

康熙十三年（1674）四月，朝廷又下旨催二曲进京，吏部行文陕西总督和巡抚衙门，总督哈占、巡抚抗爱指令藩司衙门办理此事。藩司衙门行文西安知府，西安知府阿尔亲派差役到周至县，专催二曲起程。二曲以病疾辞征，周至县令以医生诊断和邻里作证为由，向知府衙门上报，望能缓催。西安知府阿尔亲大怒，让司政机关纠办。司政机关立即提审医生和邻人，声言不说实情要施以重刑，他们不得不妥协为告。可二曲还是以病疾为由进行拒征。七月，淫雨连月，河水暴涨，二曲的大儿子慎言冒着生命危险，涉波轮渡，奔赴西安，向藩司衙门哀告父亲的病情严重，不能上路，望能宽限。藩司衙门不但不听，反而命令差役把二曲抬到西安进行检验。

八月初一，司政机关强行拉二曲坐上木榻，县役十六人跟随，轮流抬二曲去西安。行至黑河，水大浪急，府官急不可待，不让停留。县役十六人结伙，把木榻举过头顶，一步一险地过了河，连夜赶到西安，安排二曲暂宿在关中书院。

听到这件事，远近的贤绅乡贾无不感到骇愕吃惊，都说："抬验名士有无疾病，这是千古以来所未有的事情，实在是辱亵朝廷征召的大略，真是天地间奇异的怪事。"西安知府阿尔亲来到榻前，二曲僵卧不起，也不吃一点东西。询问之后，说是双股麻痹，步履艰难，实不能起程。阿尔亲据实上告藩司衙门，藩司长官大怒，命令差役用铁锥刺股，观其是否疼痛，来验证真假。众人私下议论："这不是荐贤，实在是害贤，就是皇帝亲临，也不至于此。"恰在这时，安远参戎张梦椒调回陕西省府，他与二曲相知相交，情谊深厚，立即从中营解求情，二曲才免除了锥刺的痛苦，但必须立即起程。二曲闭目不语，只有以僵卧对之。差役们垂立榻前，也束手无策。

就在这时，有个叫张沐的人，从河南远道而来，向二曲问学。张沐在顺治十五年（1658）中进士，康熙元年（1662）授任为直隶内黄县令。他洁己爱民，崇尚德化，在内黄当县令五载，廉绩善状，不可枚举。特别是聘请理学泰斗孙奇逢到县讲学，邑中学人士子常数百人到会请教，一时讲会空前，学风大变。后任四川资阳县令，任满居乡侯官。见到二曲，陈说自己对先生的学说深为仰慕，对先生的人品高德敬重至极，所以，神交已有好多年了！彼此论学多时，张沐将自己所著《学道六书》递给二曲，很恭敬地说："请先生就正。"二曲伏枕而读，看了好大一会儿，对书中所论诸题，一一进行了评说。张沐领悟，认为很是恰切，不停地点头称是。当谈到《易经·乾卦》的初爻时，二曲脸色凝重，深怀感触地说：“专研学问，要深藏不露，缜密不发，埋头苦读，独悟其旨，不予外露，不予张扬，方是安身立命之方；如果博学深知，却肆意张扬，进退无度，藏露不密，这不但不是学习的有效之方，而且也不是保身之道。古人说‘生我名者杀我身’，我今日的处境，便是深刻的教训。”张沐听罢，认为这是二曲对自己以往为学的自我反省，因浮世虚名而招来征辟之祸，其内疚之情让人甚堪深思。于是，紧握二曲之手，怅然叹息而去。

八月初五日，西安知府又派来差官，守住关中书院，环围二曲的卧榻，神情凶傲，话言色厉，视二曲如罪犯，逼索起程。慎言见状，甚为父亲的安危担忧，在迫不得已之时，便上前搭话：“你们别逼了，我们起程就是。但得暂回周至准备好上京的衣服和路上的盘缠，然后就道。你们看如何？”西安知府的差官立即上报知府阿尔亲，阿尔亲请示藩司衙门，得到允许。慎言又同差官去见阿尔亲，申报父亲难以行走，请安排车辆相送。阿尔亲说：“送送倒也无妨，只是回去后要速做准备，不可耽误进京时间。”慎言叩头谢过，即与父亲返回周至。

抵家数日，二曲具文言及自己病疾加重，难以起程，谢绝征辟。总督哈占、抚军抗爱一见二曲的辞征函信，不觉大怒，即行文西安知府，指令差役将二曲捆绑了送到省城，以示威逼和惩戒。此际周至县令高宗砺，四川梁山人，进士出身，初到周至，即闻二曲其人其学，很是敬仰。他对二曲的拒绝征辟，能够理解也深为同情，但又怕连累自己，于是，劝上峰不要捆绑二曲，自己带着差役来到郭家寨，让二曲上榻而卧，安排县府差役抬着二曲进城。到了西安，二曲坚不进府，西安知府只好安排二曲暂宿城南的兴善寺。

知府阿尔亲每天都派差官到兴善寺逼二曲起程，软硬兼施，什么方法都用上了。二曲总是闭目僵卧，以沉默相对抗。差官为了交差，便不择手段，强行相逼。二曲即从怀中掏出白刃，也厉声呼道："如再相逼，我便死在你们面前！"

总督哈占知道这种情况后，认真考虑，觉得如此相逼，逼出事端，那时，既不好向朝廷交待，更不好面对天下，还会牵连到自己。于是，与巡抚抗爱商量，以二曲有病实情呈文，让二曲在兴善寺耐心等待。朝廷说起送，抬也要把他抬到北京；朝廷体谅他有病暂缓起送，也好送他回家养疾。于是，总督与巡抚共同署名，向朝廷上了奏文。

这期间，访学问难的学人仕官络绎不绝，然二曲身处危难，不是任何人都予接见。河南新安县有个叫汪宏度的人，和学宪洪琮是同榜进士，任州府一类大员，眼下居家守丧，远来陕西向二曲问学。先拜访了洪琮，求洪琮为他写封推荐信，他才持信见到了二曲。两人初次相见，便情融意通，谈二程，谈朱熹，仅洛、闽之学，就互相探讨了两天。四川梁山人高人龙，顺治十五年（1658）进士，任检讨，后历官吏部选郎。平生博雅，于关、闽、洛之学精研至深，京城中同僚仕官，皆为仰慕。他来陕西处理公务，闻二曲居兴善寺，专意赶来拜访。两位大学人相见，初入话题，便直奔要害，谈濂、洛之起承，谈洛、闽之传续，谈关学之独异。两人对坐榻前，论学三天。高人龙如拨云驱雾，许多含混之见，在二曲的谈论中，才弄了个一清二楚。回到省府，他对总督哈占和巡抚抗爱说："这几天与二曲论学，如临水观龙，真乃大学大贤，你们要好好待他。"

二曲八月十二日入住兴善寺，直到腊月十六，吏部的批文才送到省府，只有四个字"疾痊起送"。总督哈占即令西安知府阿尔亲安排车辆，选派差吏，护送二曲回周至，让他居家养疾，病愈后，好起程进京。

朝廷的这次征召，使二曲从康熙十二年（1673）秋到康熙十三年（1674）岁末，整整一年半时间不得安宁，且备受艰辛。全国上下为之轰动。丹阳人贺麟征说："关西夫子坚卧养病，正是医治万世人心之病。移风易俗，力振人纪，有造于世道不浅。"二曲深感这是浮名给自己招来的祸患，即闭关不复见客，且写《谢世言》张贴于门前，以拒来访者。

鄂善是二曲的挚友，驻守荆州抗击吴三桂的叛军，但陕西大乱，汉中失守，陕北榆林失守，朝廷调任其回陕，驻兵关中以稳大局。他与二曲久而未见，派人持书到周至，欲迎二曲来西安一会。二曲以《谢世言》相示，这事才不了了之。

三十二 富平避祸

康熙十二年（1673）冬，被清廷封为平西王的吴三桂在云南起兵反叛朝廷，从此爆发了“三藩之乱”，各地烽烟四起，清政权再度陷入动荡之中。吴三桂为了得到汉人的拥护，以“复明”为旗号，定国号为“周”，从云南率三十万大军打到湖广，数月之间便控制了滇、黔、湘、川、桂、闽六省。神州动荡，中原震动，一些省份也举兵响应。陕西地处西北地区的战略要地，康熙十三年（1674）春，吴三桂在湖南遭到清军阻击后，即兵分两路，东路军从湖北、江西北上，企图占领中原；西路军由四川北进，要占领陕西。清廷在陕西重兵集结，战云密布。这年十二月，吴三桂采用离间之策，引诱陕西提督王辅臣叛清归附。王辅臣在汉中杀死了清廷经略大臣莫洛，宣布回到吴三桂的旗下。康熙十四年（1675），陕南大部、陕北北部，均被吴三桂的军队占领。甘肃除河西地区由提督张勇控制外，其余州县皆被王辅臣攻克。一时吴三桂声势浩大，西北全面告急。

吴三桂军队占领汉中后，从傥骆道北上，企图攻取关中。大军屯驻终南山。往来私贩的脚夫回到县城，说吴三桂的军中盛传二曲以死拒绝清廷的征召，颂扬他的志节风烈，以此来激励军队的士气。并传扬将来取国，二曲必受礼遇而被重用。二曲听到后惊恐万分，他虽说隐居乡野，但对天下事洞悉了然。吴三桂虽一时取胜，但最终还是个失败的结局。在二曲眼里，吴三桂首先是个反复无常的小人：先叛大明，引狼入室；再叛大顺，挥戈横刀；引清兵一路南下，被封王守疆。现又叛清，他本身就是个贻害天下的罪人，这种人何能得王而安天下？再说，吴三桂不过是一个匹夫悍将，对天下大事缺乏宏观的战略运筹和谋划，眼光短浅，任人唯亲，不是雄才大略之辈。这种人一时可能得势，但历史最终不会选择他。目下，他以复明为诱饵，企图召唤天下人之心，但却以"周"为国号，其立帝称王的野心昭然若揭，明眼人谁会上这个当？自己是明的遗民，舍命拒召完全是出于士人气节，因了这件事受到吴三桂军队的颂扬，是自己的悲哀；吴三桂以此而激励军队抗清的士气，必然会给自己带来杀身之祸。看来只有远走他乡，才能躲过这场灾难。

这时，二曲在陕的两位厚友皆仕途大顺：郭传芳从咸宁县丞迁升为富平县令，张梦椒由参戎晋升为鄜州总镇。他们得知二曲要离乡避祸的消息后，甚为关心。张梦椒给郭传芳说："先生应尽快离开周至，我看除你郭富平这里之外，再没有更安全的地方。"郭传芳说："先生有难，我等怎能袖手旁观？"即安排车辆，派吏役持张、郭二人书札，迎二曲渡渭北上，到富平避祸居住。

危难之时，二曲正一筹莫展，看到张、郭二人的书信和门前的车马，不觉愁眉舒展。他觉得迁居好友管辖的富平，既远离了吴三桂军队驻扎的南山，也避开了周至家乡的是非之地，是个最好的去处。即令家人收拾行李，打包装车，与郭家寨的邻里乡党告别。于康熙十四年（1675）八月初六日，一家人缓缓北向，朝渭河渡口走去。

听说二曲带领全家要到富平去避祸，郭家寨的男女老幼都赶来为二曲送行，有的送钱，有的送粮，二曲都一一谢绝。乡约张岳峰握住二曲的手说："您到咱村不到一年半时间，德行、操守，村中人没有不称赞的。您今天要走，大家都舍不得您。以后从富平回周至，就回到郭家寨来，您就是咱郭家寨的人，郭家寨就是您的家，郭家寨的乡党忘不了您。"二曲不觉泪流两行，哽咽着说："我新庄堡有家不能住，郭家寨有家住不成，天地这么大，竟没有我一家人落脚的地方。我已年近半百，还要拖儿带女地远离他乡，你说我这是遭了啥罪？"二曲家人和送行的乡党都流了泪。这天，骄阳躲在云层里，秋风也不送爽，天气闷热难耐。马车拉着行李在前面慢走，二曲一家人紧随其后，既凄惨又悲凉，既恓惶又煎熬。行人过路，见是二曲一家，没有不流泪的。

走到柳林号，二曲让孩子们随车前行，他和妻淑珍绕道去看望岳母。老人年近八旬，身体还算硬朗。往常有空，他们也常来探望；今天要离乡远行，想到老人也难为照料，心中顿觉无限的惆怅和凄苦。淑珍坐在母亲身边，说着贴心的话，不觉眼泪扑簌簌直流。老人说："今天两人咋看着不自然，是出什么事了？"二曲忙说："没啥事，啥都好着呢！你光操心把自己管好。"说着，从口袋里掏出仅有的一点钱，送给岳母，与淑珍匆匆告辞而去。路上，淑珍直流泪，怕从此再也见不到母亲。生离之苦，再一次折磨着二曲和妻子。

渭河滩上，荒漠悲凉，胶泥塞道，马车艰难地前行。到了渡口，船停在对岸，喊了半天也不见动静。乌云忽然从西卷来，雨点也随之而至。妻淑珍、儿媳玉竹都抽泣流泪，小孙子不停地啼哭，一家人无奈地坐在渭河岸边，说不尽的惊恐、悲愁。看到这一幕，二曲的心像刀割一样，凄怆之情萦回心头。后来，他写了首诗，名曰《过渭河》。其诗曰：

国破家失塌了天，避难奔波离故园。
胶泥塞道马不前，隔岸嘶竭呼舟船。
妻泪汪汪儿慰劝，孙小号啕哭车边。
乌云忽至带雨来，望水东流心茫然。

富平是个很古老的县治，早在东周秦厉共公二十一年（前456），这里就建有频阳县。随着岁月的流淌、朝廷的更替，辖域或大或小，县名也多次变化。金时，叫美源县；元时，因物产丰富，经济文化发达，以“富庶太平”立意，更名为富平县。古今上下，这里历史名人层出不穷：秦时有为秦始皇统一中国立下汗马功劳的名将王翦、王贲，东汉时有刑部尚书李彦温，明时有礼部尚书张纨、太子太保孙丕扬等。富平人淳朴敦厚，孝友敬贤，胸意开阔，朗明豪爽，待人以礼、乐、善为德行，处事以舍、爱、施为高尚。县中有一位文化学者，叫孟舆脉，熟读四书五经，精研《左传》《史记》，且通音律，喜填词赋诗，在东府一带颇具声望。县内无人不爱其才而敬其德。他不制举业，隐居乡野。听说二曲先生来富平暂居，即去县府拜见县令郭传芳，说自己在荆山脚下的军寨村有别墅一座，可供先生居住，以表敬重之情。郭县令即派吏史赶赴军寨，招工整修，粉墙刷新，并亲到现场查看指导，待一切完美无缺，才返回县衙。

二曲在路上走了几天，大约距县城十里的地方，张梦椒、郭传芳、李因笃、孟舆脉、李因材等十多人在路旁等候迎接。二曲与李因笃是初次见面，两位大学人神交已久，见了面执手拥抱，久久不愿分开。张梦椒说："好了，以后有叙谈的机会。"一行人走在富平沃野的大道上，说说笑笑，一会儿就到了县城。郭传芳知二曲有不进公府的戒律，便绕道城南直奔军寨而来。军寨村的男女老幼，听说周至的李二曲来这里居住，还有领兵的总镇、县令等人陪同，便聚集到村口瞧看，人人脸上呈露着欣悦和欢笑，欢迎这位远方来的客人。

孟舆脉的别墅在村子东头的小湖旁，厅堂三楹，寝室三楹；青砖砌墙，雕花其上；高窗大门，漆红成彩；临街，古槐几株，浓郁飘香；屋内，阳辉竟日，朗明洁净；桌椅安放有致，凳儿排序罗列。寝室大床暖被，鲜洁静雅。中堂，书架绕墙。后屋、厦房成廊，敞明相映；台阶上，牡丹几盆，正竞艳斗彩；屋后花园里假山池塘，林木花草，曲径小亭，奇石雕栏，各具神韵。厨屋小堂，列布其后；炊具米面，一应皆备。朝南望去，荆山苍翠，逶迤雄丽；门前远处，温泉河横流若带，静去欢歌。众人依次看罢，二曲面对列位，面生愧色，无语哽咽。李因笃说："邑中乡贤文学才俊孟舆脉，敬仰先生，恭让别墅，供家兄暂居。这是富平人的好客爱贤之举。张总镇、郭明府二君，拨款雇工。正修俱备，是爱贤、敬贤、帮贤的古人风范。"二曲说："什么贤不贤，我不过是个罪人罢了！"郭传芳说："什么都别说了，以后生活所需，由我和张总镇资助，你就安心住在这里。"张梦椒说："远乡久居是故乡，我们常来看你，让你这里温暖如春、热热闹闹，你看如何？"二曲说："我避居到此，为的就是个静寂，三两友人一聚，倒还可以，至于热闹，绝对不敢。"夕阳西下，众人告辞，吩咐二曲一家早早休息，以解路上的疲劳。临行，张梦椒与郭传芳商量，在别墅西边的空地上，建三楹厅堂，供二曲与四方访学者相见。

二曲自避居富平后，闭门谢客，终日不出，只是在早晨和傍晚，或到温泉河上散步，或到荆山峰麓探访神禹采九牧之金所铸的大鼎和遗宫。远近前来谒拜问学的士人，虽络绎不绝，但经历了征辟之事后，怕被浮名所累的二曲，多谢绝不见。但他也不是拒绝所有来访者。这天，孟舆脉、孙长阶、惠少灵、李琸等五人入室见二曲，二曲看到孟舆脉，即唤来慎言、慎行及小女姗姗，让他们再次向孟舆脉行大礼谢恩。孟舆脉即扶起三人，对二曲说："我等今来，是想拜先生门下受业，望先生收为门下弟子，以充其数，不知可否？"二曲忙说："我们一起研讨，这有何不可！"于是大家来到中堂，依次坐定后，各自问学，二曲因人答疑，开始了来富平后的第一次论讲。

孟舆脉问："近年来摒去一切闲书不读，朝夕专务六经四书，但收效甚微，无有所得，更无论著，何也？"

二曲说："读书特患无得。若果有所得，则居安资深，施于四体，四体不言而喻，便是发明。就是终身没有一字论著，也应该说是善读书之举。然而，六经四书是儒者明体适用的读本，你读它是为了明体吗？是为了适用吗？如果读书不为了明体适用，你就是钻研得再深，论著得再多，这有什么作用呢？只能在人面前炫耀精奥罢了。这和没有读六经四书有什么区别？圣贤立言的苦心是在济世安民，然现今的弊病是支离繁说阻碍了它，训诂章句埋没了它。所以说六经四书不是毁于嬴秦之烈火，实为毁于俗学之口耳也。"

惠少灵问："为学须是无所不知吗？"二曲说："无所不知固然很好，然须先知其在己者；否则，即使你事事都知道，和无知是一样的。所以，无所不知，就是大不知，逐末迷本，一个有智慧的人难道会这样吗？""那么，何谓在己？"惠少灵又问。二曲说："就是先天所赋予我们的是非之心、良善之念。此为仁义之根、道德之枢、经纶参赞之本。故讲习讨论，涵养省察，无非以此为判断。舍此而他求，犹如丢弃了自己的家珍，而偏去详尽邻人的器皿之用，这就是不识时务。”

“然而，家珍自知之后，其他可以不去研讨吗？”惠少灵又问。

二曲说：“君子为学，贵博不贵杂。其目的就是掌握修己治人之机杼，达开物成务之策略。如古之伊、傅、周、召，宋之韩、范、富、马，他们之所以能辅世泽民，而且流风余韵品德操行能为哲人庶民之师表，就是因为他们博学；名物象数，无迹不探，典故源流，纤维必察，如晋之张华、陆澄，明之升菴、弇山，叩之而不竭，测之而益深，见闻虽富，致远则乖，此杂学也。如果对博杂分辨不明，士人学者只知翻阅故纸，泛滥穷索，竟然以博学自命，人们也翕然以博学相拥，殊不勤劳无用之琐务，内不足以明道存心，外不足以经世宰物，只是徒劳罢了。以余不敏，初昧所向，于经、史、子、集，旁及二氏两藏，以至九流百支、稗官小说，靡不泛涉。到了中年，才悟出其中博杂的道理，恨不得忘掉过去的记忆，洗却涉杂的习惯，不留半点古董于藏识之中。令心房空空洞洞，让赤子有生之初，完全投入真实有用之道。这是就学的高尚路子，自己也觉得所务是实学济世之途。”

孟舆脉问：“良知之说何如？”二曲说：“良知即良心也。若果以良知为虚无，则是以良心为虚无。”

李璸问：“孩提爱亲，谓之良心，这是他不经过思考就知道的。我曾经思考这个问题。孩提爱亲似乎只是为了爱乳，如果只是把他委托给乳母哺育，他就只爱乳母，反而不知有生母。若从乳起爱，不过是味之性耳；如果从生身处起爱，是必须通过学习思考后才能知道。然孟子立言自确，而璸心里实在弄不明白，请先生指迷。”

二曲说：“知爱乳母，而不知有生母，这是乳对孩子的诱惑所造成的，不是天性的本然所致。只是他一旦知道生母，还肯爱乳母如生母吗？就是乳母百般爱他，他也不会转移对生母的爱。你说这是谁教他的吗？”

李琸说：“琸以前很喜欢作诗填词，可从未刻苦钻研过，但偶尔感悟触情，或因事应付、与会所到，有感所发也很切题，常以此为乐事。自吾师指点后，乃知这是玩物丧志，遂摈绝了这一浮习。奈何野鹰初拘，困闷不堪，心花枯萎，时或稍弄文墨，反觉机趣快活。不知先生以为何如？”

二曲说：“此习性也。程子有言，学者为气所胜，为习所夺，只能使自己经国治世之志受到阻碍。而陆象山也说，今人多是附物以为乐，若一旦失去所附，就像猢狲失了大树一般。你的这种心情，是完全可以理解的。”

李琸问：“我曾经因为坟地一事，与人打过官司，因而遭到了老师的指责。因为老师的教导，为了平息一时的诉讼之事，就认为没有地理堪舆之说。请问先生，世间果无地理堪舆吗？”

二曲说：“程子云：地美则神灵安。朱熹在《上孝宗山陵议》一文，也娓娓言及地理堪舆之说。则地理之说，诚亦有之。然而有天理，而后才可言地理；未有天理，就不能专恃地理的庇荫和保护。堪舆家茫然于天理而专讲地理，于理便不通矣！《雪心赋》《青囊经》是专论地理堪舆的正宗书籍，我曾经认真地研读过，少时也分外上心。但是，特别厌恶世人舍却天理而专依靠地理，因为这个原因，我平生绝口不谈地理，只主张发扬天理。天理若得，则地理在其中矣。”

李琸问：“孔子曰‘仁者寿’，而颜回早夭，窃谓此特言性与天理之常，而不是以身体为论。又说‘大德必得其寿’，朱熹的注是‘舜年百有十岁’，是仅以身体论。琸久惑之。窃谓舜之寿，当从宗庙的祭祀就可看出，祖宗甚远，子孙繁衍生息，远远相继，而德足以享保无穷，是以德言寿，而不止身之百有十岁。不然，盗跖老死，难道比颜回还仁德吗？彭祖活了八百岁，难道他的德行还远于舜吗？我有这些疑问，祈请先生剖示。”

二曲说：“君子修身养性，要在存理遏欲处下功夫。久之，私欲荡尽，理智张显，耳目口鼻，随人不同而所以视听言动，就会全部符合事物发展的套路。如此，可以达天，可以参天。天与之死，不妨迷还造化：天与之生，不妨久待天工。生存，我应顺就是；死亡，我安宁就是。区区死活，不是当初就能计算出来的。我们就寿夭言论：有形寿，有名寿，有神寿。七十百年，此形寿也；若气短神灭，不管是周公多才多艺，能事神事鬼，不管是文王能经天纬地，安民治世，他们都是形去而言存，骨肉血躯化为尘埃，而事业、德业永世垂芳。从这个角度看，盗跖期颐之死，乃是真死；而颜回三十二亡，未尝真亡也。”

孟舆脉说：“福、善、祸、淫，报应警世的事情固然很多，然世上烧、杀、掳、掠、劫舍打家、淫人妻女之事还是不少，但这些人却得不到报应。所以人常说‘天道难测’。我私下认为，这是人只见小体而不见大体的缘故。如‘君子坦荡荡’，是大体已享其福，即使贫贱患难，无人而不自得，小体也不感到累；‘小人长戚戚’，是大体已受灾祸，即使富贵荣华，而魂梦多有不安，小体对此又有什么羡慕的呢？我是这样的见解，乞吾师指示。”

二曲说：“积善有余庆，积不善有余殃，是有一定道理的，这个绝不可怀疑。昔人说：“不要急性子，却要有记性。这是真正知晓天道的人。我们这些一般人涉世，一生祸福荣华，只看个人的存心如何。存心若正，身虽贫贱患难，而自我反省却无愧于心，就和三公之贵、陶朱之富是一样的。存心若不正，身虽富贵亨通，但自我反省时却知道自己做过许多亏心事，这如同陷入囹圄和粪秽之中。荡荡戚戚，大体是享福受罪之言，说得很是恰切得体。”

这天，众人质疑了许多难题，如：朱陆之学，久有定论，但今天的学者还是辩驳不已，不知先生的见解何如？静坐固然是修身之法，但学人多有质疑，这是为什么？《参同契》《悟真篇》这类命卦之书，于修身养性有无补益？姚江、考亭学说的源流所宗？罗整菴学说的要津所指？如此这样的问学进行过多次，惠少灵录其大要，整理成《富平答问》一书，并作"小引"以广传播。

清晨，李因笃、李因材兄弟，一大早就来到军寨村。李因笃或陪二曲散步爬山，或与二曲对坐书堂谈天论学。李因材抹桌清扫，倒水添茶，待一切完备后，就坐在一旁听两位大学人谈道论性。兄弟二人对二曲的照顾备至入微，既排遣了二曲因孤独而导致的精神寂寞，又驱散了二曲因避祸而笼罩在心中的阴霾。

李因笃，字子德，号天生，富平东乡薛镇韩家村人。祖上有两座大宅、八九百亩田地，既经商又种田，且读书习武。至明一代，李家在朝中担任将帅的就有数十人，塞上江南都有房产，家富势强，地位显隆，子孙繁衍，兴旺发达了二百余年。明朝末年，李因笃的父亲李映林，是关学大儒冯从吾的入室弟子，因遭风寒一病不起，英年早逝。这时，朝政衰败，农民起义风起云涌，陕北以张献忠、李自成为首的农民军势力日益强大。崇祯四年（1631），李自成起义军主力被围困在陕南洋县的车箱沟，几濒绝境。就在李映林去世三个月之后，起义军用诈降之策，冲出秦岭，关中顿时大乱。其中一支部队进入富平，李因笃的祖母杨氏率领族人避难于楼上，不料起义军纵火焚楼。杨氏是明骠骑将军、世袭西安后卫百户杨卫国之女，刚强勇烈，宁死不屈。于是，杨氏同族人共计八十一人同时遇难。恰这天，李因笃兄弟随母亲田老孺人前往外家探亲，得以幸免。李氏一门经数次罹难，元气大伤，曾经人丁兴旺的家族只剩下李因笃兄弟及寡母，豪富家产悉数荡尽。母子三人只得暂居外家，相依为命，其时李因笃年仅四岁。

在外祖父田时需的细心教育下，李因笃学业猛进，八岁就能撰写制义文章，十岁即作《云台诸将论》，阐述振兴国家的道理。这年春天，外叔祖田时震举办家宴，李因笃随外祖父田时需前去赴宴，即席背诵了贾谊、董仲舒的策论文章，举座惊叹。十一岁时，他去县城参加童子试，县令崔允升见他还是孩子，戏问："童子能文乎？"李因笃长揖对曰："愿领教。"命题面试，立就二艺，被擢拔为第一。十三岁时，李自成攻陷北京，明亡，接着清军入关。李因笃深感明亡之痛，立志反清复明。后外出游学，在代州知州陈上年家任塾师，趁机博览六经及濂、洛、关、闽诸儒所著，并与顾炎武、傅山、屈大均等著名学者交游。康熙七年(1668)，顾炎武因文字狱牵连，在济南入狱。闻知此事后，李因笃远涉京城，奔走营救，四处求助，为友申冤。又赶到济南监牢，亲自送饭，进行安抚。其急难扶危之事，一时在士林中广为传颂。近来，三边之乱令陕地动荡不安，李因笃思母安危，辞去幕僚之劳，返回富平家乡。凑巧，李二曲来这里避居，李因笃有了可以论学的挚友，心情分外兴奋，把二曲当作家兄一样亲近。

这天，李因笃看二曲长期待在屋里苦闷，便邀请二曲到自己家中游玩。二曲心想，李氏兄弟待自己如同胞骨肉，自己也该去拜见李因笃在堂的老母，便慨然答应。李因材前面引路，李因笃与二曲随后慢行。

他们先到达薛镇。这是个一千多年的古镇，街道路面不太宽敞，两旁商铺林立，南来北往的各种货物陈列市面。这天逢集，人头攒动，往来撞肩，处于战乱时的这个西北古镇，倒有点繁华升平的景象。从古镇的那头走到这头，足足有一里多路。出镇北行，不远处便是韩家村。

李因笃的家在村子正中，门楼高耸，房宇巍然，家境虽说没有从前富有，但还是不失官宦人家的体面。听说二曲到来，李因笃的母亲田老孺人率阖族眷属，在门前迎接。过门房，进厅堂，依次坐定后，二曲走到田老孺人面前，执手问安，接着跪地叩拜，行大礼似对慈亲。田老孺人也像爱抚自己的儿子一样，忙将二曲扶起，并对因笃和因材说："你们的哥哥二曲，是个大贤人，你们要很敬重地对待他！"

田老孺人是富平薛镇董村人，出身于名门望族、缙绅世家，知书达理，德范淑贤，静雅卓识，事舅姑柔顺无违，察色听声，侍奉食饮起居，务承其欢。即一果一蔬，必亲手洗涤而后进；教诲儿子敦伦睦族，乐善亲贤，受人之惠，不可忘报。因笃成人后，喜好交游，常有朋友来家中造访，宴饮唱酬，她不惜变卖发髻为来客置备酒饭。一次，秋雨连绵，家中无干柴可烧，时宾客半夜呼酒，她竟然悄悄拆下阁楼外栏，用之温酒，以满足客人的兴趣。

这晚，田老孺人为二曲设宴，让他们兄弟畅饮谈天，以尽文人论学之兴。

二曲在李因笃家，颇受田老孺人的款待。每天，田老孺人让因笃兄弟陪二曲爬山下水，访贤论学，漫步田野，对弈厅堂。反正随二曲的性子，咋着高兴咋着来。二曲甚是舒心如意，十多天后才返回军寨村。

顾炎武曾在康熙二年（1663）来周至谒访二曲，之后他足迹遍天下，但时常与二曲书信往来，或谈论学问，或话说时势，互致平安。康熙十四年（1675），顾炎武辗转到了山东历城的祁县，先住在名士戴枫仲家。戴枫仲为顾炎武在祁县的南山脚下盖了房舍，起名曰"南山书堂"，顾炎武在这里读书隐居。当他听说二曲在富平寓居的消息后，甚为高兴。因为富平有李因笃、郭传芳、张梦椒一群友人，今有二曲加盟，定会热闹非凡。即给二曲寄来了书信：

先生龙德而隐，确乎不拔，真吾道所倚为长城，同人所望为山斗者也。今讲学之士，其笃信而深造者唯先生。异日九畴之访，丹书之受，必有可以赞后王而垂来学者。侧闻卜筑频阳，管幼安复见于兹，弟将策蹇渭上，一叙阔悰也。

二曲看罢，知顾炎武要来富平相聚，一时不知说什么才好。恰明府郭传芳前来拜谒，二曲示出此信，郭传芳拍案道："我派人去请顾炎武。等他到来后，我们邀请关中学人来军寨村聚会，以振关学声威，先生看如何？"二曲说："关学儒士，如能济济一堂，必为盛事。"郭传芳说："有先生这杆旗树立在此，莫有不闻声而应的。"二曲说："此乃过誉之言，究竟如何运筹，还要看明府大人的机巧！"说话间，郭传芳让廪人送来米面，让庖人送来了鲜肉。如此，二曲没了生活之忧，郭传芳也落得个县令养贤的美名。

三十三 群星聚会

宝鸡古时称陈仓，其南边有座鸡峰山，山峰突兀如雕，白云缭绕如带，雾漫猴路，峰挡鸟道，甚为奇险。山下沃野平畴，村舍星罗棋布。距山不远处有个李家村，李家村有个著名的学子叫李修，颖慧聪达，质淳行笃，年未弱冠，志趣就专注儒理之道，无意就举以入宦途。然而，他的父亲很不高兴，认为读书用时下功，就是要成宦做官，大者可治世报国，安民保境；小者可养家糊口，使父母欢心，使地方荣耀。如果只是读书养性，修德论道，未免迂腐。所以，其父对李修的想法很是反对，可李修的意志很是坚决。康熙十二年（1673），二曲讲学关中书院，李修徒步到西安，拜谒二曲，想于门下就学。当二曲知道李修父亲的想法之后，没有满足李修的请求。康熙十四年（1675），李修知二曲避居富平，又从宝鸡出发，寻道而来。一路上，他先遇散兵裹挟，后机智脱险而逃；接着被强盗抢劫，囊中财物被洗劫一空，中途备受艰辛；后又渡河溺水，幸被人救起；途中数次罹灾，几不保身，闻者恻然。然李修拜二曲求学之心一点也没有改变，真是天下有心之人。二曲深受感动，收教于门下。

在二曲的指导下，李修对理学探本穷源，学见其大，深知奥秘，日日精进。二曲暗暗为李修高兴，此子依然自拔于俗，东来从学，实为可赞，但想到李修父亲对他求学的态度，不觉有惭愧之心。一天，二曲唤来李修，很恳切地对他说："天下的父母没有不爱儿子的，都希望儿子有远大的前途和不朽的事业。而你能从事道学的研究和探讨，实可以为家门争气，垂世流芳，前途是无量的。我曾经读过郡邑人物志，郿坞、岐阳、秦陇、皋兰，皆有道德先哲之人载入史册，使乡邑得到了荣耀，而宝鸡却没有。今有你这样的人物发愤崛起，为一邑破天荒之事，岂唯家有余庆，而宝鸡也得到了荣光。"李修说："我的父亲却不这样认为，他唯恐我因为专研儒道之学，而妨碍了举业的进取。"二曲说："就举业而论，必须从小到大，一直延请制举名师，朝研夕习，犹往往限于资禀，或因功夫不到，而厄于时命；或下功已到，但不遇时；或未经多师指点，而终难如愿。过去有个曾植斋先生，名朝节，与他的哥哥朝符未得第时，他父亲为其延请了一举业师，又延请了一讲学师。不长时间，兄弟二人同时中进士，而植斋列探花，官至大宗伯，为世名儒。而今世凡教子者，不过教子务举业，延名师，严课程而已，未有像曾植斋的父亲那样，延举业师之外，又聘请了一位讲学师。曾植斋的父亲不过是个衡州书吏，并不是个有学问的人，但却为儿子延请了两个老师，其识见是何等的高明！华亭有个叫唐仲言的人，五岁时双目失明，六七岁就喜欢听父兄读书，所听皆不会忘记。父兄特别喜欢他，便给他讲授五经旨要，即能解悟。父兄便尽取古今书诵给他听，而仲言皆藏于胸中，化为己有，时间长了，道理明达，心境豁朗，能赋诗行文。

所著有《编蓬》《姑蔑》等集数十卷，蔚然成为一代名流，这是父兄成就了他的原因。而你的父亲一向以宽厚和有见识闻名乡里，他受世俗的影响，一定要你专意举业，儿子对于父亲，要唯命是从，母亲去世而从父命，就得一意制举，让父亲欢心。你如果坚持不制举业，必然会让父亲不高兴，那么，这就是我的罪过了。”

李修听罢，讲了自己习练举业的状况，列举了古时不事举业而孝母的人物典故，态度还比较坚定。二曲说：“你也太固执了。孝以顺亲为大，你的母亲去世了，你就要顺从父亲的心意。父亲高兴了，儿子的心才能安定下来。彼此的心得到了欢悦和安定，这就是道。你想学习道，道就在你的心上，又为何到别处去寻求呢？”李修领悟了二曲的教诲，即日束装告归，再拜而别。

康熙十五年（1676）四月，陕西总镇张梦椒突然得了疾病，告假疗治，要回山西雁门原籍。他绕道富平，向二曲告别，用自己的俸金购买了几个月的柴米，约定秋凉病愈后再来相会。想不到抵家时间不长，张梦椒就被疾病夺去了性命。二曲闻讯，悲恸不已，在家中设立灵位，遥祭亡友。又派儿子慎言，专往张梦椒家中吊唁，并安抚遗孤。同时作挽联以寄哀思：

> 将军胸中十万大军，帷帐运筹，动攻守伏围，保疆安民；
> 文人脑海一泓情怀，厅堂论学，知濂洛关闽，盛名士林。

从此以后，二曲的一应生活所需，就完全依靠郭传芳资助。

此时，二曲所居别墅西边的厅堂已修建完毕。墙壁粉装挂白，门窗漆红放彩，幽雅静穆，美观庄严。郭传芳知二曲平生喜欢寂静，厌恶烦嚣，且谢绝应酬，居此，等于身处深山幽谷之中，于是起名为“拟山堂”，运笔书写，制匾悬于门前。富平士人知二曲隐居于军寨村，称军寨村为隐士庄。李因笃观其状，写了《隐士拟山堂记》，赞誉郭传芳尊贤重道的官人风范；称道二曲起自孤根，独立不倚，孝友忠爱，有志圣贤之学，不事王侯的人格气节。二曲与李因笃的思想虽不尽相同，但能互相包容，彼此容纳，成就了关学史上的一段佳话。

顾炎武从江南北上入陕，要到富平拜谒李二曲，县令郭传芳即委托李因笃前往华阴迎接。不料顾炎武因雨受阻，未能如期而至，直到康熙十六年（1677）的九月三日，才到了华阴的王宏撰家。三人久不相见，相聚甚欢，饮酒达旦。休息了几天后，李因笃和顾炎武准备起程，王宏撰也安排好家人送行，恰这时，富平传来好友朱延璟去世的消息，三人无不悲伤流泪。朱延璟是富平的名士，对濂、洛、关、闽的四家学说都有研究，耿介高德，交谊善友，曾出任粤西观察使、广西海门县令，与朝邑的王建常、合阳的康乃心、华阴的王宏撰、昆山的顾炎武、周至的李二曲及乡人李因笃、刘六茹、田宏量等士人大儒皆有知心友善之交，在富平是继李因笃之后的一位重要关学人物。于是王宏撰即决定亲赴富平，为亡友吊唁送行。于是，三人匆匆上路，朝富平而来。

县令郭传芳知三位大学人相伴来富平，一股振兴关中学术的热血，顿时潮涌于胸间，即与几名吏属到距城二十里处迎接。相遇后，郭传芳邀三人到早已准备好的馆舍用餐。席间，郭传芳举杯相嘱：“今我富平有四位大儒聚首，如果学人们彼此相告，远近士林人物必来我富平相聚，如能这样，关学声势大振，盛况史无前有，我富平的学术文化气氛将会是何等的浓烈。”李因笃说：“这个话我来放，让我关中的文人学者来此谈学论道，大家会聚一堂，展示关中学术的宏大，实为一桩美事。”王宏撰说：“有亭林兄和二曲先生于此坐道，慕名闻风者必相拥结伴而来，看来郭明府要破费了！”郭传芳说：“一切由我安排。”众人拍手道：“如此正好！”

饭罢，谈到朱延璟之死，大家伤痛不已。听说安葬还有多日，李因笃邀请顾、王二人到他的山庄小住。王宏撰说："让亭林兄先去你处，我随郭明府到县城转转。安埋延璟之日，我们到场送丧，你看如何？"顾炎武说："我此番来秦，想多住些时日。安埋了延璟之后，再与二曲长相聚会，以叙思念之情。"郭传芳说："反正我尽地主之谊，二位请便就是了。"于是，一群友人分作两路，李因笃、顾炎武朝北而去，经薛镇，再到韩家村；郭传芳、王宏撰顺道西行，越岭涉水，落日时分，才到了县城。

从顺治十六年（1659）起，李因笃一直在山西雁平兵备道陈上年府上坐馆，以教授陈上年的儿子陈立为业。雁平兵备道的衙门设在代州。康熙二年（1663），顾炎武到山西，拜访山西按察副使曹溶，并与曹溶赴代州，在陈上年府上拜会李因笃，三人欢饮彻夜，倾心畅谈，随定交为友。李因笃赋《咏怀五百字奉亭林先生》，顾炎武作《酬李处士因笃》，从此，开始了两人数十年的交谊。康熙五年（1666），顾炎武、朱彝尊又来到代州，与李因笃商定筹资，在雁门北部购地垦荒，为抗清复明的军队筹备粮草。康熙七年（1668），顾炎武因"黄培诗案"的牵连，被囚于山东济南狱中。案情紧迫，即去信李因笃，让他出面救助。李因笃即赴京师，拜会所有友人，求其出面担保。并从京师南下济南，亲自到狱中给顾炎武送饭安抚。大约半年以后，顾炎武才被保出狱。之后，李因笃与顾炎武多次在京师相会，并一起到崇祯皇帝的陵墓前祭拜，分别后，又相互寄诗酬唱，以抒情怀。此次顾炎武来富平拜会二曲先生，因故，先往李因笃家小住。一路两人同行并肩，谈诗论词，说古评今，回想往事，记忆友人，不觉就到了李因笃家门前。田老孺人已让家人打扫好住房，自己于门前扶杖候迎。顾炎武见到田老孺人，趋步小跑到老人跟前，搀扶着田老孺人到中堂坐定，跪地叩头，以大礼敬拜友人的老母。田老孺人急忙离座，向前扶起顾炎武，又令下人摆桌置酒，上饭进菜，为顾炎武洗尘接风。饭罢，田老孺人对顾炎武说："今晚你好好歇息。来到我家，就是到了你家，一切都不要拘束；有啥不周之处，就给我说。"顾炎武执着老人的手说："我和子德是挚朋好友，一切都能随意从俗，您老甭操心。天也晚了，您先回房休息。"李因笃搀着母亲回到后堂，顾炎武由家人陪着来到客室。

月光透过窗棂洒在床前，屋子格外明亮整洁，顾炎武虽说已很困乏，但怎么也不能入睡。他心想，关中道上的人，不管是富裕还是贫困，不管是年老还是年少，不管是大儒还是一字不识者，都是那么的厚道，那么的和善，那么的慈祥，那么的质朴，对学问的研讨也都是那么执着，这里不愧是帝王兴邦之地、人文荟萃之乡。他一时兴起，让下人磨墨掌灯，略加思虑，写成《过李子德》四首律诗。但还未尽兴，又出客房到厅堂，望了望两边的红柱，心想：如有对联留其上，岂不更好？于是，让下人回房取来笔墨，自己摆好凳子，站立其上，仆人掌灯，一边书写了"文章来国士"，一边书写了"忠厚与乡人"，这才回房休息。

第二天，李因笃早起，看到厅堂红柱上的楹联，急忙到客厅，轻推半掩的小门，见顾炎武还在入睡，而桌上的四首律诗映入眼帘，展开一看，即来诗趣，挥笔依韵写了《亭林先生肯访山村留宿见赠四时用韵奉答》四首，用以回赠。

几天以后，秋日散金，暖阳普照，和风扑面。大雁从空中列队飞过，小树轻摇，小鸟在枝头欢快啼鸣。田老孺人、顾炎武和李因笃坐在院子里聊天。当得知顾炎武膝下只有一嗣子后，田老孺人很恳切地说："我看你就在富平定居下来，我们给你买地盖房，再续一房妻室，将来生个一男半女，也多个继承你事业的人。"顾炎武说："我四处奔波，漂泊不定，怕害了人家女子。"李因笃说："三藩之乱即将平定，天下大事恐怕没有变数，我等只能以遗民隐没山林，保全气节。我看你就在富平定居，一切事宜我来筹办。”顾炎武摆摆手，笑着说：“不急，不急，等等再说。”田老孺人说：“等啥呢？只要你说句话，我们就给你办。”顾炎武还是摆摆手。这事只好暂时放下，等机会再说。

二曲听说顾炎武和王宏撰都已来到富平，顾炎武去了李因笃家，王宏撰随郭传芳去了县城，即令大儿子慎言赶赴县城诚邀王宏撰来军寨村，与之相叙论学。此次相聚，他们互道了离别之情，便围绕理学中的“格物”“博约”“动静”等思想展开了讨论。

关于“格物”之说，主要突现在修养方法和修养次第上。二曲说：“真正为格物之学者，其用工之序，先以主静，而后渐及物理。伦理修养为先，穷理究物在后，这才是为学之正途。”王宏撰引用朱熹的话说：“以格物致知为穷理，诚意正心为主敬，穷理为先为本，主静为后为末，这才是为学的正确途径。”两人各抒己见，互不相让，论辩得相当激烈。

关于“博约”之论，二曲说：“先博文而后礼约，理穷而始可主敬。然文与理浩乎无涯，究其终身也不会有约、敬之时。那么，如何处理好二者的关系呢？博闻穷理，而不约礼主敬，则闻见虽多，终不会成为有用之知，便是俗学；但是，只约礼主敬，而不博文穷理，则空疏无用，而究不足以经世宰物，便是腐儒。所以，只有主敬以穷理，使心常惺惺，方能精义入神，随博随约，德业与学业并进，此内外本末一齐俱到，知行合一，内外兼诣，本末无遗，方为警策！”王宏撰说：“我们体会颜渊的‘循循善诱’之训，实为先博文而后礼约。所以，古今圣贤为学之序，就是穷理主敬，如此而已。如果硬要分个先后，就等于把博与约当作两件事。其实，礼即在文之中，约亦在博之际。朱子曾说：‘非谓穷理时便不主敬，其间有深浅之别罢了！您说的‘俗学’‘腐儒’之论，也符合朱子说的这个道理。至于您的文理无涯之说，我无异议，但为学之要，当记住孟子‘当务之急’。这恐怕是圣贤立教的意旨了！”

在论辩中，王宏撰多从经学的原典语意出发，来印证自己的主张，体现了他重考据的学风；二曲则重于说理而不拘于经文章句，走的是一条义理体证之路。学术风格不同，论证方法也不同。经过几天的论争，对理学中的相关议题，愈辩愈明白，愈辩愈深透。为了记住这次论学，二曲写了《频阳手札》，王宏撰写了《频阳札记》。末了，王宏撰将自己所著《正学偶见述》给二曲送上，望求质证；二曲将自己所编辑的《紫阳通志》交付给王宏撰，乞求评论见示。两位大学人在频阳的这次论学，真可谓是高手过招，精彩绝伦，难分上下，如同在历史的空间闪烁着一道彩虹，为关学的发展注入了活力，撑起了支柱。

康熙十六年（1677）九月十九日，阴云密布，秋风送寒，哀乐阵阵，素纸低垂，这天，是安葬朱延璟的日子。村中老少都头戴白孝，簇拥在院前帮忙料理，气氛很是哀悲。县令郭传芳哀其同类，前来为朱延璟送行。学人顾炎武、李二曲、王宏撰、李因笃、刘六茹、刘汉客、田宏量、田而珏、孟舆脉、惠少灵等前来悼念，并送了挽幛挽联。其中郭传芳的挽联很有代表性：

> 粤西观察使，海门知县官，清廉直正，造福一方百姓；
> 关中饱学士，频阳古邑绅，德隆贤能，厚待八方挚友。

二曲与所有来送丧的友人打过招呼后，便到朱延璟的柩前上香焚纸。大家心情都很沉重，也都闭口无语。日当午时，起柩乐响，哭声震天。朱延璟的儿孙们列队拉布托引在前，妇女们随柩哭丧在后，年轻人轮换抬灵柩，慢慢在大道上前行；娃娃们打纸执幡在前边开路，老年人前后操心走在灵柩的左右。友人们先行到了墓地，看圹穴，观风水，亲眼看着朱延璟的灵柩下葬、入圹、填土、起墓，待一切工序结束后，他们才于墓前化纸行礼，绕墓哀思，依依不肯离去。朱延璟的儿子朱树滋多般催促，大家才痛别而归。

这天夜晚，凡远方来的友人，都随二曲到拟山堂安歇。顾炎武还没等二曲呼唤，竟直入二曲的卧室，脱鞋上炕，靠墙而坐。二曲忙让家人摆好炕桌，上水斟茶。他自己也上炕，坐在顾炎武的对面。自康熙二年（1663）两人在周至分别后，书信往来不断。但时间整整过了十四年，彼此都万分思念，心中有许多话要给挚友倾诉。于是，各自打开了话匣子，从华灯初上谈到鼓打三更，从三更夜半说到雄鸡唱晓，从黎明月淡谈到红日东升，真是情倾达旦，还话语无收，直到二曲的妻子淑珍送上早饭，他们才有了倦意。

关中道上的学人儒士，听说顾炎武、李二曲、王宏撰、李因笃等在富平相聚，便奔走相告，纷纷离乡上道，朝富平拥来。朝邑王建常、关逊伯，三原宋振麟、赵季襄、梁丹、李彦坳、赵元深、王焯，渭南刘泽溥、南廷弦，华阴王宏撰的哥哥王宏嘉及其子王宜辅、王宜辑，咸宁罗魁，泾阳李念慈、张子远、赵浚、侯小军，西安郭民止，兴平李大春，华州东荫商、王帷，合阳康乃心，富平朱树滋、刘汉客、刘六茹、田而珏、田宏量、田自佣、田若琬、汪开美、廖邵镐，扶风王豫，李二曲的门人惠少灵、孟舆脉，这些人先后到了军寨村的拟山堂相聚。眉县李柏去了李因笃家，听说大家在军寨村，便辞别了田老孺人，急急赶了过来。大家第一次见到李柏，都争相执手，互道问候，以叙初识之情。

县令郭传芳从县府衙门抽调出五名精于事务的亲信，专于军寨村起灶设宿。李因笃作为东道主，亲自安排各人的住所。这一群精英，有的相熟已久，交谊深厚；有的闻名仰望，却初次相遇；

有的书信往来，论学探讨，赋诗酬唱，两心相印，今谋面呈欢，喜不胜禁。各人自寻学友，互为研讨，气氛相当热烈。特别是大家争相传阅二曲的《频阳手札》和王宏撰的《频阳札记》，各持己见，论辩不休。大家都说，二曲和王宏撰的这次论学，就如同陆九渊和朱熹的鹅湖之辩，是关学发展史上一件需要记载的事。

九月二十五日这天，拟山堂门前贴上大红对联。李因笃撰联，王宏撰书笔：

弘扬关学，同仁研讨论议拟山堂；
担当世道，儒士聚会联谊军寨村。

拟山堂内，桌子对接成一个大圆形，县令郭传芳的一边是顾炎武、王宏撰、王建常，一边是李二曲、李因笃、李柏，其余人随意而坐。郭传芳说："今天，关中地区的名士、学人，慕亭林先生和二曲先生之名，涉远劳顿，云集富平，论学探讨，交谊联欢，使我富平的学术文化氛围空前浓厚，富平的山山水水顿生光辉。我作为知县，对各位深表欢迎和崇敬。关中的学人在此聚会，可以说是关学队伍的大检阅，使沉寂有日的关学声名大振，这是关学史上的一次盛事。我确信，关中学人经过这次论学论辩，必然会对关学的发展壮大起到推动和促进的作用。亭林先生学贯古今，声满华夏，与我关中学界的领军人物二曲先生、宏撰先生、子德先生，皆知交有年，他的到来又为这次聚会增添了光彩和荣耀，我对亭林先生表示深深的敬意。"一阵掌声过后，二曲给大家讲关学发展史，从张载讲到蓝田四吕，从苏昞讲到范育、侯仲良，从金的杨天德讲到元的杨奂、杨恭懿，从长安的萧维斗、同恕讲到蒲城的侯均、泾阳的第五居仁和李子敬，入明以后则着重讲了薛敬之、王承裕、吕柟、马理、冯从吾、王征，按照关学的发展脉络，一路讲来，对各人的生平经历、学说要旨、传世著作，一一作了介绍。他手无讲稿，随口论道，既准确细微，又把控要津，众人无不敬仰叹服。既而，工于临池、词翰清畅的王宏撰给大家讲了张载的《东铭》《西铭》；介洁自律、博雅志淳的王建常，给众人讲了张载《正蒙》中的《太和篇》《天道篇》《有德篇》；风雅独步、气质过人的李因笃给大家讲了关学的特色和标志。接着李柏、刘泽溥、康乃心、李念慈、李大春，都就关学的有关话题，讲解了自己的论议。最后，顾炎武在众人的一再请求下，谈了《日知录》《天下郡国利病书》的写作过程，大家听后，很觉有趣，不断送来一阵阵的掌声。

如此会讲论学，不知不觉过了三天。第四天，郭传芳早早来到拟山堂，对大家说："我富平地处关中平原东部，战略位置极为重要，乃兵家必争之地，自古就有'周览形胜甲关辅'之称。这个军寨村，相传是项羽当年屯兵的地方，因此而得其名。今天，我们去游荆山，大家快活快活。"

一群人出村南行，见坞岭起伏，原野无垠，点点残垒，列布成棋，众人惊叹不解。李因笃说："宋时，川陕宣抚处置使张浚为了阻止金军占据川陕引军南下，在此筑壁建垒，布阵设防，血战铁骑，终不敌而退。这便是历史上有名的'富平战役'，这些残垒就是当年战争的见证。"李柏听罢，即赋诗曰：

残垒临风已千年，棋布列阵军寨南。
强虏踏过山河碎，民心如石是荆山。

沿山道逶迤而上，到了半山腰处，有一宫殿遗址，周围古树参天，一片平畴如展，地面上基石点点，瓦砾处处。众人不知这里是何神圣的住所。郭传芳说："富平县志有载，当年大禹治水，采九牧之金，在此铸鼎作记，后累代在鼎旁筑殿以护。鼎不知没于何时，难以考证，殿在明时毁于战火。今贤绅商贾，议筹资重修，想唤回往日的辉煌。”众人在宫殿遗址来回转悠，似在寻找往日的盛荣。李因笃吟诗道：

金鼎庄严旭日光，峰峦深处有宫墙。
神禹治水胜有策，丹青无年写辉煌。

从山上下来，郭传芳将备好的车马排列在路旁，大家坐上车，一路朝聚贤村的秦王翦墓而来。王翦是战国末年的秦将，富平美原镇人，秦王嬴政委以重任，先后率军攻破赵国、燕国、楚国、魏国、齐国，为秦统一中国起了砥柱的作用，后被封为武城侯。王翦墓高十米，占地七亩，古树森森，荒草萋萋；秋风吹来，寒意凛凛。这群文人有的绕墓游看，有的上墓顶眺望，好像看到了王翦当年率军出征的英雄景象。大家围着二曲说：“先生如能写点什么，我们此行才更有意义。”二曲笑了笑说：“好，我就填首词吧！”他略微思索了一下，随口吟道：

将军出征气飞扬，旌蔽光，戟照苍，雄兵铁骑，欲踏神州岗。为国尽志随秦皇。灭六国，有王郎。

收赵置郡算开张，燕人降，魏又殇，挥戈南指，荆楚驰马狂。长缨远放逐越王。回首望，尽入囊。

二曲吟罢，众人掌声四起，久久不绝，互语道：“先生不愧为我关中学首！对历史人物谙知得如此纯熟，唱赞得如此精到，敬佩！敬佩！”

午后多时，大家坐在墓旁休息。李因笃说：“我富平还有唐中宗李显的定陵、代宗李豫的元陵、顺宗李诵的丰陵、文宗李昂的章陵、懿宗李漼的简陵，明日再游，大家看如何？”文士们脸上都露出欣悦的微笑，有人说：“大家来到一起不容易，多一天相聚，多一丝念想，多一份珍惜。”郭传芳说：“好，大家就畅畅快快地再游两天！”

学人们或坐车或步行，三三五五簇拥在一起，谈古论今、裁量人物，说濂洛、道关闽，无拘无束，亲如兄弟。每游一处，各发议论，或贬斥，或颂扬，或填词，或赋诗，都甚觉快趣。大家游兴越来越浓，情谊越来越笃，都想在一起多待几天。

回到军寨村，二曲与郭传芳商量，让大家就关学的发展壮大，再研讨一天。不料西安知府来人，召郭县令到西安议事。无奈，这次关中学人历史性的聚会只好落下帷幕。这件关学发展史上的大事，谁也忘记不了！

第二天清晨，郭传芳和大家一起吃过早饭，给每个人都发了返回的路费，众人互道平安，依依惜别。顾炎武、李二曲、李因笃、郭传芳一起把大家送到温泉河畔，才挥手而归。

为了和二曲交游，顾炎武在北边紧邻军寨村的屯兵庄租房居住，常和二曲昼夜论学。这天，李因笃带来了两坛老白酒，自己居中而坐，左边是顾炎武，右边是李二曲，三人畅饮达旦。过后，李因笃于《陈情赋云中曲呈郭明府》一诗写道：“前年是日杯相属，左有东吴右二曲。”这是何等的惬意和潇洒。

正当二曲欢快愉悦之时，突然传来一份讣告，拆开一看，是骆钟麟去世的噩耗。二曲顿时失声大哭，且边哭边诉说：“我生活有难，是你帮我迈过了一道道门槛；是你慧眼识人，上下行文，使我的学说得到了广泛传播；老母去世，无资安葬，是你捐棺助金，帮我安埋了慈亲；你多次致函，派人专请，我才得以江南讲学；你因为母守孝而离任，咱们书信不断，相约今秋来秦团叙，你怎么就一疾不起，撒手人寰呢！”二曲痛哭不绝，家人闻声赶来，知是骆钟麟去世，都悲从心来，哭声一片。二曲即令慎言抬桌刷洗，置骆公灵位于正屋，让淑珍给全家制缌麻孝服。如此服孝祭奠了三月。二曲每天亲自在骆钟麟的灵位前上香，向人语及骆公，常涕不自禁，悲痛不已，含泪为骆钟麟作传以记。

这年鄂善受任甘肃巡抚，临行，向二曲致信告别。二曲回函谏言，劝鄂善把政事和教育同时进行，举措一定要附和民人之心，想民人之所想，做民人之所做，方为善史，才对得起天地朝廷。

三十四 绝食抗争

康熙十七年（1678），平定三藩之乱的战事已近尾声。清王朝进一步认识到，要使国家长治久安，必须善待全国所有的民众，特别要笼络汉族的士人学子，来争取民心。于是，康熙皇帝下诏，实行“博学鸿儒”科试，收揽天下的精英翘楚，命令各地督抚荐举海内名儒、文坛名家、文化名士，入京应考，以备大用。当时，全国受荐者共计一百七十六人，有黄宗羲、吕留良、李二曲、阎若璩、朱彝尊、施闰章、毛奇龄、陈维崧、潘耒、曹溶、傅山、戴廷栻等。其中陕西推荐的有李二曲、李因笃、王宏撰、王孙蔚、李念慈、李大春、宋振麟、孙枝蔚、赵天赐九人。自康熙十三年（1674）李二曲以死坚拒征召以后，这数年间，朝廷屡下诏催二曲进京受官，二曲皆上书拒征，以疾推托，表示身入泉林，决不入朝为官。这次，陕西督抚已举荐了二曲，而兵部主政房廷桢在秦地做官时，对二曲深为了解，为了让朝廷对二曲更加重视，便以“海内真儒”再次举荐二曲，上书吏部曰：

余在秦地任职时，所知有西安府周至县布衣李颙者，束躬希圣希贤，无书不读；居德惟诚惟正，有己克修。甘原宪之贫，襟捉肘露；拥张华之乘，腹便砚穿。立志冰坚，四十载如一日；秉心渊塞，三辅中仅此人。虽经督抚交章，名已上征朝陛；乃复金石不渝，趾仍下伏田庐。格物致知，诚有功于正学；扬风扢雅，亶无忝于真儒。

吏部收到房廷桢的荐文，即上书康熙御览。康熙即下诏书，让陕西总督和巡抚即刻起送二曲进京。总督哈占、巡抚抗爱，一起召见西安府尹阿尔亲，让其专务此政。西安府尹阿尔亲派吏史数人，火速赶到富平，敦促县令郭传芳通报二曲立刻起程上路。这一消息如狂涛恶浪，即刻打破了二曲平静的生活，他便以疾为对策，坚决辞谢，拒不上路，并让长男慎言去官府哀告。慎言赶到县府，见到西安知府派来的差役，苦苦诉说：“我的父亲久病卧床，实不能就道起程，请告知上官，免除征辟，让他好生养病，我们将万谢不已。”府役汹汹，一顿斥责，便不理睬。正当二曲以疾与府役相对峙时，朝廷的第二道圣旨又下到了督抚衙门，总督和巡抚大怒，训斥西安知府办事不力。西安府尹阿尔亲又加派差役到富平，力促二曲上路，真是催檄纷至，急若星火。但二曲还是于家中稳卧，不肯动身。府尹闻知，速写书札，指责富平县令郭传芳与二曲交谊友厚，徇私庇护，并以上书朝廷弹劾郭传芳为要挟，郭传芳不得不上书辩解：

李处士养疾久卧，远迩共知。卑职虽至痴极愚，灵明一窍，未尽昏翳，何敢不畏法纪，不惜官箴，于非亲非势区区流寓之一寒士，过自徇庇，干先典于不测耶？蒙屡示行催，卑职懔遵宪檄，即欲遣夫抬榻就道。及亲临卧室，见其委顿不食，已气息奄奄之人，强迫就程，万一途有不测，卑职将何以自解于天下后世耶？

当郭县令上书辩白之时，慎言每天又跪在辕门前大哭哀告，想唤得上官的同情，以免却这次对二曲的征召。但官府根本就不听不闻，慎言的苦情没有起到丝毫的作用。

府役坐衙指名县府的经承出面解决，经承稍微迟缓了一下，便遭到锁拿捆绑的结局。经承只好到二曲门前，伏跪哀号。县役们才一起上前，抬起二曲的卧榻，强行迫使他上路应征。二曲又一次经历了这无法摆脱的礼遇。

八月初一，一行人到了临潼，府役们已很困乏，便对二曲说："离西安也不远了，咱们在温泉洗个澡，您好见督抚大人和府尹，我们也好交差。"这群人沐浴毕，正坐在华清宫内休息，对面来了一群人，为首的是太史周燦。周燦，顺治十六年（1659）进士，由翰林改任刑曹，后出任南康太守、巴蜀督学，政绩卓著，为天下名士。其一边是临潼驻军将领、建威将军吴当，一边是潼商道副使戴仁，后边紧随临潼县令钱天予。他们都仰慕二曲的学说和人品，听说二曲过路临潼，在华清宫中少歇，便结伴前来拜谒。见面应酬，闲话多时后，他们便恳切要求二曲去游骊山，以解心烦。听了这话，二曲对着四位官人只是温和地一笑，摆着手说："免了吧！"周太史对领头的府役说："今天也赶不到西安，就在敝舍住上一夜，明天一早上路，您看咋样？"领头的府役对二曲说："咱们就按周太史的话办，你们晚上也好闲叙。"二曲说："如此正好！"吴将军、戴副使、钱县令告辞而去。

府役与二曲一行来到周太史的府第，周太史设宴摆酒，为大家驱疲解劳。入夜，正与二曲在中厅闲话，建威将军吴当、潼商道副使戴仁来中厅拜见二曲，行过礼后，便坐下来问学质疑，直到很晚，才依别散去。

第二天清晨，吴将军、戴副使他们又来到周宅中厅，很恭敬地问二曲寝安后，按照官场规矩，拿出二十四金送给二曲，二曲坚决谢绝，往返了四次，终究没有接受。钱县令依规供给了这一行人路上的所需，并给府役们赠钱财，让他们一路上把二曲先生操心好。周太史、吴将军、戴副使、钱县令把二曲他们送到十里亭前，才顺道而回。

八月初二日，二曲到了西安，在南郊大雁塔的慈恩寺内暂住下来。慈恩寺是唐高宗李治做太子时为已经去世的母亲文德皇后所建，当年规模宏大，巍峨壮观。重楼复殿，禅房精舍，富丽堂皇，精美华贵。虽经一千多年的风雨剥蚀，战火毁焚，仍不失为佛教圣地，清幽淡雅，静穆庄严。所以，二曲曾几次到此安歇。总督哈占、巡抚抗爱闻知，即令西安府尹就榻前劝慰二曲，速快起程进京。西安知府阿尔亲，满洲镶黄旗人，博学精明，浑厚卓识，很具学养。他来到二曲榻前，先施礼问安，而后临榻坐定，闲叙了多时，才话入正题，很温和地对二曲说："朝廷为了国强民富，收揽天下名士，急为治国之用，确乎是望贤思渴。不让柱国梁栋隐闲林野，埋没才智，这是兴国治世的必然策略。历代圣君贤相，皆以用贤安贤为己任。先生博学，此番道理必熟烂于心，岂容我辈啰唆。先生常言，大丈夫处世，当做天下第一等事，做天下第一等人。我想，这第一等事，莫过于为国谋强，为民谋福。要为国谋为民谋，得有个施展才智的舞台。现在朝廷就为先生提供这个舞台，先生进京面圣，或献策送谋，或谏言纠弊，雄立朝堂，运发国士之力，对先生的人生来说，是何等的辉煌。既使先生的所学得到了大用，也让荣耀富贵加身而来。这样，利于国，利于民，利于己，有百利而无一害，先生难道就没有做这番考虑吗？我劝先生为国着想，为民着想，为己着想，速快进京，方为上策。”府尹阿尔亲明知二曲坚不进京是为士人气节所致，但偏不戳破这一层薄纸，以便有回旋余地。二曲明明是为了士人气节而坚挺，但却不能以此为由而辞谢。面对府尹的说辞，他婉言答道：“如此宏论，很在情理。然我久病在身，步履艰难，精疲力竭。寡餐食饮，实难以上路颠簸。再说我腿腰折胯，笨舌塞语，实无颜与诸朝臣为伍；加之，我的所学乃为性命修德之论，实无大略献上。所以，我恳请府尹如实报告督抚，望督抚开恩奏上，就免去对我的征召。如此两便，岂不更好？”阿尔亲微笑着说：“先生不要回绝，您不进京面圣，督抚大人都脱不了干系，我劝您不要这样想，还是考虑何日起程为要。”说完，唤来府役，告诉他们善待二曲，千万不要使先生为难。

二曲被抬到慈恩寺暂住的消息不胫而走。八月初四日，制台周有德听到后，即赴雁塔向二曲问学。周有德，由贡生授翰林院编修，因学问渊博且工诗词被迁升为大学士。康熙二年（1663），被授为山东巡抚，与天下有学之士，多为交谊，对二曲先生深为向往。康熙六年（1667），任两广总督，偶从士人手里得到二曲先生的著述文章，爱不释手，研读终日。康熙十三年（1674），授任四川总督，今来西安公干，寓居在西安东南门。他多次想见先生，始终没有机会，今竭诚造访，就教榻前，执礼特别恭敬。二曲被他的真挚恳诚所感动，伏枕执手，温情相叙，慢慢进入话题。周有德所问很是宽泛生僻，如百家何以争鸣及在什么平台上争鸣，秦皇为何焚书，汉时古文经学与今文经学所争要点是什么，魏晋南北朝时的玄学和道学学说有何异同，儒、道、佛、玄四家的抗争、融合对中国文化的发展有何影响，唐时韩愈、柳宗元为何要发动古文运动，柳宗元的“封建论”传扬了什么思想，宋代诸子为什么要对儒家学说进行重新解读，之后所形成的濂、洛、关、闽学派各自的特点是什么，这四大学派在社会变革中所起的作用及弊端是什么。二曲面对周有德的咨询和叩问，都很认真地作了讲解。周有德心中对中国文化历史节点中的诸多疑问，在二曲这里得到了满意的解答。他从二曲的床榻前施礼退出后，且惊且喜。回到住地，他给幕僚们说：“十年梦想，今日方遂立雪之愿。初以为先生只是位有道德、有著述的道学家，身临面教，始知先生是当代大家。难怪天下盛传河北容城的孙奇逢、浙江余姚的黄宗羲与陕西周至的李二曲，是当今天下的三大儒士。”

九月初六日，总督衙门、巡抚衙门又严令西安府尹催促二曲起程。这次，府尹阿尔亲带着咸宁、长安两县的县令一同前往，到二曲榻前力劝。咸宁县令说：“先生以振兴关学为己任，关学创始人张载曾经有四句话：‘为天地立心，为生民立命，为往圣继绝学，为万世开太平。’这四句话标示着一个学人的社会责任，先生也以此来指导门人立志。今天，朝廷礼待先生为国士，这正是先生实现关学这一宗旨的时候，难道先生要违背自己的心志，而放弃这一次机会吗？”二曲坚卧自如，恬然不动，以静默为对。长安县令又说：“先生年还未立，就著有《帝学宏纲》《经筵僭拟》《经世蠡测》《时务急著》四部大作，皆乃安国治世的建言谋略、天德王道的经国大计、悲天悯人的爱民之策。今皇上圣明，朝廷怀士，就是要用先生这样的柱国梁栋，辅佐国政。这是先生难得的用武机遇，先生怎能舍富贵而求贫困、弃荣华而就冷寞呢？”二曲听罢，翻身侧卧，闭口不答。府尹阿尔亲说：“像先生这般饱学的国士，应该考虑的是国家和人民，然先生拒不起程进京面圣，就是不为国谋，不为民想，而为己计，这难道不也太自私了吗？”二曲听了，知道府尹已经动怒，此时切不能分辩，还是沉默不语，以冷抗之。三人又劝说多时，见二曲总是不应，只好退出。又安排幕僚率吏胥昼夜坚守，急催起程。可二曲还是坚卧如初，巍然不动。

陕西被征召的九人，五人已进京去了。李二曲被抬到西安多次力劝，还是拒征不动。王宏撰以老病坚辞，还未动身。但督抚派人住家力催，王宏撰怕招惹麻烦，准备采取迂回之策，先去京城，再后为周旋。孙枝蔚在家坚持了一段时间，但督抚催得太紧，只好答应进京。李因笃以母亲年老多病，弟弟李因材过继给了堂叔，自己身为独子而必须在家尽孝心为由，拒不就范。

陕西督抚将此情况上报朝廷后，康熙皇帝龙颜不悦。此时天下有四大布衣，皆高才名士。这四大布衣就是富平的李因笃、慈溪的姜宸英、无锡的严绳孙、秀水的朱彝尊。而全国被荐之士中，李二曲、黄宗羲、王宏撰、潘耒等都以病辞，独李因笃以母老推辞，似乎理由不足。于是，康熙皇帝在下诏催办这件事时，特意点了李因笃的名讳。

圣旨传达，陕西各级官员加大了催逼力度。田太孺人见风声紧迫，怕儿招来祸端，劝其应诏。李因笃无奈，只好依从母命。听家兄李二曲还在西安坚挺，便随府役到西安向二曲告别。

李因笃进到二曲居室，见官吏群围其榻，气势汹汹，严若秋霜，气氛十分紧张，深怕二曲再如此坚守，给自身带来灾难和不测，便劝二曲说："大哥，您先进京敷衍，然后另图别策。我迫母命，此番入都，亭林先生就来函出策，让我效仿晋时李密上书陈情之方。咱们过一关算一关。您这般执拗，恐于本身不利。"朝夕侍侧的门人孟子绀、惠少灵、杨尧阶、马棫士及爱戴敬仰先生的友人缙绅，都劝二曲明哲保身，并委婉进言："朝堂是多大的衙门，您一个小小老百姓，怎能顶得住，扛得过？鸡蛋碰不过石头，咱委屈一下，这事就过去了。"二曲听罢众人的话，闭目长叹，笑而不答。接着，便以强硬的绝食举动相抗争。

制台周有德和陕西省府上下的文武大僚，看到这种情况，对二曲产生了极大的同情，便向总督哈占和巡抚抗爱求情，望能缓办，不要把二曲逼得太紧。总督哈占说：“自康熙十二年（1673）二曲被征召以来，年年以病代为回复。此次，朝廷对二曲特别注意，不便再复。他如果再这样胡闹，我将以违抗圣旨上奏朝廷，治他的罪。”

周有德以制台之尊，很觉叹惋和没趣，与众人悻悻地走了。但陕西的缙绅没有灰心，他们联合起来向督抚上书，望督抚善待二曲。督抚看后，虽有沉思，但对二曲的催逼并未放松。周有德和李因笃互有酬唱，交谊多年，便托人将情况告知。李因笃听后大呼：“吾兄危矣！”即来见二曲，涕泣以劝，“大哥三思，何必如此舍命全节！难道就没有第二条路可走？”二曲笑了笑说：“人生终有一死，患不能死得其所，今为全节而死，也算值得。”说完，唤来儿子慎言托付后事，“我不意为虚名所累，当事者什么手段都用了，但还催逼不已，我唯有一死。死后，把《垩室录感》一书揣在我怀里，用粗衣白棺将我收殓，暂将棺柩浮厝祠庙，勿令闲人出入，以时祭扫，勿断香火。三年后埋葬在你婆的墓侧。我生为抱憾之人，死为抱憾之鬼，断勿挂纸开吊，轻受亲友之奠。你要好好抚养你娘，善待你的弟弟，垂诫子孙，刻意耕读，谨身立德，这样，你的父亲就和没有死一样。切记，切记。”慎言扶榻，抱住父亲，号啕大哭，门人们也哭泣不止，在场的所有人都掩面流泪。二曲又针对各位亲友门人的不同情况，一一作了叮咛，然后僵卧闭目，滴水不入口者五天五夜。这期间，不管是督抚衙门的大员，还是门人亲友，谁劝他进食，他也不予理睬。

总督哈占和巡抚抗爱闻知，惊恐不已。哈占给抗爱说：“看来二曲真的是个志士，实令我辈敬仰。如果我们不改变主张，他绝食而死，后果将不堪设想。首先，我们在天下落个杀贤害能的恶名。再说，二曲是朝廷重视的国士栋梁，皇帝揽贤招士若渴，我们为了交差，硬逼着他上路起程而出了人命，朝廷怪罪下来，你我的前程必遭大碍。我看咱们不要给自己招祸，再以疾具复也就罢了。”抗爱说：“事到如今，只好这样。我们一面行文上奏，一面派员速去安抚先生。”哈占说：“那就让西安府尹速速前往。”

西安府尹阿尔亲急急来见二曲，先施礼慰抚，然后传达了督抚决定以疾上奏、暂缓起程的消息，让二曲快快进食，莫伤了身子，坏了性命。二曲身体已虚脱微弱，慎言俯在耳边告诉了父亲，二曲才点头进水，阿尔亲和满屋的人都长出了一口气。二曲算是从死亡的路上，被挽救了回来。

经过一段时间疗养，二曲的身体渐渐有所恢复。这年，正逢秋闱大比，陕甘学子聚集西安，闻知二曲的事迹后，每天都有好多人到慈恩寺想目睹其面，并问学质疑。当时，二曲内心有说不清、道不完的伤感，故婉言谢绝，一个不见。西安府尹受命多次到雁塔安抚二曲并闲叙，二曲每次都请求送自己回富平家中。可府尹阿尔亲总是敷衍作答，直到一月以后，才将二曲的请求告知督抚，督抚会商后，准许二曲暂时回家，等朝廷旨意，再作处理。

过了很长时间，吏部的批文才送发了下来：“奉旨，痊日督抚起送。”哈占和抗爱一看，心松意缓，不再过问此事。二曲面对这次征召，几乎一年时间未得安宁，事虽告结，但在全国所产生的影响却如波涛之涌。江南江北、长城内外、西南云贵、东北辽黑，四处盛传二曲是“人中铁汉”，士人硕儒无不翕然称道。顾炎武深受其感，作长诗以抒怀赞誉：

益部寻图像，先褒李巨游。
读书通大义，立节冠清流。

忆自黄皇腊，经今白帝秋。
井蛙分骇浪，嵎虎拒岩幽。
譬旨鸿胪切，征官博士优。
里人荣史节，山鸟避车驺。
笃论尊尼父，清裁企仲由。
当追君子躅，不与室家谋。
独行长千古，高眠自一丘。
闻孙多好学，师古接姱修。
忽下弓旌召，难为涧壑留。
从容怀白刃，决绝却华辀。
介节诚无夺，微言或可投。
风回猿岫敞，雾卷鹤书收。
隐痛方童丱，严亲赴国仇。
尸瓮常并日，废蓼拟填沟。
岁遂糟糠老，云遗富贵浮。
幸看儿息大，敢有宦名求。
相对衔双涕，终身困百忧。
一闻称史传，白露满梧秋。

一诗赋完，顾炎武还不尽兴，又给士林诸公写了一封公开信，进一步对二曲进行褒奖。其书曰：

李先生为上官逼迫，抬至近郊，至卧操自刃，誓欲自裁。关中诸君有以李业故事言之督抚，得为谢病归。然后，国家无杀士之名，草泽有容身之地，真所谓“威武不能屈”！而名之为累，一至于斯，也慨也矣！

二曲当年在靖江讲学时，与县令郑重交谊甚厚。郑重后晋升为吏部郎中，这次派来陕西主考秋闱大比，亲睹二曲拒征壮举，心中更生敬重之意。公事忙完后，便到富平拜会二曲先生。然而，行到泾阳，突发病疾，不能如愿，甚觉遗憾，即修书赋诗，派吏持币前往致候。其诗曰：

关学从来擅古今，后贤谁复有知音。
风高二曲声施远，望重三秦朝野钦。
辞辟非同巢许志，安贫独契孔颜心。
当年亲炙毗陵道，悔过犹思教泽深。

二曲的好友王宏撰进京后，寓居在城西的昊天寺内，闭门不出，以玩《易》为务。公卿闻名造访，劝其应试就官，他皆以老病辞绝，最终得以逃脱，回华阴隐居至老，以软磨之策保住了名节。

孙枝蔚进京后，受主管公卿大吏胁迫，无奈参加了康熙十八年（1679）三月一日在体仁殿举行的博学鸿儒科试，但他无意做官，便交了白卷，并拒绝朝廷委任，在京城与文士学人交游了一阵后，回到了三原家中。

李因笃到了京城，奉承顾炎武之教，作诗词，咏怀叙情，赠予内阁大学士兼刑部尚书冯博、兵部左侍郎项景襄、中书舍人高士奇、左都御史魏象枢、户部尚书梁清标、翰林院编修叶方蔼、保和殿大学士兼礼部尚书杜立德、兵部尚书宋德宜等朝中重臣，陈述自己奉养老母的心愿，恳请他们代为说情，不参加这次考试。但这些人皆未向皇帝奏表，使李因笃的陈情之策终告落空。博学鸿儒考试，是清朝主政以来一次大规模的人才选拔考试，也是清廷一场空前的文化盛会。全国各地来的博学鸿儒云集京城，人才济济，盛况空前。李因笃在逼迫之下应试入考，居然以一等第七名高中，授翰林院检讨，命修明史。李因笃即上《乞终养疏》，恳请回乡静养老母，先后达三十七次。最后冒生命危险，手持疏表，跪在午门外三日，乞求朝廷恩准。康熙皇帝见难以挽留，也为他的孝心所感动，便批准其归家孝母。李因笃也以此保全了名节，京中士人无不敬仰称赞。

关中人物李二曲、王宏撰、孙枝蔚、李因笃以不同方式摆脱了这次征召，全国士人认为这是关学育化的结果。当时，文坛领袖人物王士祯著文称誉这四人是“关中四君子”，令关中学人为之骄傲而自豪，这是其他方域的人所不能得到的殊荣。

三十五 西返故里

二曲这次舍命坚拒征辟，轰动全国，赢得了盛名美誉，但他内心却是相当的酸楚和痛苦。他躺在床上，辗转反侧，无法安息；他在温泉河岸上散步，心绪如潮，像流水似的翻滚；他爬上荆山的峰峦，鸟瞰平畴沃野，不觉泪如雨注。军寨村的一群老人，看到二曲如此坐卧不安，心神不定，便约伴来到二曲家中闲叙，想帮他排遣苦闷。随便安坐，续水饮茶，都无拘无束，因为他们是二曲家中的常客。一老汉拿着长杆烟锅，在地上磕了两下，对着二曲说：“先生自省城回来，一直烦闷不安，有啥心事，给大伙说说，也许我们可以帮先生。”“对啊，先生有话憋在心中不说，憋出病来咋办？”“先生说出来，我们就是不能帮助，给先生说几句宽心话也能办到。”二曲说：“人生在世，不管是贫是富，有家可以安居，有国可以图报，方为有福之人。我现在是有国不能报，有家不能居，避祸贵地，苟延残喘，细想起来，心如刀绞，实觉痛苦万分。”二曲说罢，一老翁笑道：“先生是明家遗民，此番拒征，给天下做了样子，怎么能说有国不能报呢？咱乡下人常说‘久居他乡是故乡’，咱军寨村谁家有红白事情，先生和妻子都到场帮忙，军寨村的父老乡亲，也把先生看作乡党，对先生敬重有加，这儿就是先生的家，先生怎么能说有家不能安居呢？”一老翁说：“我知道先生的心。先生心中的国是大明，大明没了，先生胸中的治国图世之策、安民致富之略，当然就无法施展，先生心中苦的就是这个；先生的故居是在周至，因奸人陷害，才被迫流离失所。先生怀念故乡，也在情理之中。可是，人是个走虫，哪里能安然生活，就在哪里定居，哪里就是家乡。先生把想法放活一点，心情就不烦闷了。”大家你一言我一语地劝慰，二曲的心情才稍有舒缓。但他还是说：“狐死恋土丘，兔死思穴洞。西望家乡，总还是思情绵绵，想念不已。”

晚饭后，淑珍与二曲说：“我们来富平已四年了，现在生活全靠郭县令供给，时间长了，确实不是个事。不如返回周至，穷日子穷过，心里也踏实。”儿孙们也都有回去的意思，二曲想了想说，“回周至是正主意。不过不能打扰军寨村的乡党和富平的好友，先收拾行李，暗暗运走，然后我们再轻身离开。”这天是康熙十八年（1679）二月五日。

没想到这天，二曲返乡的消息竟被郭传芳知道了，他即刻赶到军寨，极力挽留。军寨村的邻人乡党听说二曲要返回周至，心里顿然生了惋惜和失落，一百多人拥进二曲所居的别墅跪地哭泣，要求二曲久居其村，不要离开。二曲一一扶起乡亲，知一时不能拒绝郭传芳和军寨乡党的恳挚挽留，不得不答应暂时住下，过一段日子再回周至。

自康熙十二年（1673）鄂善出任陕西总督聘请二曲主讲关中书院以来，两人便结下了深厚的友谊。鄂善或升迁，或谪贬，或逐放边疆，或官返内地，凡过陕西，都要致书二曲，叙慰问离别之情，诉向往怀念之意，并赠金以解二曲的燃眉之急。康熙十六年（1677），鄂善任甘肃巡抚，在巩昌郡修建了学舍，他想，此学舍非二曲主讲莫属，便于康熙十八年（1679）三月派员到富平延请。此时二曲刚经过征辟之难，不想再被浮名所累，以坚守杜门谢客为由，婉言谢绝了鄂善的聘用。到了这年七月，鄂善解官回京述职，在回京城的途中，绕道富平，与二曲专意话别。郭传芳闻知，急赴二曲住所，与老长官相见。三人各怀心事，互吐衷情。鄂善说，自己虽为朝廷大官，但官途不顺，屡遭贬谪；道官场之险恶，人情之倾危，大有心灰意冷、去官回乡之念。郭传芳说，自己虽为民之父母，但常为长官见疑，动辄得咎；道做官艰难，拳脚很难尽情施展。二曲说，我本遗民，但为浮名所害，不能安身居野，却为当事者青睐，屡受征召之难，实在是苦闷至极。三人饮酒叙谈了两天，鄂善才告辞而别。临行，知二曲将返回故里，晓得其生活又会陷入窘境，便拿出自己的薪俸赠给二曲，二曲推辞不过，只好收下备用。

这时，李因笃、王宏撰、李念慈、孙枝蔚等友人，都在京城应对博学鸿儒科试，还没有回来，二曲在富平很有些孤寂之感。郭传芳为了排遣二曲的寂寞，派人到山西阳曲请傅山来富平游历，并与二曲相会。

傅山，字青主，是明末清初著名的思想家。小时就有过目成诵之才，且博学多识，豪侠仗义，很具名望。崇祯九年（1636），张孙振出任山西巡抚。张孙振曾经是魏忠贤的党羽，而山西提学使袁继咸却是当年同情东林党人的正直学者。张孙振便给袁继咸捏造罪名，将其下狱惩办。山西缙绅及学界一片哗然。傅山时年二十九岁，即仗义执言，振臂一呼，数百名生员联名上书，并远赴京城为袁继咸申冤请愿。经过一番努力，终为袁继咸昭雪。从此，傅山名满三晋。明亡后，他是坚定的遗民，并投入反清复明的战斗之中，与顾炎武、孙奇逢、李因笃、屈大均、王显祚、阎若璩等人志趣相投，交谊深厚。博学鸿儒科试，他也在征召之列，以病坚拒，后被迫入京。入京后卧床称病，拒不入场应试。康熙皇帝特许面试，并授官“内阁中书”。他拒不上殿谢恩，而是离京返乡，扬长而去。刚到家没几天，陕西富平县令派人来请，听说是与二曲相会，这是他盼望已久的心愿，即与来人起程，过黄河，一路顺道，朝富平而来。

二曲听傅老来访，好几天都到温泉河畔的桥前候迎。这天，红日当空，和风漫吹，天空中有几朵浮动的云彩。二曲站立桥头，看一群人朝军寨村走来，其中一人身穿青衣，脚着芒鞋，白发飘逸，满贯神韵，气度不俗，二曲认定这个人必是傅老先生，老远就招手示迎。傅山见桥头一人头发高绾，身着长衫明服，高伟额头，气韵与常人迥然相异，便认定这就是二曲先生。两人各趋小步快快迎上前去，相互拥抱了好久，才执手紧握，互问平安。

二曲把傅山迎到军寨村的居所，早让家人备好饭菜，买来好酒，为先生洗尘接风。饭罢，引先生到拟山堂正厅，恭敬先生坐在上位，傅山力辞，两人才相对而坐。上好茶水，边叙边谈了起来。彼此先道了恭敬之情，然后谈到明亡之恨，相互跺脚流泪，过了好长时间，各自的心情才平静了下来。继而，他们谈程朱之学、陆王之学、周邵之学、张横渠之学。各人的见解，有相同，有迥异，互为辩驳，相互探讨，论学了三天还有说不完的话。

第四天，郭传芳来军寨村，一是给二曲送米面柴油，二是请傅山到县衙长叙。傅山与二曲依依惜别，随郭传芳来到县府。当晚谈叙时，傅山对郭传芳说：“今南北士人盛传天下有三大儒：河北容城的孙奇逢与我交友多年，知其深不可测，可谓名副其实；今与二曲先生相交相知相论，方知他胸如汪洋大海，不知岸在何处，真让人钦佩敬仰不已；读浙江余姚黄宗羲的《明夷待访录》，其治世的惊言哲语、奇策妙方，无不让人倾倒。此三人领学天下，享誉士林，我辈当仰之望之。”

这年八月，二曲返乡之意已决，收拾行囊，准备起程。军寨村的邻里乡党，知道再也挽留不住二曲，心里大有失落之感，怅然叹息，争相邀请二曲到自己家中饮酒话别，以叙这几年的交往情意。二曲让家人把前后院落打扫得干干净净，然后领着慎言、慎行，亲到孟舆脉家中告别，让两个儿子叩头深谢。孟舆脉忙扶起慎言、慎行，对着二曲说：“我是先生的门人，礼应孝敬师长。实望先生和家人能长期在此居住，想不到先生思乡而归，我深感叹惋。先生千万不要把这件事放在心上。”二曲就孟舆脉的学习交谈了很久，孟舆脉让家人设宴，为老师饯行。饭罢，又亲自把二曲送到别墅。

八月初三，二曲率全家起程返乡。这天清晨，太阳已爬上荆山峰顶，一道道金光洒在军寨村的街道和大路两旁，军寨村的男女老幼，簇拥在村口，抽泣啼哭，声震原野，他们不忍让二曲一家人离去。二曲和慎言、慎行，与前来送别的人一一执手话别之后，一家人才慢慢上路而去。

郭传芳县令知二曲返乡心切，便顺其意，派车辆装载行李，派差役相随护送，自己与二曲并肩而行，一群缙绅相随其后，直送到十里亭外，才执手相别，各自都流下了伤情的泪水。当地驻军的将领，认为路上不太安全，怕二曲途中发生意外，指令几名兵士一直要把二曲送到周至境内。看着二曲一行远去的背影，缙绅中的著名学者费尚彬当着众人的面，赋了一首五言长诗：

四载频阳客，千秋启铎人。
忽然怀故土，果尔发行尘。

厚谊通神听，清操彻上旻。
天卿入户别，星载饯卮陈。
过化留泾野，遗徽绕渭滨。
永峙关中岳，常切海内瑧。
烟岚深邃处，即拟谒钩纶。

人们听罢，皆交口称赞。郭传芳让费尚彬到道旁一读书人家展纸草成，令一士兵带上诗稿，骑马飞驰，赶上二曲，敬献给他，再表大家的惜别之情。

行至泾阳时，泾阳县令钱钰闻知，立即率县府几位吏史在官道旁候迎。钱钰，浙江长兴人，顺治十七年（1660）举人。见到二曲，先于道旁亭中少叙，后坚请二曲到县衙安歇，二曲以平生不进官府婉拒。钱钰便把二曲一行安排在城南郊外的旅舍中，并设宴为二曲接风。当晚，两人就理学有关话题谈论了好久，钱钰才告归回衙。第二天一大早，钱县令又领着人来为二曲送行。到了旅舍，知二曲趁早晨凉爽已上路多时，留言对钱县令深表致谢，并望谅解自己不告而别。钱县令看罢，觉得对二曲有些怠慢，心中愧疚，即派吏属持礼去追二曲，以表自己对贤士的爱慕。

路上走了七天，八月初十下午二曲一家回到了新庄堡老屋。这里已六年多没住人了，院墙已成断壁残垣，院中的蒿草高过了人头，低矮的草房上丛生着藤蔓。门锁已生锈无法打开，用破砖砸烂后，门自然开启。一眼望去，地面潮湿发霉，四处蛛网吊挂，房顶多处已能望见外边的蓝天白云。锅台、土炕已被漏雨打湿而坍塌。一家人看到这种破败凄凉之象，心中产生了一种无穷的伤感。正当他们发愁今晚如何度过时，新庄堡的邻里乡党闻知二曲一家回来了，男女老幼都奔来照看，好像村中有了什么喜事一样，奔走相告。堂兄李居奔过来握住二曲的手，说：“兄弟，你回来了。”说完二人拥抱，都抽泣啼哭。村中年老的长者围着二曲说：“土生，你可回来了。这几年我们总在念叨你，这回，你就安心地住下。刁江海几年前就死了，那一帮狐群狗党也云消雾散，和你作对的那几个文人也死的死，病的病，没啥芒气了。”乡约朱耀旭的儿子朱钢峰对二曲说：“土生哥，我爹下世时，从他咽气到下葬，你一直没离茬，还给他上了三年坟。那时兄弟小，给你帮不上忙，这回谁要再给你寻事，兄弟就饶不了他。”曹婆婆和二曲的母亲是知交姊妹，她拨开人群，走到二曲跟前，流着泪，抚摸着二曲的胸前胸后，说：“我娃受苦了。当年你从村子搬走，大家心里都舍不得，可怕刁江海他们找麻烦，竟没有人出面给你说话。现在你回来了就好。”王大爷说：“土生，你看这老屋得翻修一下，才可住人。现在先住到我家的柴房里，那里锅灶、烧炕都齐备，暂时住你一家人没问题。”说着让人把二曲的行李车赶过去，众人帮着搬东西，收拾房子，一切都就序了，才慢慢离开。晚饭时，半个街道的乡亲都送来了晚饭。二曲和家人看着这些可口的饭食，体会到了乡亲的厚道、友爱和乡情，不觉泪从心上流过，悲喜交加，不知说什么才好。

第二天，二曲领着两个儿子到母亲的坟上烧纸告归，并把姐姐接回家中，不让她一个人孤独受苦。

二曲的母亲彭孺人去世时，周至的父母官是骆钟麟县令，二曲无钱收殓，骆钟麟捐款购棺，并把彭孺人居寡守节、在贫困凄苦中育儿成才、在饥寒交迫中死亡的艰难人生，上报西安知府，西安知府又旌表督抚衙门。当时总督鄂善捐俸百金，让为彭孺人修祠，以淳化地方风俗，表彰楷模人物。但好事多磨，二曲接连被奸人所陷，离乡徙居于郭家寨及富平，鄂善也宦途遇阻，被谪贬云贵，这事便一直延拖了下来。这期间，二曲家生活再困难，哪怕是没米下锅，也没敢动这笔钱。此次回乡，二曲首先考虑用这笔钱为母亲建祠一事。

在选址问题上，二曲家人意见不一。二曲说："祖居的庄子，那里建祠最适宜。现在这个地方空着，把它买回来，咱们就着手筹建。"二曲让慎言去办这件事。慎言回到菜园堡，托人去问，主人家听说二曲为母建祠，说这是好事，让来人评个价，就算把这事定了。

二曲早就听说黑水峪有几家木材商，黑水口子的木材堆如高山，要啥有啥。他亲到木匠王多叔家中说明买木头建祠堂的意思，让王多叔带着慎言、李喜、李居及村中几个丁壮，到黑水口子挑选木头，并让王多叔领工盖祠堂。王多叔是周至县有名的能工巧匠，他给二曲说："这事你就交给我，啥心都不用你操，你只要把材料运到地方就行。"

大约半年时间，祠堂落成，三间两进，坐北向南，砖木混成。正厅进深九米，大门格窗，方砖铺地，中砌神壁；四面砖墙，明瓦辉映，白粉勾缝，宽敞明亮，朴素庄严。屋顶一线歇山，屋面，灰陶小瓦，屋檐，勾头瓦当。虽不富丽堂皇，但却雄美壮观。神壁前置放祭案，母像与襄城所招太翁魂牌并排安放，新购祭器以次列序；明烛闪砾，香烟缭绕。二曲父母的游魂总算有了安息之所。

祠堂前殿三楹，进深六米；硬山屋脊，雕花续藤；红柱画栋，方椽砖栈；檐角高翘，置兽雕鸟；格门四扇，窗牖成间。门中上方，二曲的挚友、大书法家王宏撰写有"贤母祠"三字，涂金闪耀，甚为庄重。

在正厅与前殿两边的廊房中，隔有一室，四壁用白灰粉刷，名曰"垩室"，是父母去世后孝子居丧守灵的地方。二曲居其间，以补往日对父母守丧的缺失。从此，他身不出户，即便是家人也不多见，饮食则从墙壁的窍窝中送入。

郭传芳闻知“贤母祠”落成，而二曲的家人还居住在别人家的房里，生活困窘，即派人送来钱款，让修一所房舍，作为栖居之处。二曲即在“贤母祠”西边的空处动工修建。当时的周至县令是章泰，字来之，浙江绍兴人，闻知此事后，他即来拜见二曲，并捐款协修。章泰，康熙十七年（1678）来周至任县令，体恤民情，兴利除弊，轻徭薄赋，建社学，修文庙，补城郭，纂县志，使周至百废俱兴，深得民众爱戴。有章泰这样德隆品高且学养兼俱的官员治理周至，二曲受到礼遇和尊敬，也便在情理之中。

一天，合阳的著名学人康乃心到富平拜见县令郭传芳。两人闲谈多时，郭传芳说：“当年总督鄂善助金，让二曲先生为母亲建座祭祠，以淳化乡俗。现祠已落成，王宏撰题名为‘贤母祠’，您能不能写篇文章，把这件事记录下来？”康乃心说：“我是先生私淑弟子，当然义不容辞。我这就动笔，成篇后请明府斧正。”郭传芳说：“既然如此，我书房内一应齐备，就拜劳您费神了。”康乃心很快草成，郭传芳看后大加赞赏。

从此以后，贤母祠不断得到地方官员的旌表。康熙十九年（1680）九月，平凉守道参政郎廷枢向二曲致书赠币，并制作了“曾母慈晖”的匾额，派员远道送来。二曲回函致谢，留下匾额，将钱币返回。康熙二十年（1681）七月，甘肃巡抚巴锡（满洲镶蓝旗人）派人送来“贞贤范世”的匾额，并向二曲致以深情的抚慰。西安知府董绍孔（镶白旗汉军）对二曲的学说犹为推崇，对二曲的人品极尽敬仰，于是，常来周至与二曲谈学论道。他看到贤母祠规制还未全备，即捐俸一百二十金，让周至县丞高弘启负责购材督修。于是，在前殿的堂前，又增建卷棚三楹，在祠前的街道上，修青石大坊一座。董绍孔亲自撰联舒笔，额曰“贤母坊”，两旁石柱上的楹联是：

蔬食棚户，迫寒穷暮，正谊迪子，思寻常功利，树旷代妇人楷模；

操节坚志，隆德流年，光大躬身，想周邹两母，立千古寡妻典范。

工程造竣，董绍孔请左都御史、著名学人魏象枢撰文记录此事。魏象枢敬慕二曲先生，于是写了《增修贤母祠纪略》。

之后，有翰林院侍读毘陵吴珂鸣、毘陵后学陈世祉、武进古迂氏张侗，都从不同角度写了《贤母祠记》。

周至县令程奇略，山西祁县人，康熙十二年（1673）进士。自出任周邑以来，闻二曲先生贤名，即登庐造访。适董郡伯捐资建祠，收尾工程已无资告竣，且二曲也无力招应工役，程县令欲意承担一切，招画工，雇高匠，与县丞亲临现场督办。二曲竭力阻止，以待往日再议。程县令诚意操办，终未停工，建祠一事才完满结束。

程县令想：世间兴废成毁，如浮云百度，只是道德节义之风烈，积久无损，还可化俗修人。这座贤母祠是此村的盛景，但村名却叫菜园堡，与贤母祠不能相雅并誉，遂提出将村名更为“贞贤里”，这样，地以人重，才能千载彪炳。于是他题名勒石，撰记督工，置碑石于村口大道，才与二曲相别，回到了县衙。

康熙十九年（1680）秋天，郭传芳升调四川达州知州，二曲即派儿子慎言把郭传芳送到宝鸡，慎言拜谢哭泣而别。然到了康熙二十年（1681）二月，传来噩耗，郭传芳因病殁于任上。二曲大哭悲号，几天忧思，汤水未进，即于家中设祭灵堂，全家人穿缌麻孝服三月。二曲作《题达州牧九芝郭公墓碑》，以寄哀思。

郭传芳去世后，二曲忧伤悲极，骆钟麟、张梦椒、郭传芳三位亡友的身影亦不时在他眼前浮现；过去所经危难及他们伸手救援的情景，常在心头掠过。如果没有这三位亡友的帮助，不要说求学立说，就是饥饿苦寒也无法熬过。于是，二曲在家中专辟一室，设置报德龛，祭奉骆钟麟、郭传芳、张梦椒三亡友之灵位。每逢节令，则率全家上香焚纸，虔诚祭拜，以此报答他们的知遇之恩和无私的资助。

三十六 晚岁授生

邠州位于陕西西部，洛河从其中部流过，河谷地带有个西坡乡，乡内有个票村，村中有一户王姓人家。家中儿子叫王吉相，字无如，家贫无力入塾就读，日间牧羊，晚上识字苦读诗书。常备一砖放之案头，一有懈怠，即燃香一炷，顶砖跪地，默然自责。经多年勤奋自学，于康熙十一年（1672）中举人，康熙十五年（1676）中进士，授翰林院庶吉士。此时，作《砖师赞》回想往日学习的经历，其中云：

> 一有差失，焚香顶礼，此过不改，此身不起。幸而有成，皆汝之施。戴尔大德，终身无欺。

在京几年，王事繁忙，而学无长进，王吉相总觉心地空虚，常语同僚言道："学不见道，何荣以未信之身，立朝事主？"遂以病告归。

郃州虽地处偏僻，但二曲之学无处不闻，王吉相得明体适用之学，顿觉心地朗明，欣然仰望，步行数百里来周至，于二曲门下拜师问学。

这天，大雪纷飞，滴水成冰。二曲正于垩室读书，忽听一人叩门，开启一看，只见来人身材高伟，一双大眼炯炯有神，很具神韵。来人不及拍掉身上的积雪，即向二曲行礼自告。二曲听说他是从郃州来的王吉相，往常听学界人谈起过，即生欢喜之情，帮王吉相拍掉身上的雪，让他到屋内坐定叙谈，并安排他吃饭休息。王吉相见到二曲，对知识获得的欲望如饥似渴，两人同居垩室，常常交谈彻夜，话锋无收。

一天，王吉相问二曲："体用之说有两种可能：一种是熟读诸书，而达不到明体的目的，自然无以适用；一种是读书而体明，适用当如何在指导下践行。面对这种可能，我们将何以应对？"

二曲说："有天德，自然就有王道。唐虞之际，无书可读，皋、夔、稷、契还把天下治理得井然有序，他们的才智不是后世读章句、诵诗词的书生能比得上的。然而，今时不是古时，今人不比古人。像孔子这样的圣贤，还常韦编三绝，问礼于柱下，访官名于郯子，到了老年还没有放弃研讨知识。这诚如朱子所说：盈天地之间，千条万绪，都是人和事的总集；圣人之所以能成为圣人，千节万目，都是下过多少功夫才修炼而成。只有开拓心胸，作为根基，将万理铭彻于心，用此心在天地间洞明事物，处理事务，才可言孔孟之乐。就是说，只有弄明白了古今的法度，才能明白哪条相宜、哪条不相宜。达到了这样的境界，才可成为全儒，才能言治平天下的事业。若惧怕背诵《诗三百》而得不到什么，就认为至诚自能动物，体立自然用行，则空疎杜撰，犹无星之戥、无寸之尺，临时应物，又安能把握要害，动协机宜呢？这就叫作不学无术。所以，‘体’非书无以明，‘用’非书无以适。欲为明体适用之学，须读明体适用之书。否则，就是再诚笃虚明，终无济于事。”

王吉相又问：“人生在世，须具有一个‘觉’字。能觉，则虚明融彻，洞识真我；不觉，则昏惑迷昧，痹麻一生。能觉者则为贤为圣，不能觉者则为愚为狂。道理是这样吗？”

二曲说：“一个人践行而没有结果，炼习而经不起查看，终身大而化之而不知其道，这种人是不能觉的。即仁者见之谓仁，智者见之谓智，意见不一，滞而不化，皆不能用觉来概括。存养于未发之前，省察于已发之后，日新又新，则一个人就会变得聪明有智，此兢业之本体。人生处世，或入世治国，或隐没林野，都应该学会善养。静养之余，日用功课，当以万物一体为心，明学术、正人心为念。随机开导，使认知畏天检身，悔过自新。此即‘为天地立心，为生民立命’。世有自私自利之徒，窃养晦之名，隐身蔽言，无补于世道之心，便与天心不属，是自绝于天矣！”

多天过后，王吉相得二曲明体适用之真传、知行合一之要旨，告辞返乡。回到家后，他刻苦攻读，躬行力践。有疑难，或致函求问，或亲赴周至。几年后，学业突进，声名鹊起。后抱病撰成《四书心解》一书，亲手递交给二曲，望求斧正并作序。

二曲悉心览罢，不觉拍案击节，称道：“此书洞源彻本，学见其大，贯通四书之要旨，融会四书之心机，不依程朱之论，而独抒己见，自成一家之言，当为我关学文献的一册名著。”二曲即撰序言，向关中士人推崇其人其书，肯定王吉相心解四书的成就。指出以心观心，乃学问用功之要、高明广大之域，只有如此，才能达到至高的境界。陕西巡抚张汧，看了此书，心领神会，豁然明朗，行文各郡县，赞誉王吉相是笃志力行君子、关学又一坐标人物。

康熙二十一年（1682）二月望日，阳光普照，春风和畅，草色远望浮绿，月季苞蕾成串。二曲于慈母像前上香过后，步行出祠，在当街来回散步。忽见四人风尘仆仆，来到二曲跟前，倒地跪拜，望二曲纳为门下。二曲将来人一一扶起，举目一看，皆二十多岁的青年，一个个圆脸盘、大眼睛、鼻梁中隆、鼻头高耸，英姿勃发，神采奕奕。经过问答，才知他们是从甘肃平凉府泾州而来，徒步近千里于周至，欲拜二曲为师求学。四人名文佩、郭一之、张五敷、李现慧。二曲为他们安排好食宿后，领着他们来到贤母祠的垩室中。根据他们的实际情况，让他们先读《悔过自新说》《体用全学》《学髓》《匡时要务》《周至问答》《观感录》等书籍。读过之后，再相互提问。二曲根据所问，一一解答。如是数月之后，他们融通领会了二曲的学说要津。一晚，他们与二曲叙话，说明回归之意。二曲非常喜欢这四个青年，并对他们抱有很大的期许，他执着文佩的手说："泾州风气的变化，担子就落在你们四人的肩上，你们是振兴关学的后进力量，也是你们义不容辞的责任。"四人点头承诺。第二天，跪拜辞别，抹泪而去。

回到平凉泾州，这四人组织当地的学人士子四十多人，成立了"正学会"，专门研讨传播二曲的学说。然而，每次聚会都没有个好地方，文佩思虑之后，捐出自己居家旁边的一块空地，大家集资，盖了一座宽敞明亮的庭院，起名为"二曲先生祠"。既表示对二曲的教诲永志不忘，更作为一个讲会学习的场所。而且立了规矩，每月朔望日聚会，由文佩、郭一之、张五敷、李现慧四人轮流主讲。这事一直坚持了数十年，不管刮风下雨、炎热严寒，始终没有停止过。王心敬后来在《泾州新创二曲先生祠》中说：多少年来，平凉泾州的同志日益兴起，后生晚进从风而趋者，且遍州之内外，泾州遂为邹鲁之乡，而泾人讲会研讨的正是吾师二曲先生的学说。

康熙二十一年（1682）三月阳春，二曲正在垩室中撰写“感录”，忽然有人推门而进。二曲抬头一看，是武功友人张澹庵的儿子张志坦与同邑一个青年。还没有搭话，两人先拜倒在地。二曲笑了笑叫他们起来，用手指着一旁的板凳，让其坐下歇息。二曲对张志坦很了解，其人长得端庄英俊，性情敦厚淳朴，少小时就不嬉戏要闹，对老一辈人很是敬重。稍长，特别喜欢读书，习试帖科举之技，很有长进，深受庠校的器重。后来读朱熹二程的遗集，领悟颇深，大受启发，遂杜绝举业，专意潜心理学的研习，曾同他父亲一起来问道，后一有疑难，就徒步请答，对二曲特别殷切向慕。此次，他专来拜师，二曲当然不能拒绝，遂收为徒。志坦谨言慎行，不散漫空谈，每天，早起先拜过师长，然后肃穆静坐，温故先天之课，俨然如对神明。二曲给他讲授四书五经及宋明以来诸儒关于性理的论作，他悦心研虑，用心体会领悟书中的道理，并在日常生活中去验证。同时，在自己读书的屋子，安置了周敦颐、张载、程颢、程颐及朱熹的灵位，每天上香默识，以省察自己的言行。并在四壁张贴诸子修人治学的微言要语，借以警策自我。对于二曲的教导训育，思过践行，一刻也不忘却。二曲观察张志坦志向远大且能勤奋自律，预料将来必成大器，心里常愉悦不能自已，期许他将来能继承和传播自己的学说。

然万万没想到，这样有发展前途的青年才俊，却突发疾病，年近三十，不治而亡。二曲闻讯，悲痛号啕，伤心不已，拭泪忍痛，为得意门人写了传记，以寄托自己的哀思。

十月的关中平原，秋禾已收获藏家，麦苗也渐渐放绿。南望秦岭，如黛若屏，一抹山峦，是那样的壮美雄丽。渭水东流，小船穿渡，渔歌唱晚，在波光的闪烁中，呈现着一种灵动的神韵。从户县到周至的近百里官道上，两旁的杨柳虽已落叶停彩，但在初冬寒风的料峭中，还是那么的刚健和勇武。大道上一位青年正负笈快行，要赶往周至，于二曲门下就学问道。这人叫王心敬，字尔缉，号半川，户县苍游镇人。小时家境贫寒，十岁时父亲去世，由母亲李孺人呵护教养，一言一行，都要求符合礼仪规范；处世为人，必须立正气，除邪恶。于是，自小就超凡脱俗，年未弱冠，在乡间便有了文名。亲朋师友都崇爱敬仰，希望他走科举之路，去做官求富。于是，拜王汉侯为师，专意举业。然他母亲认为：人生当去追求高尚的道德品质，做圣人或贤人。科举固然是人晋身的路子，但道德品行是人赖以立身的根本。如果一个人的德业没有建树，就是中举入仕，对社会又有什么益处呢？加之王心敬涉猎经史群集，兴趣在于孔、曾、思、孟之学，遂毅然舍弃科举之业。继而遍访当时明贤，择师就学。在多方比较之下，他决定从师二曲先生，于是辞妻别母，朝周至而来。

王心敬在贤母祠的垩室叩开二曲的门，二曲上下打量了一下，心里不觉一动，想自己走过多少地方，见过多少少年才俊，没想到站在自己面前的这位青年竟是如此的雅儒俊朗，即邀入垩室，坐定叙话。不长时间，王心敬的举止、谈吐、学识、见地，使二曲很是佩服，他不禁一阵暗喜，心中暗想道：此生来投吾道，后继有人了。便让王心敬住下，与自己在垩室相伴。从此，王心敬开始了与二曲十年的师徒之谊。

王心敬受教了一个月后，二曲命题，让其撰文就论。王心敬很快草成，见解新颖，引据贴切，很是精彩到位。二曲怕王心敬生出傲慢之意，贻误学业，这天傍晚，把他唤到垩室，语重心长地说："昨天所论，一一皆是，足以证明你是一位很聪明的学子，谚语云'学道须要英灵子'，又云'智过于师乃堪传授'。你聪明过人，我安得不喜？所以，竭尽平生所学进行传授，除了你还能有谁呢？但是，聪明须得善用，如果用反了，你的心胸、视野就会很窄狭，将来器数不大。只有洞识真我，方是真聪明。若明于识人，而暗于识己，如此养成了恶习，你的灵明难道还能长期存在吗？李延平曾经说：二苏聪明过人，天地间道理，不过如此。遇到事情，靠自己的聪明方能发表意见。昨天你的谈论，凡是有疑难的地方，你都是靠聪明抒发了自己高明的见解。话语不但没有什么毛病，而且还都很精辟。但不管千好万好，终是舍己之田而耕耘别人家的田地，终是一丝一毫也靠不住，此无病亦是有病。今后你应控制自己的聪慧，按捺自己的明智，自专自研，自觑自觅，自创自立，方为终身能靠得住的人生略识。识得王心敬，才算王心敬，一识永识，一得永得，超凡入圣，就是这个道理；一念万年，也是这个道理。”王心敬心领神会，深深体会到老师对自己的教诲和护爱。二曲又说：“学须剥皮见骨，剥骨见髓，洞本彻源，真透性灵，脱脱洒洒做一个世间快活的人，方能取得终生的成就。若是不亲自体察事物的内在规律和性能，而是自证自成，自以为是，徒自模仿，依样画葫芦，虽然也可能被人称颂，但我认为这是不可追随的。”王心敬深深点头，说：“我明白了先生的意思，将牢记于心，永不忘却。”

一天，二曲对王心敬说：“四书之在于天下，犹日月之经天，天地间不可无四书，以保天下人之心；有四书则不可不注，以释四书的疑义。我想从反身践实、进修之要、性命之微、明体适用、内圣外王之实际等方面来阐发自己的见解，创一番新意。从现在开始，我每天给你讲一段，以发聩开启。”王心敬说：“对于四书，人们幼童时就开始习诵。读则读矣，只是上口不上身，如果能反身实践，使身为仁义道德之身、圣贤君子之身，这是多么令人高兴的事情。”于是，二曲每天于垩室之内给王心敬讲四书，王心敬心记手录。讲完一段，王心敬忙于下面整理抄写，唯恐有遗漏和不妥之处，又请二曲过目加补修正。二曲一丝不苟，仔细阅读，认真推敲，认为完备无误后，再教给王心敬积存。他们先

《大学》后《中庸》各成一卷；《论语》分上下讲授，共计十一卷；《孟子》及续录各分上下，共四卷。如此，积篇成帙，从康熙二十二年（1683）到二十三年（1684），用了大约近两年的时间，《四书反身录》成书待印，王心敬和二曲都异常欣悦。

安徽合肥人许孙荃，康熙九年（1670）进士，授翰林院庶吉士，后改刑部主事，迁户部郎中，康熙二十四年（1685）任陕西督学。许孙荃小时就对二曲仰慕若渴，到陕后，以能有机会结识二曲为荣幸，多次到周至竭诚拜谒。一次，两人深谈多时，二曲被其至诚所感动，拿出《四书反身录》让许孙荃观看。许孙荃细读之后，认为这是匡时救世的宝典。如果没有这本书，就不能疗治社会的沉疴，改变颓废的积习。于是，捐资刻印，行世传播，在全省的庠校广为散发，并准备起文向朝廷推荐。二曲知道后，竭力阻止说："这本书是我给门人的讲学记录，虽对症投剂，也都不过是些切砥之语。如果上报朝廷，埆嫌招忌，这是自找麻烦。不如藏之山中洞穴，让其自生自灭。求使君不要为我谋计，使我安然保全，我就万分感谢了。"许孙荃这才没有向朝廷进呈。

其时二曲已年过花甲，成为享誉全国的儒士，所著多种书籍，南北虽传播已久，而小种零碎，读者以无知全貌为憾。王心敬决心把老师的所有著作收编成集，以防散失无传。于是，他竭尽心血，多方集彙，精心编排，每卷前标列篇目，依次为《悔过自新》《学髓》《靖江语要》《锡山语要》《传心录》《读书次第》《东行述》《南行述》《匡时要务》《关中书院会约》《周至问答》《富平问答》《观感录》等十六种。二曲一般情况下不写应酬性的书信，但与人论学，皆让二三门人作录，自己口授皆无草稿。间或之间，与人研讨，执笔行文，皆从肺腑流出，欲言皆行，无言则止，无意墨迹之存，随写随弃，所以，罕见书稿。为了给二曲编书，王心敬多方搜寻，或致函索要，或于朋友处寻得，搜获了康熙七年

（1668）二曲答张敦庵诸友的问学书函及康熙十二年（1673）、康熙十三年（1674）二曲给陕西督抚的辞征上书。数十年的书牍，无从搜辑，王心敬大有沧海遗珠之感。自康熙二十一年（1682）于二曲门下拜师以来，二曲每与人书，王心敬耳聆手写，待书成之后，又暗自抄写一份，作为存底。如此尽心，此番编得书信往来三卷。又收录了亲友传文、杂著、题跋、墓志、行略及河南刘宗泗辑录的《襄城记异》《义林》和富平惠少灵所辑汇的《家乘》《祠记》等。王心敬以几年心血，编成老师的文集，二曲一一审定之后，束之待印。

这时，二曲的挚友司寇郑重及门人陕西学宪高嵩侣，慨然以兴绝学为己任，捐俸合刻先生著述。但由于资金有限，王心敬迫于无奈，不得不删去了许多篇章。大家心痛不已，也为后世留下无法弥补的遗憾。此工程从康熙三十年（1691）秋天到康熙三十二年（1693）秋天，历时两年，才刻竣付印。

武功的张承烈是二曲的知交厚友，常与二曲书信论学。一次信尾他问王心敬，二曲回信说："此子智圆行方，躬修允蹈，心若青天白日，品若野鹤孤云，气魄宏毅，将来可望以任重致远，仆甚属意。"

王心敬于二曲门下十年，告归后在户县渼陂湖畔创立了二曲书院，传播二曲的思想，并生发了新的思想见解。不到四十岁，王心敬即成为闻名全国的学者，黔、闽、吴、楚等地的官员纷纷礼聘他去招徒授生，他都以母老需赡养而推辞。后来，湖广总督额伦特请他到江汉书院主讲，他受母命而前往。临行前，到周至向老师辞别，二曲让他绕道到河南襄城拜会通家兄弟刘宗泗，并让他与刘氏兄弟的子侄相约而盟，以续前辈人的友谊。

其时，刘宗洙已经去世，刘宗泗也年老卧床。王心敬以晚辈向刘宗泗行过礼，刘宗泗即唤来子侄刘青霞等八兄弟出来，与王心敬相见。一群学子相会，情投意合，即跪拜盟誓，结为兄弟之好。刘宗泗去世，刘青霞请王心敬为其父写了墓志碑文。王心敬也多次请刘青霞为二曲的著作写跋作序。二曲师徒与刘氏两代之交，成了秦豫一段广为流传的情谊佳话。

此时，皇帝励精图治，广招天下隐逸之士，地方官员特向朝廷举荐了王心敬。王心敬以二曲的士人气节为榜样，以母亲多病为由，坚辞拒征，成就了一代志士人物。在二曲的弟子中，王心敬是最能效法二曲精神及弘扬传播二曲学说思想的关学士子。

西蜀有位著名的大儒叫杨愧菴，字甲仁，门下弟子众多，而他对汉阳的傅良辰、江陵的张子达两位特别赏识，曾给友人的书中说："傅、张二君，英毅朴实，笃厚有道器，如果能得到高师教导，其前途不可限量。良朋善友，实难同时同地，今后须时勤切磨，庶不负香山白鹿之意。近则如能拜江夏杨尔朴为师，远则如能拜关中李中孚为师，皆为二生之幸。只有中孚李先生，才能成就此二生。吾人既要做古今第一件事，当寻古今第一流人。李先生今已六旬，恐岁月不多，机会不可错过。"两人即徒步千里入陕，来周至拜二曲求学。当时，两人年未三旬，且都是商人出身，经过交谈，皆敦原洞本，二曲大喜，即收门下。这时，他们才以礼相拜。

二曲讲论授课，两人端坐静听，专心致志，一神不走。授毕，轮番质疑，二曲一一解答。之后，寂坐静思，反复咀嚼。少顷，阅先儒格言数篇，随即掩卷寂坐静思，在心中梳理成序，唯恐使头绪散乱，有碍进取。二曲多次观察，常对人说："这才真正是善于学习、笃于自修的学子。"

数月之后，两人得二曲真传，告辞而去。果不出高师所料，此两人后于湖广声名大振，成为一代儒士，为传播二曲的学说思想，竭尽了自己的努力。

康熙三十九年（1700）正月二十五日，是二曲的七十三岁生日，家里高朋满座，门人聚集。王心敬从户县而来，惠少灵从富平而来，党克材从同州而来，杨尧阶从商南而来，宁维垣从蒲城而来，李修从宝鸡而来，文佩、郭一之、张五敷、李现慧从平凉泾州而来。十多学人正谈笑言欢，只见一老者领一孩童来见二曲。众人见孩童长相特别聪慧，便围着他打笑："你为何来见先生？"孩童说："我要拜先生为师。"众人说："在这么多人中，你如能认出先生，先生才会收你为徒。"孩童把众人一一打量，然后，毫不迟疑地走到二曲跟前，施礼跪拜。众人惊奇不已。二曲扶起孩童，笑着说："你凭何本领来拜我为师？"孩童说："五经四书我皆可诵读！"小小年纪竟口出此言，人们不觉慨然。一人说："我任说一题目，你能背否？"孩童郑重地说："请点题。"这人说："你背《大学》中的开篇一段。"孩童闭目而诵：

> 大学之道，在明明德，在亲民，在止于至善。知止而后有定，定而后能静，静而后能安，安而后能虑，虑而后能得。物有本末，事有终始，知所先后，则近道矣。古之欲明明德于天下者，先治其国；欲治其国者，先齐其家；欲齐其家者，先修其身……

众人惊叹，以神童相视。二曲对老者说："你的孩子有命世之才，然我年七十有三，恐误了娃的前程，请你另寻高师调教，将来必成大器。"还没等老者开口，这孩童说："高师就在眼前，我还去哪里找？我愿听先生的教诲，请先生不要推辞。"说着跪在二曲面前，流泪不起。众人见状，都向二曲求情，二曲无奈，只好收下这个门人。这是二曲收的最后一个门人，也是最小的门人。

这个孩童叫杨双山，陕西兴平人，其时年仅十二岁。他幼时入私塾，学四书五经，耳闻二曲先生的名节，非常仰慕，求家人送他到二曲门下受教。他父亲很尊重孩子的决定，即过渭水，来周至见二曲，求收孩子为徒。见二曲已收孩子于门下，便给二曲留下娃生活的费用，嘱托先生严加管教，和众人一起给二曲拜过寿后，才告别而归。

二曲对杨双山异常器重，把他像亲孙子一样护爱，倾毕生所学，谆谆诲育，循循善导。杨双山也很是刻苦，在二曲的安排下，先读明体之书，后读适用之书，对濂、洛、关、闽四家学派的学说，精研深思，知其要旨。在二曲处苦读五年，直到二曲去世后，才返回自己家中。

杨双山回到家，立即得到了陕西巡抚陈文恭的赏识，他纳粟代捐，将杨双山荐入太学，是为监生。杨双山牢记老师的教导，拒绝走科举入仕之道，专意农学，要用事关国计民生的适用技艺，来践行老师的“明体适用”学说。

自古以来，关中盛产粮食，自养蚕业中断后，人们的穿衣问题，多以用粮食从两广、江浙一带换取。杨双山认为解决关中人的穿衣问题，是当务之急。他先试种苎麻，然而收效甚微。继而引种棉花。他认为关中土质肥沃，气候适宜，于是，远赴江南，亲购棉种，先试验种植，然后大面积推广。这样，才使棉花种植遍于关中。又引进纺线与织布机具，结束了关中人以粮换衣的历史。

杨双山读《诗经·豳风·七月》时，看到“蚕月条桑，取彼斧斨。以代远扬，猗彼女桑”，深受启发，得知远在两三千年前，周秦之地就种桑养蚕，他决心续起养蚕之业，造福关中人民。于是，派人到南方学习种桑养蚕技术和缫丝工具制造，回来后划地种桑。引种养蚕试验成功后，兴平、周至、户县一带群众积极响应。为了在陕地普遍推广，杨双山撰写了《豳风广义》一书，专门介绍植桑养蚕的技术，并谱写了《劝桑歌》，词曰：

秦中有食乏衣裳，欲补岁计学种桑。
岂是一己谋锦绮，实为同人作首倡。
但愿垄头桑如云，丝遍比户歌千箱。

除了自己宣传倡导以外，杨双山觉得必须依靠地方政府的力量。于是，他又写了《养蚕实效书》，说明养蚕的好处、种植的方法、推广的措施，连同《豳风广义》一书，一起送给陕西布政司帅念祖。帅念祖礼贤下士，立即到兴平桑镇拜会杨双山，两人在杨双山的客堂探讨兴陕计划。杨双山的忧国忧民精神感动了帅念祖，他立即向全省各州、府、县颁布这两本书，责令各级官吏督促农人种桑养蚕。近十年时间，陕西的蚕桑业迅速发展了起来，不但增添了陕西人穿衣的种类，秦缎、秦绫、秦绸等多种产品还远销到全国各地。杨双山把二曲的实学思想变成了现实，达到了惠民济世的目的。

一天，一群农人寻到杨双山的家中，请求杨双山想法提高农作物产量，增加农民的收入，使乡人能过上好日子。杨双山看着他们期待的眼神，觉得肩上担子的沉重，随写了《修齐直指》和《知本提纲》两部农业专著。书中论说了施肥的原则及作物种植的时令、方法，记录和排制了关中地区粮食与蔬菜等作物轮作复种和间作套种的时令次序，总结了一年内多收多熟耕作的技巧。杨双山把时令、地力、作物性能及日照气温，进行了综合分析，对其利用能力的情况作了说明。这两本书代表了康乾时代我国农作物栽培的高度水准，对陕西农作物产量的提高和经济的发展起了巨大作用，多地农民给杨双山送了“神农再现”“农人福神”

“乡梓圣贤”的匾额。这是二曲爱民重农思想对杨双山熏陶诲育后所结出的伟大成果。

杨双山认为要把古老的农业推向前进，必须培养有知识有技术的农业专用人才。于是，他筹资购田，办起了“养素园”——既是农业试验园地，又是农业专职学校。校中分农、桑、树、畜四科，杨双山自己的著作是讲学的教材。同时，他注意把理论和实践相结合，亲自指导门人在试验田中耕耘操作。当时，在其门下就学的常有一百多人，这些人学成回归，指导乡梓的民众开展农事耕作，深受群众的欢迎。这是杨双山对二曲“适用”之学进行实践的具体验证，更体现了关学重实践的特色。

杨双山生于康熙二十七年(1688)，卒于乾隆五十九年(1794)，享年一百零六岁。之后，他的知名弟子长安郑世铎、临潼齐倬，受师嘱托，仍以传播二曲的思想为己任。所以，二曲的学说一直到嘉庆、道光年间还相当活跃。道光时期，陕西巡抚杨名扬很赏识《豳风广义》一书，并上奏朝廷，道光皇帝下谕给予褒奖。近代大儒刘古愚竭力推崇杨双山的《豳风广义》和《修齐直指》，宣传和推广其中的农业技术。清光绪二十六年（1900），陕西官绅和地方群众在杨双山墓地建祠修碑，铭记他的功绩，追怀这位圣贤人物，从而使关学的影响延伸到近代，而人们自然也就想起了他的老师李二曲先生。

三十七 心忧天下

这天饭罢，二曲和王心敬在“贤母祠”的前厅闲坐。王心敬见老师面带愁容，且嘘声而叹，便出语问道：“先生有何忧心之事，竟如此愁虑？”二曲说：“余闭户养疴，久与世睽，虽坚持绝口不谈世事，但世道人心，未尝一日忘怀。目睹社会风俗日益衰颓，弊病日渐丛生，私下常扼腕叹息。看到百姓受苦受难，不禁潸然凄怆。我内心的恐惧不安，有谁能够知道呢？”

王心敬说：“先生的《匡时要务》一书，论说了治世而救人心是吾儒的第一要务，之后，将此书向督抚、州府、县令相赠，并答及治国安民之言，皆体现了先生实心实政的思想，这便具有了唐虞三代的遗风。盖先生之心，是万物一体之心；先生之学，是万物一体之学。先生曾经说：一个人再有学问，其心一毫不与斯世斯民相关，便非天地之心，便非大人之学，便是自私自利的小儒，便是异端枯寂无用之学。吾辈须为天地立心，为生民立命，穷则阐明往圣的学说要旨，以正人心；达则开万世的太平，以泽斯世。岂可自私自利，自设阻碍，而使自己的襟怀才识得不到施展呢？所以，先生虽不想做官，然而做官的本分先生洞明透彻，何不写一本牧民者借鉴的书，体现《两铭》的一体之仁、《礼记》的大道之公、《大学》的明新至善之道，以论明当官的法规戒律？这样，先生的心志得到了释放，其愁闷就会得到缓解。”

二曲说：“如有真正关心民瘼、欲尽做官之责的人，确实应有一本牧民鉴证的书，法其可法，戒其当戒，则民众就会得到很多恩惠。一个当官的能够这样做，就会惠及一方；每个当官的都能如此，四海就会得到大治。当官的都能遵法守纪，天下不和谐昌盛，我是不信的。”

王心敬说：“请先生口授，我动笔录写，完成此书。”

于是，师徒二人开始了《牧民须知》的写作。

首先，二曲借真公之嘱，谈了当官的应做到四件事：

一是律己以廉。凡有名分的士大夫，都应当万分廉洁。这只是本分，也只是小善；如有一点贪污，便为大恶不廉之吏史。如果不廉洁，即使在其他方面干出了成绩，也不能抵赎这个罪过。所以，廉洁是对官吏的第一个要求。二是抚民以仁。一个当官的，应当体悟到天地万物的苦心，体悟到父母保护子女的爱心，要爱民、亲民、护民。如果对百姓有一毫的残暴刻薄，就不是仁义的官员；如果对百姓有一毫的愤怒、记恨，也不算仁义的官员。三是存心以公。古人言“公生明”，如果当官的心里萌发了私念，那么是非就会易位，要把事情处理得得当、合乎情理，是不可能的。四是莅事以勤。当官的一日不勤，对政务的处理必然要出现弊端，下面的吏属也会懒散成习，吏治就失去了约束而变得混乱。古之圣贤尚日昃不食，坐以待旦，何况一般的官员呢？

当官的如不能做到上面的四点，在处政时必然造成十大危害，恶政乱政就随之而来。一是断狱不公。狱者治国之器、理民之剑，不能有丝毫的私曲之情。断狱之官，心中要有一杆秤，称得一分一毫不差，方为公正。二是听讼不审。讼有实有虚，听之不审，则实者反虚，虚者反实，一定会发生错判之事。三是淹延囚期。一夫在囚，举家废业；囹圄之苦，度日如年。怎么能把囚徒旷久地关押呢？四是残酷用刑。当得不到犯人口供时，采用刑逼。人之体肤，即己之体肤，何忍对犯人施以残酷的刑具呢？今为吏者，常常喜欢用刑，特别是在人的关节处用刑。殊不思刑罚在国家的法律中是有规定的，它是代天纠罪，岂是官吏逞愤行私的吗？不得不戒。五是泛滥追呼。一夫被追，举室惶忧，持票追逃的索要费用，官员出来问讯的需要费用，贫者不免举债，甚者至于破家，难道可以这样泛滥吗？六是招引告讦。告讦是破坏风俗、祸乱风化的根源，对于犯了罪的人就要依法判刑，怎么能招人告讦呢？出榜号召人揭发他的隐私犯罪，皆系非法，实在不能这样做。七是重叠催税。税出于田，一岁一收。怎能一岁之中多次收税呢？有税不纳税，是民户的罪过，而征收税又复加税，是谁的罪过呢？八是科罚取裁。民间自二税合征以外，一毫不当妄取。今州县有科罚之政，这是非法敛取，百姓深受其害，不可不革。九是纵吏下乡。乡村小民，畏吏如虎。纵吏下乡，犹纵虎出柙。弓手士兵要特别受到禁止，不要他们以捕盗为名，下乡扰民。十是低价购物。物同则价同，岂有公私之异？今州县有所谓行户者，官吏购一物品，按实价砍下十之二三，或白取白拿，商户何能承受？列完，作诗勉道：

从来官吏与斯民，本是同胞一体亲。
既以脂膏供尔禄，须教痛痒切吾身。

接着，以吕公之谕嘱，罗列了知府之职和州县之职的责任：

知府身职，一是督促检查州县的政事，考察州官县令的德品才干。县令廉洁，则吏不敢贪；县令德高，吏皆学而仰望；县令有才，则一县之治，必政治清明、经济繁荣。二是察吏治。吏蠹、吏贪、吏懒、吏奸、吏滑，则虐民、害民之事时有发生；吏廉、吏仁、吏慈、吏善、吏助，则县治必有条理，民安且乐。三是察实政。有实绩必亲临视看，以防虚报。虚报政绩、蓄意弄假，则败坏政风，乃治国大忌，必须严惩。四是察狱讼之冤案。五是察赋税之收缴。六是听民情之议论。七是察教育之兴衰。八是察治县之方略。九是察县令之交友。十是察民风之淳朴。综合考察一县之治，好的激励升迁，差的纠改罢免。知府应给各属县守令做出表率，使下属不但无懈可击，还要使他们望而生畏。这样，千里封疆之地就会政行令止，域内黎民就会深受惠泽之润。否则，知府德不为人作范，仁不施及属地，才不安贫富民，政不勘、察不公，法纪荡废、乱政丛生，知府还是知府吗？

朝廷自公卿以下，设官不知有多少，然只有州守、县令才能称为“父母官”。之所以被称为“父母”，是父母要生我善我。那么，一县民人之吃喝，一县子弟之住所，一县土地之耕作，一县山林之养护，一县河流之治理，一县桥梁之修建，一县道路之通畅，一县荒地之垦殖，一县树木之栽种，一县流民之收归，一县鳏寡孤独之赡养，一县老弱残疾之冷暖，一县教育之复兴，一县文化之繁荣，一县民风之淳雅，一县市场交易之公平，狱中民的冤情，田里民的收成，全都在“父母”的身上、心上。县令使境内民众，无一人流离失所，无一人不得其宜，这样才算尽职，才是好官；否则，就是不称职的县令。二曲撰了一副对联，作为对州县官人的警戒：

君子重廉耻，无廉则无耻，时时检点，休留下千古唾骂；
好官贵仁明，不仁由不明，时时省察，要知道百姓艰难。

继而，二曲引证了先贤的理政要言，援述了创建政绩的养教微事、淳化风俗的大务淀积、发展经济的方法措施，开列了治世救急的药方及实心实政的恤民仁德。洋洋数万之言，如铸就的铁石，作为当官的宝鉴，在雪白的纸上，闪烁着不灭的光辉。

王心敬录罢，坐在一旁搓手歇气，心中想道：“如果不是天下大变，吾师入朝可为宰辅，守疆可为督抚。可惜，天下不容吾师，吾师却痴心于天下，高山仰止，景行行之，既悲且壮，吾当歌而诵之。”

从康熙二十九年（1690）到康熙三十二年（1693），陕西中部大旱，赤野焦土，田禾不生；草木枯靡，河水断流；烈日当头，干风四起；加之蝗虫遮云，所过之处，一片精光。关中渭北，百姓啼饥号寒，抛男弃女，饿殍载道，背井离乡，哀鸿遍野，十室九空，凄悲万状。此时，二曲家累二十余口，大小嗷嗷，极其穷困交惫。

眉县李柏也面临着同样的窘境，其八口之家，二百亩田地，家中竟无粮可餐。先前为了养家糊口，李柏到周至缙绅赵壹家坐馆授童。赵壹贤良仁善，对李柏备加照顾，李柏甚觉惬意，曾作诗以抒情怀：

别业南山下，出入玄冥居。
灯寒千丈雪，人醉一楼书。
风劲松微偃，冰消竹半舒。
愿言学董仲，聊以乐三余。

后李柏辞馆归眉，幸好友衡州司马茹紫庭邀他南游观光，过汉阴，涉江夏，泛洞庭，渡潇湘；发江北之云，宿江南之梦；哀屈原于湘郢，哭贾谊于长沙；谒武侯于隆中，瞻岣嵝于衡岳；酹帝子于苍梧，吊湘君于南浦；怀子房于下邳，想黄绮于商山；讲韬略于襄阳，议战守于函谷。此一游，李柏收尽江南之胜。归家见妻儿待哺，仓中无粟，即与二曲商量度荒之策。决定远涉江南，以全活家人。二曲即答应离乡远徙，然二十余口家眷，一同出门，路途艰难，且很难寻定居之所。留下一半，又亲情难舍，只好淹留，尚无定期。而李柏决然带着家人，入山上道而去。每到饭时，二曲家汤中无米，案上乏馍，孙哭女啼，很是凄惨。看到此状，二曲想到关中千万家的境况，与此相同，不觉痛心疾首，涕泪长流，即抹泪执笔，上书西安知府董绍孔。

董绍孔接到二曲的信，即上报督抚，督抚准予开仓赈济，秦民之灾一时有所缓解。然旱情蔓延，州府所济，不过是杯水车薪，秦民仍处于水深火热之中，于是，二曲又上书董知府，提出了救荒六策："一、蠲免赋税，以纾解民困。严令各县不得巧立名目，加重民人负担，以保秦民存活生息。二、军民同为朝廷赤子，朝廷济灾，应一视同仁，使军民同受恩泽。如是，方可共渡难关。切不可军民各异，以致况生民怨，而节外生枝，造成动乱。三、古之救荒有九政，其中安富则为一要。富者有力量按律给国家交赋纳税；再说，乡中有富户，乡人或借或贷，皆有所恃。所以，应严令各县要保护富人安居乡梓，切不可借官事而巧夺，托小事而啰唆。否则，富户离乡移居，于国于贫，都为大碍。四、朝廷如果下令蠲免了赋税，良富之民如已交纳，应明令免其明岁之赋。严防小吏书史投机勒索，使朝廷予民以惠而民人享受不到，请告督抚预饬各属，以杜其奸。五、救荒之策，特别重要的是兴水利以灌农田。今岁酷旱，麦豆未种者尚有大半，已种者也将旱死。

为今之计，近山临水者，须教之开渠筑堰，导水灌田。高田之地，亦宜教之穿井灌溉，以为明年收成之望。六、今关中之灾荒，近世罕见。朝廷除了大赈济外，还应开捐纳一途，号召巨商富贾，捐粮捐款，帮助贫人救荒度岁。

"以上各条，知府有力执行，可尽其力；否则，告知督抚；督抚不准，再告知；三告而不准，则恸哭流涕而恳请，直到督抚肯行。如此，秦民怎不谢知府的仁爱之心呢？"

董绍孔听二曲之言，多次哭诉督抚。督抚上报朝廷，朝廷派钦差来陕西查看灾情。二曲即给钦差上书说，自己本是土屋中人，荆扉反锁，久与世隔离，时务未尝萦怀，世事绝口不谈，坐以待死，业同就木。然秦地连岁奇荒，秦民死者所在枕藉，生者骨肉各天，危殆之形，难以言状，是诚大劫难，古今未有之惨。区区恫切于心，故乘使君枉顾，启扉上言，深望回朝复命，备陈秦民阽危之实，乃西土安危所系。痛哭流涕，力请拯救，使数百万生灵，由使君而活，自然天地鉴之，鬼神鉴之，阴德积于一时，福庆留于子子孙孙。

钦差看了二曲的进言，深为所感，深入秦地各县查看灾情，回朝实报，朝廷即调甘肃巡抚布哈来陕主政救灾。布哈到任后，即致信二曲，以示关心和慰问。二曲回信说，自己本草野间迂腐无用之辈，于世道生民绝无关系之人，杜门待死而已。愿公为全秦地域而念，为数百万秦民生计而念。朝廷珍视秦民艰难，在千百人中选明公前来主政就灾，关中数百万生灵就交给明公了。关中残留下来的黎民，赴汤蹈火，已经三年了。秦民听明公来抚秦，莫不延颈而视，跂足而望，如饥儿之望慈母、大旱之望云霓，以为此嗷嗷之遗民，将恃明公而获救也。明公谦逊恭礼，问自己刍荛之策，自己就以山林草野之徒，议论于明公之前，以尽士为知己之情，深望裁察斟酌摘采，原谅自己的愚鲁：

“一、安集保全遗民。方今西安之民，以十分论，饥饿、瘟疫死者十之二三，逃亡及卖入满洲者十之六七，计今留者，不到十之满三。户口锐减，田野荒芜，明公犹难为政。仆以为筹划赈济安集之策，请朝廷再拨巨款，请邻省协助救荒，立即开设捐纳之途，三者同时进行，使留在关中的所有人都能得到救济，而不再逃亡，确保现有之民安居生产，为当务之急。仆闻故之贤君不惜竭府库之藏，以厚惠下民；古之良臣名佐，不惜冒矫制之罪、身家性命，以解民之倒悬。诚以民为国本，有民则自当有土有财也。明公为国家长虑远顾，当急为陈情，以救此燃眉；稍迟以旬月，哀此遗民，又将逃亡无算矣！

“二、请招怀流离。西安之民流亡关东诸省者不下百万，流往西北三边、川蜀者不下百余万，卖入本省、外省富商巨室者不下十余万。这些流民所到之处，如得不到善抚，必然导致内乱，明季之铁鉴，不能不引以为训。望明公为国为民考虑，拟定措施招抚他们回陕，以尽民胞物与之仁，于国、于民都是莫大的功绩。

“三、请设督农掌水之官，以大兴农田水利。关中大饥，皆因农田无水浇灌所致。大山环南似屏，峪水河泉，奔流入渭，就是渭北塬上，也有泾、洛、漆、沮、清河、石川诸水，然引渠灌溉者不到十之二三。只有大兴农田水利，才可抗旱保收，解民之困。请专设督察农田水利的官员，如设官劳费，可在司道一级官员择其精敏仁惠者，加以总管农田水利之权，使之专司农田水利。各州县在县丞、主簿或绅衿中择公正好义、颇具威望、深受众人信服的人，加以掌管之权，使之相视督责。大县四五人，小县三四人。凡近河者，虽一二十里内，但可引水，皆须堤筑开渠，以资灌溉；无河泉者，皆须掘井而灌。此番水利之兴与否，系关西安遗民的生死存亡，也系关明公的德业功名。

“四、急变转运粮米之法，以纾民困。救民之饥，如救水火，先从甚急处下手。目下，朝廷所拨赈灾粮米，运到西安各县，六七石粮米，除去脚价，所剩不过一石稍多一点，灾民所得少得可怜。明公筹措，杜绝各种漏洞，除却多方中转，能用最方便的方法、最便宜的脚价，使赈灾的粮米，能以最快的速度，不损耗或少损耗，足数发放给灾民，这是明公着手急办的事情。明公如用大智，施以良法，秦民之饥可望得缓，乃为明公抚陕的第一功德。

“五、厚恤善类，以励风教。善人，国之宝，民之范，风俗之仪表也。三代以来，虽风尚各殊，亦莫不崇奖善类，尊德惇行，以树风范。明公宜申饬州县，悉心查访实德笃行的仁人、孝子、节妇、义夫及好学自修、守义狷介之人，除本县均给皇恩银米外，明公为另赠银米，照月发给，务使足给一日两食之资，勿致死亡流离。则明公的德誉阴骘，将永远流传，这是一举而百美的事情。

“六、作养士气，以培植人才。故治国之道，莫不以育才、护才、养才为第一要务。今秦地奇荒，有司诏书行文，皆没有赈士护才一条，导致多少文人学士、治国梁栋，委填沟壑。明公为国家培植人才，宜申饬州县，今后凡有赈济，就是不能给士人额外加添，也应同贫民一礼通行。

“七、禁止乐户贩买良人子女。关中荒饥异常，百姓计穷路绝，多以子女卖入乐户，换得斗升之米以苟活旦夕。夫娼优败风伤化，王政之大禁，仁人君子之所恻心。明公为国家振励风化，宜多次行文州县，严禁乐户买良人子女。已买者，令州县官设法赎回，不得隐匿。犯者，乐户及本地千总、地方，一律定罪。此万世功德也，明公尤宜惓惓。”

布哈接到二曲的谏书时，正与家人用餐，即停箸放碗，展桌览读。阅毕，即招来各司属僚，逐条强调，令一一落实，不得怠慢。后亲笔致函二曲，说二曲所列条目，皆救荒之实策、处政之要机。秦地有二曲等谏言上略，如行车之有辙、放水之有渠，乃饥民之幸。待公事稍缓，再登门问计，聆听尊教。

二曲看了布哈的回信，不觉长舒一口气，对家人说：“陕地救灾，可期进展。数百万生灵的一线生机，或许有望可来。”

不几日，救灾之事从各方展开。人们知道这与二曲进策有关，都奔走相告：“先生家贫如洗，在此大灾之年，想的不是自家的妻儿，而是秦地的饥民，实乃高人、贤人！”

这天，二曲喝完家人送来的一碗菜汤，刚放下碗，接到门人惠少灵的信函，说自己考中进士，朝廷委任为山东通海知县。二曲即展纸运笔，告诫他登第做官之始，即是养德养望之始。身为知县，要谋民之福，想民之苦，一切以民人为念，真正做到当官一任，造福一方。切不可怡乐纵情，误了政事，或生贪婪之心。谆谆叮咛，切切告诫，还望他能在赴任之前来周至一晤，积怀种种，非面莫罄。师生之谊，是何等的深厚；对世情的关切，又是何等的急迫！

二曲的叔父在明万历四十二年（1614）远徙西乡，康熙初年，叔父叔母双双并亡，所生男女也相继多死，仅存一子李勋，伶仃孤子，无一椽一瓦，流落于外十八年。族人都认为李勋也已经不是冻饿而死就是辗转得病而死了，二曲叔父一门绝矣。每到清明上坟祭祖，二曲想到叔父一脉，不觉潸然泪下。一天，友人到咸阳办事，在大街上碰见李勋，回来告诉二曲。二曲大喜过望，即派人把李勋接回，自己全家节口缩食，也要养李勋以继叔父之血脉，村中一时传为美谈。年馑大饥，先生一家死活未卜，还收养叔父在外逃难之子，这在一般常人是怎么也做不到的。

三十八 志振关学

陕西督学许孙荃又来周至拜访二曲先生。这天，县衙差役早到二曲家中告知，二曲让儿子慎言、慎行到贞贤里的大道旁候迎，自己于门前等待许孙荃的到来。许孙荃轻车简从，到了二曲门前，二人互礼入室，坐定相叙，很快情意相融，笑谈言欢。许孙荃说："我出道以来，常居京官，初次出任地方督学，先生博达洞明，望能指点一二。"二曲本是坦率爽直之人，心想既已成为友人，如果缄口不谈，便成虚伪，于是随口说道："督学之职，是一个地方学术文化的领袖，以正学为督导，以正人为崇尚，学正则心正，心正则身正，心与身俱正，社会安稳而风俗淳雅。所以，提督学校，应先本后末，倡明正学是第一要务。只有这样，士谨绳墨，人崇礼教，人们都格物穷理，居敬反身，心与身便都达到了修养。从此，遵循教化之规范，不但能为国育才，就是巷间父兄，也都会相叙古谊之淑范。如门人听师之教，言行听师规范，则人才辈出，或出或处，皆有补于国家世道。”

许孙荃说：“先生之言，如暗夜之光，使我心中洞明，不知有何范例可循？”

二曲说：“当年薛文清督学山东，以朱熹的白鹿洞规律，颁发属内各庠校，作为管理规矩，用此来诱导和讲劝学人，特别勤政劬劳，成为全国督学使者之冠。

“陈恭愍督学河南，当时学风颓废，学子们不修践行，而专务浮词科第。所以，他决心改变这一习俗。所巡地方，不宿公府，而居学宫；端默危坐，示范学子；深入讲堂，听师授课。入夜，讲堂灯烛如白昼，论讨之声卓然有序。陈公于堂前劝导开讲四书、五经、性理、通鉴，乃至朱文公《小学》。陈恭愍去任后，河南学子像思念父母一样思念他，并传颂他的事迹。

“耿天台督学南宜，把发展教育和文化当作自己的职责，随机立教，多方开发。于内，废除一切杂芜之学，让诸生专意儒道经典，主攻兴国治世，诸公如梦方醒，竞相奋进；于外，让诸生广读历代理学大著，理清中国文化的发展轨迹及民族文化负于学人的使命。树立家国担当，坚挺气节素养。学人如沐清泉，如疾获愈，备觉欢欣鼓舞。同时，表彰社会底层历经苦学而成理学大儒的人物，像樵夫出身的朱光信、瓦陶匠韩乐、田夫夏云峰等，为开发培育社会底层人才，竭尽努力。

“周海门督学广东，明示‘学之不讲，圣人为忧’。这话不单是对诸生讲，实际是相关国强民富之大务。于是，广立庠校，遍筹塾资，汰淘庸师，不但让该入学者入学，就是对成人也必办讲学。他巡视州县，檄令郡邑，全面督检。如是，学风豁然朗明，始信人性之皆善，士习为之一变。

“以上四人督学，各行其政，各指一端，皆风光八面，政绩斐然，不知可鉴否？”

许孙荃说："先生所列四人之所为，我将融汇所长，辑其要略，订为方针，严督秦地，大振关中学风。然我想问先生，关学学人，我当该表彰哪些人物？"

二曲说："兰州先哲段容思先生讳坚，以理学开先；秦州先哲周小泉先生讳蕙，由一戍卒而成大儒；凤翔先哲在明成化、弘治年间有张默斋讳杰；凤翔天启年间有张鸡山先生讳舜典。他们倡学明道，为世真儒，流风余韵，于今为烈。他们的祠宇不知尚存与否？我很希望你檄令查访。存，则令地方以时修葺；无，则应拨款或义捐，为他们建祠以祭。如果资金不足，不能三楹，即一楹也可以让他们的神灵安息。一旦起造而成，便成地方胜迹。"

许孙荃说："回省后我将檄令地方查找，或修葺，或起造，以彰先哲学风。不过，我很关注关学的发展，关中理学之书可以进呈者我当进呈，使理学一脉不至在关中落寞。请先生能粗略讲给我听。"

二曲说："横渠书无未刻秘本，其版行之书如《西铭》《正蒙》列于性理要典；其他如《理窟》《易说》《文集》这些经典之作，也散见于性理群集，前代多刻版印行，毋庸再赘。横渠之后，诸儒著述，唯吕泾野、冯少墟足以传继关学之脉络，他们洞本彻源，上达性天，而下学绳墨，确有发挥。吕泾野的遗书，如《四书因问》《史约》《文集》未免散漫，唯有《语录》议论笃朴，切于日用。冯从吾的全集，与薛文清的《读书录》，相互表里，对关学的阐发很有独到之处。冯从吾当年与东林顾宪成、高攀龙同时鼎足倡道，领袖斯文。顾、高二人学固淳正，然其遗迹中多议论，多应酬，往往越俎而谈，旁及世故，识者无不遗憾。冯则词无枝叶，语不旁涉，精通痛快，豁人心目。如欲进呈，不过是《冯从吾全集》《吕泾野语录》两书。

"吕、冯二人之书，皆属理学之书。然理学与经济要相互表里，只呈进理学之书而不呈进经济之书，则为有体无用，是有里而无表，这便不算明体适用和内圣外王。经济类书籍除《大学衍义》外，莫切于吕泾野的《实政录》，此书言言痛切，字字吃紧，读之令人跃然击节。这本书虽版行多年，然真正知道这本书，并从此书而获益者，寥寥无闻。犹如《孟子》一书，汉唐以来虽已行世，但不过私相传习；到了宋时，程、朱开始极力传扬；大明期间，又诏令推介，朝野才翕然崇尚。今天，朝廷下诏请呈进遗书，望能按照康熙十二年（1673）颁赐《大学衍义》那样，以《实政录》通饬天下督、抚、藩、臬、道、府、州、县各衙门，要求照此修职业，勤政务，以图取得良好的社会效应。使处处有快心之美政，则处处蒙享至治之厚泽。

“再则，绛州辛复元所著《衡门芹》一书，卷首有治理国家的三大纲领，确实是究其根本，治政良谋，宜并进呈。所言陋见，望统为酌夺。”

许孙荃说：“先生乃关学巨擘，通读关中学人大著，必精研其要，定能权衡出优学之书。我当遵先生之言，快速呈进，以达上闻，传续关学之脉。但不知现今关学中人物都是何人，望先生告我，我好近之亲之。”

二曲说：“关学不振已经很久了，目前人物，朝邑有王建常，此人耿介雅洁，自律范人，很是高尚；渭南有刘泽溥，大孝于父母，悌对于兄弟，清廉洁美，操守全具，声望溢于邑里；富平有李因笃，风雅独步，气义过人，才情横溢，忠友善交，于士林中广传其美；华阴有王宏撰，工于临池，词翰清畅，博通专精，风韵高雅，独步于学海；眉县有李柏，诗学专门，文章精美，德操高洁，清贞淡世，独秀于关陇；合阳有高韬博学、艺宛佳士康乃心；上郡、北地、天水、皋兰亦各有人。留意理学，稍知敛华就实，志存经济，务为有用之学者，犹龟毛兔角，不但目未为之见，耳亦没有听到。所以，要提倡和振兴关学，就要靠督学从中推动。”

许孙荃说：“如何推动，请先生明示。”

二曲说：“省城有关中书院，各州县亦檄令兴办书院，立会论讲，形成制度，使关学有传播的场所，这是第一步。搜集整理、刻印倡行关中诸儒的书籍，使关中人知晓关学为何物，然后才可发扬光大，广为传播，不断其脉，这是第二步。为了诸君不走弯路，确定讲会，专务‘明体适用’之学，使学人们知道明体的目的在于实用，这样，日后德成材达，就会不忘关学之源流。”

许孙荃与二曲专意讨论，竟忘了吃饭之时。随许孙荃同来的属吏、差役早饿得无法撑持，又不便言说，只好坐在贞贤里的街道上晒太阳，一是等候两人结束叙谈，二是盼二曲家能管顿美餐。然而，万万没想到，二曲家给每人只端来一碗稀汤面条，这不是二曲与家人吝啬，而是已尽了最大努力。人们甚觉失望，也深深体会到先生的贫寒。

许孙荃吃完饭，不觉暗自落泪，想不到先生赤贫如此。告别二曲后，他来到县衙，让人唤来周至学博，即拿出俸银百二十金，让他如颜子之数，给二曲在县城附近买上等稻花田地，嘱托二曲的两个儿子慎言、慎行耕种，以解决先生一家人的吃饭问题。知先生宁可忍饥受饿，也不轻易接受捐赠，便叮嘱学博不要告知二曲先生，一定要把这件事情办好。然而，慎言、慎行不敢隐瞒父亲，只好将事情的经过一一相告。二曲很是为难，不知是该接受还是不该接受。于是，以愀然之情写信给李因笃，征求他的意见。信上说：“如果我接受许督学的馈赠，心里一定很是愧疚和不安；如果我不接受许督学的馈赠，便违了他的一片心意，你说我该怎么办？”李因笃立即回信说：“拒之虽人情也，但是，许督学以一省之学管，奖掖贤达，救济贫困，而且是从自己的薪俸中割出，这不是博取慕贤之私名，而是救助文化学人的大义公举，你怎么能推辞呢？既然许学宪是非私而为公，我看你就不必坚持自己的气节，欣然地接受吧！”二曲无法，只好受之。这件事传开以后，陕西学界一时哗然，传为美谈。

一年以后，二曲接到许督学的来信，打开一看，不觉拍案击节，喜不胜尽：兰州段容思、秦州周小泉、凤翔张默斋、奉昌张鸡山的祠庙，皆已落竣修成，他们多年的游魂，不但有了安歇之所，也使关学有了一座座丰碑。《吕泾野语录》《冯从吾全集》《实政录》《衡门芹》诸书已呈进朝廷，关学的典籍已引起了朝官的注意。王建常、刘泽博、李因笃、王宏撰、李柏、康乃心等关中学人，经先生之推荐，都与自己结交为友，各抒机宜。各州县广修书院，定学规，招生徒，专务明体适用之学。关学一时云雨，四起风生。

二曲看到了关学振兴的曙光，静坐沉思了很久，给许督学写了回信，信中言及三事：

“关中之学，横渠先生开先，宋、明以来，建有横渠书院，春秋俎豆，以酬功德。万历、天启间，当政以从风教者，尝加葺修。今年久倾圮，仆窃叹息！二程书院在洛阳，朱子书院在建阳，当地官员以时葺修，只有横渠书院旷废已久，无人过问。今天，幸遇许督学执事，特别注重关学的发展，故敢以为请，伏愿量捐以俸，极图修复，明振风猷。想使关学一脉得到传续，这是极为重要的一件事情。

“往岁旅居富平，曾与顾宁人、李天生、王宏撰诸友论学，语及《宋鉴》中记载朱子曾列衔主管华山云台观，宜于此地建祠祭祀，以振关中学风。顾、李、王已与华阴迟明府沟通，但迟迟未动，望执事檄令至县，让地方筹资修建，以积关学之气，了却关中学人心愿。

“表彰历代关学人物，如宋元时眉县的张载，蓝田吕家四兄弟，武功的苏季明，高陵的杨君美、杨恭懿，乾州的杨焕然，华阴的侯师圣，奉元的萧维斗、韩从善，蒲城的侯伯仁；泾阳的程悦古，明代如凤翔的张立夫；咸宁的张大器、李介庵，三原的王恕、王承裕父子及马理，泾阳的吕槐轩，渭南的薛敬之，高陵的吕柟，富平的杨斛山，蓝田的王秦关，岐阳的张心虞，长安的冯从吾，绛州的辛复元等。这些人为关学的传续起了链环的作用，修葺这些人的墓碑和祀祠，让更多的人了解关学，深知关学，从而推动关学的前进和发展。

“听使君要到凤翔督察，明关学重要人物张鸡山的大著《致曲言》《明德集》已失传，望能搜寻，以免断灭。切切。”

许孙荃收到二曲的信，反复看了几遍，想不到一个赤贫的儒者，心思所系的不是自己的生计，而是关学文化的续接和发展，这种担当，这种情怀，使许孙荃感动得流出了一串清泪。他当即唤来吏属，吩咐他们按二曲信上所列历代关学人物，檄令各县，筑墓建祠，征集遗者，寻访后裔，优抚厚待。并指派专人到每县轮番督察催办，一定要使这些关学人物彰显于世，使他们的墓、祠成为地方的圣迹壮景，以此承载关学文化的信息，并释放关学文化的气韵。晚间，他缓步来到亲信王通的宿所，让他赴眉县察看张载祠的倾危情况并作出规划、预算造价，自己好捐俸葺修，以便及时动工。

第二天，许孙荃率几名得力僚属，来到华阴县衙。县令迟维城早在办公处恭候。寒暄坐定后，许孙荃说：“为了振兴关学一脉，关中学人拟在华山云台观修建朱熹的祠堂，以此来带动关中文化的复兴和繁荣。我来亲见明府，是望担起重任，筹资而建，你看如何？”迟维城说：“亭林先生、因笃先生及本邑的宏撰先生，均曾来衙与卑职相商，今学宪大人又为此亲来，卑职也乃文化中人，竭当尽力，以望早日告竣。”两人就相关事宜商量了多时，并亲上云台观看了地址，许孙荃才顺道而归。

一天，二曲接到顾宁人来信："华阴县令迟维城，采纳了各方之言，捐百金薪俸，自己也赠四十金相佐，邑中贤绅巨贾，也各有所捐，在白云观的右边奠基，目下，殿堂、廊房、庑榭、亭阁、围墙、门窗，皆已完制。殿中按先生所言，塑主像于中，牌位名曰'太师徽国朱子神位'。拟给塑像穿林下冠服，今来信乞先生考订指示。"二曲即查阅资料，考证论断。为了详尽和明确，绘图以示，详列说明，速速寄往。

一切完备以后，迟维城县令邀请顾宁人及关中学人于朱熹诞辰之日，到白云观朱子祠聚会。顾炎武、王宏撰、李因笃、王建常、宁维垣、康乃心、惠少灵、李念慈、李大春、宋振麟、孙枝蔚等数十人齐聚。这是关中学人的第二次大聚会，真可谓群贤毕至，彬彬大观。他们簇拥在朱子祠内，赏观巍巍矗立的殿堂、别致新颖的廊坊、巧夺天工的亭榭台阁，觉得庄严壮美。正殿堂中，朱熹的坐像静穆传神，衣彩凝重流丽；两旁及廊上的理学诸家塑像，神态各异，别具风采。迟维城邀众人到前庭的大堂坐定，宣告二曲先生因病未能成行，大家无不唏嘘叹惋，甚觉遗憾。大家相互论谈了很久，让李因笃执笔，给二曲去信，告诉今天的盛况。二曲接到信，即回函李天生："这次未能东行与诸友相会，平生之憾，难以言状。此番朱子祠的落竣，迟明府与许学宪之功大不可没，为关中学术文化之交流，起了一定的作用，望我弟以如椽之笔，歌之颂之。"李因笃即为许孙荃、迟维城写了颂诗，其中为迟维城写的诗《赠华阴迟明府屏万五首》中云：

西京文物蔚相延，华尹风流最少年。
邂逅班荆如夙契，雍容下榻有群贤。
行郊已足三春雨，绕阁长垂十丈莲。

欲起龙门论史术，秦官汉畤互苍然。

诗中赞扬迟维城组织建祠之义举，展望了关学复兴的美好愿景。

许孙荃在渭北巡察了咸阳、兴平、武功、乾县，然后到凤翔多住了几日。他一直记着二曲的叮咛，访到了张鸡山的后裔，看到新修的坟墓，瞻仰了建成的祠堂。又让县宰召集县中学人寻讯望捐，终于找到了张鸡山的《致曲言》《明德集》，急急绕道来周至。当许孙荃把这两本书交给二曲时，两人都如获至宝，喜不胜尽，相互翻看了许久，觉得字字如珠，句句旨要，互有启发，各有激励，彼此嗟叹不已。许孙荃离开时，留下二书，让二曲仔细研究，再商刊印之事。二曲看完，辑其精华，编成《张鸡山先生语要》一书，给许孙荃致信说："凤翔张鸡山先生，是明季理学真儒，深造自得，洞彻大原，与长安冯少墟先生同时倡道，同为远近学者所宗师。使横渠、泾野以后，关学为之一振。学宪亲访，所得鸡山两部大著，仆窃不自量，僭为订正，摘其确切粹者，辑为《张鸡山先生语要》一书，使滴水可以识全海，望公捐俸梓行。公政崇风教，关注理学，行言所至，寤寐名贤，存者亲赴门舍造访交谊，没者起墓修祠以扬其德，表彰以前的贤士，促进后来的学人，使关中之学得到了振兴。百二山河之幸，全赖公之劳顿，区区致书，以抒情谊。"许孙荃接到信后，派人取回手稿，即捐俸刻印梓行，了全众人之美意。

其时陕西多任学宪如钟朗、洪琮、许孙荃等，都与二曲交谊友厚，二曲以此为关学的发展上言建策，竭尽努力。于此之时，或官人捐俸，或贤绅出资，刻制印行了一批关学著述，如《四书反身录》《垩室感录》《司牧宝鉴》《槲叶集》《受祺堂诗集》《受祺堂文集》《汉诗音注》《待庵日札》《西归日札》《易图疏义》《砥斋集》《四书心解》《正学隅见》等数十种，为关学之兴奠定了坚实的基础。许孙荃与二曲上下联手，共同肩负了传续关学命脉的历史责任，在关学低迷时，竭尽全力，使之复苏振兴。同时，两人也结下了深厚的友谊。许孙荃任满告归时，对二曲很是留恋，本打算亲赴周至与二曲话别，然行色匆匆，便赠诗给二曲，以抒胸中之情怀：

煌煌溯关学，有宋首横渠。
异时瞻王吕，人远运未疏。
亦有鸡山子，忾焉世代殊。
夫子欻挺出，蔚为时真儒。
大旨在力行，春华非所需。
胸能破万卷，见不涉方隅。
俯仰濂洛后，渊源信其徒。
痛父死行间，招魂遍榛芜。
母也造违养，追思同厥居。
繄余昨登堂，禁足立户枢。
坐我母氏祠，言言皆讦谟。
识荆快平生，信宿欢有余。
与言瓜期及，旦暮归田庐。
各天从此远，歧路恨何如？
负姿询蹇劣，奚以策顽愚。
数公不可作，公实今楷模。
愿公示周行，庶免悔吝虞。

二曲看罢诗，回想起许孙荃督学陕西以来，为振兴关学所做的桩桩件件之事，心里一阵灼热，一股感激之情不觉涌上心头，几滴热泪竟打在信笺之上。

一天，二曲正在屋里与门人王心敬谈学，忽慎言推开门，说岐山县茹仪凤县令来访。二曲知道，茹仪凤是西安府通判茹珍之子，顺天宛平人，与李柏、李因笃等人交厚，德才并茂，在儒林朋友中很让人敬仰，大家在一起闲谈常提到他的贤能博智。二曲忙迎进屋，王心敬忙端水倒茶。二曲见茹仪凤丰姿秀伟，议论勃发，私下暗道：此人器识过人，将来必成国之梁栋。这天，他们谈政治、谈民生、谈阳明之学、谈程朱之学、谈张载之学，洞悉内外本末之分、动静运常之变。茹仪凤见地过人，让二曲折服叹曰："过去，宋人服欧阳公之才，曾说：'如欧阳修者，何处得来？'而今，如茹明府者，又何处得来？"茹仪凤笑着摆摆手，说："先生过誉，先生过誉。"说着二曲拿出《四书反身录》相赠，并将《垩室感录》手稿交给茹仪凤过目。茹仪凤带着二曲的这两本书，依依惜别而去。回去没有多久，即来信曰："先生所著《垩室感录》，其孝可动天地而泣鬼神，观者莫不唏嘘坠泪，扼腕太息，触及良心。除敬爱之实，无不勃然而动容者。如刊布斯世，人皆兴感而化风俗。于是，我将刻制梓行，特告知。"后来，郃州的王吉相为之作序推介，此书风行天下。

接替许孙荃任陕西督学的高嵩侣，山东武进人，进士出身。他高大魁梧，性格爽朗，乌发美髯，明睛隆鼻，且才学满腹，很具担当。康熙三十年（1691）三月十五日，他与二曲的挚友司寇郑重，一同来周至谒访二曲先生。当时，二曲正与门人王心敬推敲修订《二曲集》的一些遗留事宜，满桌摆放着稿件。见到先生，高嵩侣深深施礼，二曲忙回礼安坐。郑重和先生自江南一别，虽书信往来不断，但也是多年没有见面，相拥互泣，不能自已。这天，垩室中四人相围，就关学在宋、元、金、明各代的著名人物，一一进行了研讨和梳理。高嵩侣说："我愿步前任许公之尘，为关学的传续做点事情。今见先生的文集已编成，愿捐俸刻印，以广天下，使先生的学说思想泽润万民，也算尽职尽责。”郑重说：“学使大义风教，我岂敢落后？愿与高公一同捐俸梓行先生之文。于公，传续了关学文化；于私，也尽了友人之谊。”王心敬说：“两公美意，乃天地之大功，我这就整好成编，让学使大人带回，好安排刻版梓印。”二曲说：“拙作不过是讲学论说之汇语，哪敢让学使和郑公破费？于心很是不忍！”高嵩侣说：“这本是学使之责，先生就不要自疚，我等将尽快梓行，以保先生之文成册问世。”他们又谈了好久，高学使和郑司寇才起身告辞。王心敬把《二曲集》的稿件用布包好，双手递给高嵩侣，才站在一旁恭送。

送走了两位客人，王心敬和二曲商量，即给河南的刘宗泗、山西的范彪西去信，谈及印制《二曲集》一事，让他们尽快作序，速速寄来，以便于书前增色。

三十九 谊播华夏

山西洪洞县学人范鄗鼎，字彪西。少时，家极贫，每天只能进一餐之食，然苦学不辍。父早逝，范彪西对母亲极其孝敬，不入城市，不谒官府，士林学人都敬呼他“娄山夫子”。顺治十八年（1661）中举人，康熙六年（1667）中进士，做过两任县宰。康熙十三年（1674）辞官归养老母，师法圣贤，杜门著书。康熙二十八年（1689）夏天，范彪西不远千里，派专人将自己新刊的数种书籍，送给二曲，以望求证。二曲一一拜读，细加点评，书中可商之处，皆一一列出，与之商酌。范彪西看后，仔细推敲，认为二曲之议有些也在理，即来信致谢，表示日后修正时厘正。从此，二人开始书信论学，情谊日深，之后两人都产生了造访相见之意。

接到二曲来信，言及为所编文集作序一事，范彪西不觉神情激荡，欣然应命。即取出往日所集二曲著述，仔细再读，草成一序，决定亲赴周至，当面递交，也了却往日向慕研学之情。

范彪西出太行，过黄河，越华岳，览长安，顺道西行，历十日方到周至。两个老人相见，竞发童心，互捶一拳，紧相拥抱，都高兴得流下热泪。二曲邀范彪西到垩室，两人炕上对坐，开始天南海北地叙谈。说程氏兄弟的标新立异、说张载的仁体普惠，说周敦颐的宇宙生成，说邵雍的玄机奥妙，说朱熹的独思总揽……把古今理学人物一一叙述，真是痛快至极。这晚，范彪西说："时下，程朱、陆王两个学派炽烈相争，望先生说说自己的见解。"二曲说："学书论争是推进学术进步发展的必然一环，然论争不能只是攻对方之错，而是要汲取对方的营养。可有门户之争，但不应有门户之偏见。采纳对方的长处，摒弃对方的短处，以便使自己的学说完美尽全，才是论争的目的。河北的孙奇逢先生，卓然远见，独具慧眼，超出门户之争，海纳诸家之言，而卓然独立，称道一方，是为典范。我的学说思想，也是兼采众长。先生的大著，也远采他人，所论自有高明之处，然文中似有偏执之见，敢请教先生吗？"范彪西说："我对学术论争的认识是站得低了点，书中确有偏执之处，然这都是我深思熟虑后的见解，待我回去后，推敲推敲再与您辩。"两人又就程朱、陆王的相争谈论了很久，范彪西突然问："听说先生曾著《儒鉴》一书，能否一阅？"二曲说："士既业儒，则儒不可以无鉴。镜以照面，则面之净垢见；鉴以观儒，则儒之得失见。见净垢，斯知去垢以求净；见得失，斯知舍失以求得。古今著述虽多，却少儒鉴，儒惟无鉴，以故业儒者无所惩劝。学术不明，人才不兴，就是因为这个原因。早岁，仆不自量，上自孔、曾、思、孟，下至汉、隋、唐、宋、元、明诸儒，以及事功、节义、经术、文艺，分门别类，淑慝并揭，勒为儒鉴一书，而细评之。使戴儒冠穿儒服者，因观兴感，知所抉择。然早创尚未就绪，中遭离乱，原稿尽成乌有。二十年来，贫病相仍，精力不济，续写之念竟为灰飞。"范彪西听后甚觉遗憾，不觉为二曲叹惋！

两人相聚了五日，范彪西告归。二曲虽步履艰难，还是把挚友送到终南镇，范彪西再三劝阻，两人才执手惜别。二曲对同去送行的慎言说："你把你叔送到黄河岸边，看着上了船，再回来。"范彪西千般阻挡，但总执拗不过，只好如二曲言。

二曲于同蒲、江南讲学以后，两地学人如张敦庵、王化泰、李逸史、陆孝标、吴野翁、吴濬长、杨雪臣等与二曲书信往来不断，或问学，或致安，或闲叙，虽相隔两地，然思念之情与日俱增。这些人大都年倍于二曲，然折节问学，雅意甚笃。他们多先二曲而去，二曲或为他们立传，或为他们撰写碑文，以尽生者思念之情，以记友人不忘之意。

秦灯岩是宋时大词人秦观的后裔，二曲于梁溪讲学时，与之结为至交，几十年间，时愈长而情愈浓，路虽远而心更近。一天，二曲接到秦灯岩的来信，展读之后，大为动心，即寄信回复。信中曰：

> 与君一晤而针芥相投，形亲神就，喜慰无涯。分袂以来，身虽在陕，而心则系灯岩是思。大道无穷，灯岩竟之；圣学忌杂，灯岩纯之。担当世道，主持名教，非灯岩其谁也？

秦灯岩一心向道，发愤读书，已刻刊著述数种，在江南传播。他寄送给二曲，希望二曲评点。二曲读罢，甚觉贴切，即回信。信中曰：

> 别来五载，梦魂之间，未尝不晤，依稀盘桓东林景象。灯岩所著明道澄心，意韵高远，见地超卓，仆甚钦

服。于是逢人说项，常为推介。然聚首无期，怅惘殊深。仆本物外野夫，久已绝意世故，近因有感，百念愈灰，不下床，不见客，枯槁寂寞，已同死人矣！而耿耿一念不能自已者，唯灯岩是思。

不久，秦灯岩来信，叙说无锡贤绅大学为表彰地方先贤，欲修一座祀祭大殿，将先贤各人塑像其间，供后人瞻仰，砥砺风俗，标范后学。秦灯岩领衔主管，列好名单，请二曲先生赐教。二曲看了来信，深有所感，复信指出：为地方的名宦、学人、贤士建祠作祭，让他们济济盈庭，固为盛事。但谁能入祠，谁不能入祠，得有个标准。首先要用气节为尺。若身事二姓，便是气节有亏。第二要以忠奸为尺。谋国、谋民，谏言纠错，上策进略，不惜自我者，方为大忠，可入祠飨祭；谋家、谋身，进谗诬陷，设套害贤，舍公而全我者，方为大奸，就不能让他们入祠。第三要以贪廉为尺。贪者害民、虐民、暴民，使得民不聊生；廉者惜民、爱民、护民，民人可安居乐业。这二者水火不容，选人入祠，要慎之又慎，考虑周全。

西蜀射洪县大儒杨甲仁，字乃所，号愧菴，其祖父杨禾深通五经，被授为阆中教授；父亲杨嗣龙，出任南京刑部主事。杨甲仁少时颖悟绝伦，听师授经即晓大义。平时端坐默然，不与群儿戏耍。成年以后，深通五经之要旨，旁及诸子百家，而且对释、道之经典，皆有研览。顺治初年，流寇方炽，兵火处处，杨甲仁随家人流离逃亡，然途中未尝一日废学。年十八，闻楚南有当代硕儒刘丽虚、杨耻庵二人，便徒步千里往见拜师。到了楚地，不巧杨耻庵出外游学，未能一见。遂至荆南拜读于刘丽虚门下。相从了十余日，顿悟道体不离人心，本体即是功夫，功夫不外本体，为学主要靠自我钻研、领悟和生发。于是，向老师告辞，回到射洪，于金华山中办塾授生，从游者成群结伴，常数百人于门下就学。一时名传海内，人皆敬仰。

对此，二曲早有闻说，但不知就里，直到康熙二十三年（1684），杨甲仁介绍他的两个学生傅良辰、张子达到周至拜二曲为师。二曲于两人处详细了解了杨甲仁的学说后，便产生了强烈的仰慕之情，时而向往，盼能一会。康熙二十六年（1687），二曲的至交好友周星公任四川督学，二曲即去信举荐杨甲仁。周星公接到二曲的来信，即去射洪县拜会了杨甲仁，并具文向朝廷作了荐举，也于各县行文，以彰其学。

康熙三十二年（1693）四月，吏部下文，召杨甲仁赴京，参加明经选试。当时，全国各地的名人学士，近百人荟集京师。考试结束，杨甲仁被选为中书。天下精英相聚，免不了一番论讨。杨甲仁面对高学群英，独自阐发性命学说之旨要，告诉大家："人当顶天立地，做个圣贤出世。甲仁此行，不专为中书而来，实欲以平生所学，质之天下同志者。"众叩其学与所师，皆一一讲论，闻者莫不叹服。

然而朝官的荣耀、京城的繁华，无法羁留重视实修实证的杨甲仁，他多番请告吏部，欲返乡以讲授为业。吏部见甲仁去意已决，无法挽留，只好应允。杨甲仁别友人，出京师，过太行，观龙门壶口；走河津，谒拜薛文清的祭祠；过蒲坂雷首，瞻仰伯夷、叔齐的高风；寻访关西夫子的四知台；经华阴，游太华；至张超谷，问陈希夷的卧隐之处。一路慷慨怀古，人们竟不知他是西蜀大儒杨甲仁。进入长安，谒拜了横渠先生的遗像，观看了冯少墟讲学的关中书院，便专意直奔周至，拜访他向往已久的李中孚先生。

这年九月二十四日，杨甲仁到了周至，当晚住在县府的馆舍里，第二天才到贞贤里。见到二曲先生，甲仁先行了相见礼，二曲愕然相对，不知是谁。杨甲仁笑着说："我是西蜀的杨甲仁，今特来拜会先生。”二曲一听是杨甲仁，忙请进屋里，紧握甲仁的手说：“不肖某仰慕先生已十一年了，今先生不嫌余卑微，亲临陋屋，实出望外。”杨甲仁说：“先生名布四海，余早生聚会之意，然路远难行，固拖至今日。”二曲说：“不肖某为虚名所累，学鲜少得，空度岁月，真乃千古之大罪人。”待甲仁坐定，慎言斟好茶水，二曲亲自捧上，并说：“不肖某只可闻名，不可眼见。今先生来与不肖某相见，某益生惭愧。”杨甲仁说：“先生明体树德，适用见实，所论至细至密，续圣贤之学，立生民之命，论治国之略，精微所到，实实难尽。先生体悟到这般田地，还自觉愧对，其谦逊之态，实令我辈仰之、敬之。”二曲说：“先生之言，不肖某实担当不起。”

杨甲仁的思想根基是阳明之学，二曲之学乃阳明、程朱学说的融会生发。两人在学术思想上相互契合，体悟甚深。于是，乍一相见，即有相知莫逆之感，对坐论学，昼夜相继。谈到深情处，二曲拍案称道：“诚然，非四川愧菴先生说不到这里，非关中李中孚信不到这里。”当然，两人的观点也不完全一致，在论学中互持己见，论辩得相当激烈。然二人心里暗暗高兴，认为论学要的就是这个气氛。二人都认为今天的相会论学，就同朱熹与陆九渊在白鹿聚会时辩说一样，友谊长在，而学不让人。二曲不觉兴奋地脱口而出：“白鹿之会，朱文公说：‘自有天地以来，有此溪山，无此嘉客。’吾自有此土室以来，也没有像甲仁这样的嘉宾！”说罢二人都仰头大笑，很是惬意。

谈学期间，二曲招来得意门人王心敬，王心敬向杨甲仁行过礼后，便坐在一旁静听。这天，他们谈的范围很广，也探讨得很深，彼此领悟了对方胸中知识的广度和深度，直到午夜时分。王心敬劝两位老人休息，明日再论。二曲才感慨地说：“今夜之谈，漫无天际，好像建阳也没有朱晦庵，青田也没有陆子静，姚江也没有王伯安，射洪也没有杨愧菴，周至也没有李中孚。”杨甲仁说：“我们论学，是忘我忘人，像在江河中击水，实在是个痛快。”

二曲和杨甲仁好像都才找到了知音，流连论学了八天，杨甲仁才欣然告归。二曲和王心敬把先生送得很远很远。临别时，二曲握着杨甲仁的手说：“不肖某年来寤想愧菴，实不料愧菴今秋来访，真乃老来一大快事，不肖某实在是喜不胜尽。”杨甲仁说：“未来周至，先生之躯，老在我胸中立站；今我回射洪，先生便永远在射洪了。”二曲说：“中孚虽没去射洪，愧菴却也就永在周至了。”临别，二曲把一封信交给杨甲仁，并说：“宝鸡有我的门人李修，他会向你请益，并照顾你的行居。你按地址找他就是了。”

晚间，杨甲仁宿居眉县，打开二曲的信，见上面写道：“今西蜀杨愧菴先生远来赐顾，喜出望外，切砥累日，受益实宏。世儒之学，由口耳闻见而入，支离葛藤，求诸外；先生之学，由性灵神化而入，直捷简易，得诸其中。兹由贵邑进栈，路过你庄，机不可失，吾汝钦当竭诚请益。程伊川先生曰：‘逢君一夜话，胜读十年书。’快活如也。先生行居望多关照，切切。”杨甲仁读罢，不觉叹道：“李中孚啊李中孚，难怪天下人对你如此向学挚友，真儒者君子也！”

四十 气薄云天

古时，仆之事主，多以主人的富贵盛衰决定自己的去留，清晨俯首而日夕远去者，比比皆是。李喜是二曲的仆人，自顺治五年（1648）逃难到周至，经乡约朱旭阳引见，被二曲家收留。自此，无论二曲是何等的贫困，遭遇到何种危难，李喜始终不离不弃，辛勤劳作，栉风沐雨，为二曲一家人的生活竭尽职守。卑者高义，二曲有情，将他视为自己的兄弟，与家人同冷暖，共饥寒。康熙三十八年（1699），李喜因时疫病故，几十年的主仆之情一时迸发，二曲抚尸恸哭，难以自已。二曲家境虽穷，但衣衾棺木，凡附身者，巨细皆备。葬日出户，二曲率二子一孙，扶柩泣送，躬看下葬，起土成墓，才焚纸大哭而归。

惠思诚是周至与二曲最为深厚的至交，晚年，他受病魔缠绕，二曲挂念关怀，时遣医送药，并派其子慎言于榻前侍候。惠思诚临危之时，留书给二曲："诸事皆已了脱，唯难释遗者，弟去后吾兄再无一人谈心，为可伤耳！生死交情，言尽于斯。”二曲看罢，不觉潸然泪下，自语道：“吾两人心孚意契，情同骨肉，四十年心交，一旦诀别，地下人间，从此永隔。自今以往，余有面安向，有舌安施？怅怅前途，何以终老？从此吾将陷悲苦之中。”生死不渝之情，跃然纸上，感人肺腑。

顾炎武去世，李因笃转告二曲，二曲大悲恸哭，几度昏厥，即回信相商如何追思纪念。李因笃相告将与王宏撰共同编订顾炎武遗诗。二曲即给门人康乃心去信，让其与李、王联系，参与顾炎武遗诗的编订，以寄对先生的哀思。

李因笃突然中风瘫痪，语言蹇涩，行路须杖。二曲闻知，即从周至世代名医龚家庄魏先生处求得单方，去信寄往，希按方疗治，以盼康复。后闻病有好转，二曲高兴得击节拍案，欢喜若狂。康熙三十一年（1692），李因笃的儿子李渭来信，说他父亲十一月二十日归山。二曲竟日不食，只是独坐流泪。想到寓居富平时，受到田老孺人及李因笃兄弟的恩遇，一桩桩一件件都浮在眼前，不觉悲苦号啕，其哀伤之情难以为记。

康熙三十七年（1698），李柏已是六十九岁的老人，受耀州刺史李穆菴之延请，到孙真人洞为其子授课。二曲闻知，即去信劝阻，然李柏为情义所累，不便推托，只好应聘前往。没想到未满一年，便一病不起。李穆菴刺史派人把李柏送回眉县，虽名医临床，精心疗治，然药无回天之力，李柏于康熙三十九年（1700）七月二十四日寿终正寝。李柏患病期间，二曲曾多次让儿子慎言于榻前探视。李柏去世，看到李柏儿子报来的丧函，二曲不觉泪如雨注。想到五十年前，李柏与自己在沙河东村相识，自此，或对坐论学，或书信致问，各坦胸怀，互亮肝胆，是多么的痛快惬爽。“今吾弟远行不归，我胸中之言、之情，将诉于何人？”二曲悲从心来，抓胸顿脚，竟几天不吃不喝。心情平复后，令儿子慎言即赴眉县，协助操办李柏的丧事，直到安埋下穴，才可告归。

康熙四十年（1701）隆冬，二曲接到王宏撰的来信，说：“余已年过八旬，很想念往日挚友。回顾那年与先生在隐逸山庄的相聚、在频阳的论学，常常夜不能寐。待明春天气回暖，将就道西向，拜会先生。”二曲即回信：“宁人、天生、雪木诸友，皆归道山。余对吾兄之思，如久雨之盼红日、暗夜之盼明月，也很想东向一会。然吾兄与弟皆年已高迈，静居安坐，乃为保身之策；西来相聚一念，实望吾兄慎酌。”万没想到第二年初春，王宏撰的儿子王宜辅、王宜辑联名给二曲报来了父亲去世的噩耗。此番，二曲已欲哭无泪，把来信紧贴胸口，呆呆地坐在垩室，关好门，像一头受伤的雄狮，静静地舔舐着自己的伤口，居然两天之内，一句话也没说。这个注重友谊的老人，心中该是多么痛苦！

清王朝的统治已过了半个世纪，当年的明遗民群体已风消云散，有的经不起高官厚禄的诱惑而投入了清廷的怀抱，有的受不了贫困的煎熬做了清衙门的幕僚。那些坚守士人气节的伟男赤子，也大都云归道山，拂袖而去。孙奇逢走了，王夫之走了，黄宗羲走了，顾炎武走了，傅山走了，偌大的神州，一片空旷。近友远朋，一个个辞世而去，二曲承受着一种可怕的孤独。内心的寂寞和无奈，时时咬噬着他的灵魂，他心中的苦闷无人可倾吐，无处可发泄。他只能憋闷在垩室的土屋，做一个哲人最后的思考。

康熙四十二年（1703），圣驾西巡，先南下来到山西，于太原行宫召见了山西著名的大儒范彪西。范彪西早年为官，后隐居乡间，是二曲先生的挚友。受诏时，向康熙进呈了所著书籍数种，康熙皇帝喜其德品，为他赐写了“山林云鹤”四字相赠。

陕西总督华显、巡抚鄂海、布政司鄂洛，皆远赴山西迎驾。康熙于行宫中召见，并询问周至李二曲先生的起居。且正告他们，到陕西后，一定要召见先生，望早做准备。总督华显于太原即给二曲先生致信，其书云：

振兴后学，不但三秦士类共藉钧陶，亦且四海儒缨，群归翼励。方今圣明在御，实稽古以崇文。当兹翠节巡方，咸瞻云而就日，敬敷寸牍，恭迓高轩。惟望文旆遥临，慰渴忱于三载；蒲轮夙驾，传盛事于千秋。临启谒圣，瞻依翘足之至。

书罢，又给周至县令张芳写了手札：

中孚李老先生，道学儒宗，素心景企。今圣驾西巡，是千古盛事，凡在臣子，俱且瞻依。矧老先生累承圣问，且已有旨召对，故特修小启，请先生至省，知召对时，自有阐扬。特旨该县竭诚躬自敦请，应备礼仪。即代具缮柬、车骑随从资费，该县支应开报。务必恳其惠然前来，仍将启请日期速复。

同时，陕西布政司鄂洛也为周至县署写了信函，书曰：

移为公务事，仰县官吏，即将发来督宪与该县谕札，及请中孚先生名帖启书，该县即备丰厚聘礼，踵庐敦请，希即赴青门，以备皇上顾问。毋得迟缓。

为了进一步引起县署的重视，鄂洛又给县令张芳写了手帖：

此系制台亲札，该县须亲自敦请，务求先生来行辕接驾。先生隐居多年，淡薄自甘，恐衣服、轿马、盘费艰难。该县当一一细心料理，可令当家人服侍。至于衣服轿马费值，该县开明数目，赴司支领。仍将起程日期具文呈报，毋误。

当时，周至县令张芳正与关中诸县宰在临潼做皇帝入陕的准备工作，驿站飞马送来四封加急，张县令即星夜赶回周至，唤来县丞、县尉、教谕诸僚属，把四封书信让他们一一看过，然后做了安排，领着下属，携厚礼来到二曲门首。

其时，天刚大亮，二曲一家已起床洒扫，忽然见县令领着一群人到来，而且车马大轿俱备，很是诧异和不安。张芳是康熙三十九年（1700）出任周至县令，常到二曲处谒拜问学，两人建有很深的情谊。他让众人先在院子里等候，自己独自进入二曲的居室。见二曲和儿子慎言正在炕上安坐，张芳便把总督华显给二曲的信递上。二曲打开一看，不觉大惊，额头突然渗出了密密麻麻的汗水，心想："此番不慎，今生休矣！死后将以何面叩见诸友？又以何面目视对天下？"立即以病坚辞。张芳深知二曲的气节，一方面尽县令之职敦请，一方面给二曲递话说："康熙皇帝到了山西，便询问先生的起居，来西安后一定要召见先生。总督大人的这封信函，是从太原发来，看来皇上和朝廷非常认真和重视。先生若能去西安，一切费用由县署支付，我们这就出发；如果先生因病不能涉远进城，理当具文恳辞。"二曲忙给慎言说："请与明府商议，速快具文坚辞。"慎言给张县令说："我这就去具文，请明府稍候。"

二曲僵卧床上，张芳到院里给僚属通报情况。慎言伏案写道：

敝邑张令奉大宗师琅函，兼以隆币安车，亲诣草舍，敦致宪台下士盛心，此诚千古仅见。但言父年已七十有七，自秋卧病，至今不能动履，一息奄奄，后事已为早备，此张令素所深知而目击者。言父子身处太和化雨之中，兼被仁人君子之泽，倘稍可扶持前来，何敢推托，自讨欺诳之罪？接到锦缄，言即恭展捧读，而言父昏愦中亦能省谕。言感激涕零，东向百拜，敬铭霄谊。言理宜奔赴辕门叩谢，实因言父病至危笃，刻不能离。大宗师天下至仁，必能格外原谅。然私下窃念，言父一介微末，何能受此殊恩，故举家感泣，惟有仰天焚祝于生生世世而已。谨此叩禀，并候宪安。临禀不胜惶悚之至。

张县令拿上慎言所写的禀帖，直赴省城回复。

还没等张县令回到省城复命，驿盐道金世杨又接总督之令，让赴周至催二曲起程。金世杨率领两学的官员赶到周至，张县令却去了省城。金世杨便率省府和县署的官员，亲到二曲榻前延请并视看二曲之疾。二曲闭目僵卧，金世杨亲切地说：“圣上于本月初十日入关，首先要召见先生以资政问策。总督已让张县令告知先生，又让本官郑重延请先生。先生乃哲人智者，必不会附却圣望，定会带病面君。”二曲始终不为所动，金世杨即令二曲全家人准备先生起程之需，并让来官轮番劝慰，以望先生起程。

十一月十四日，县令张芳在临潼又接到总督的手札，让其赶快回县，接二曲到省城。圣上马上就要进省，真是急若星火。张芳回县，领两学两衙的官员，又到二曲病榻前延请。张芳说：“圣上十五日进省，先生须明日到总督衙门候召，这事万不能缓。圣上再三垂问，不要让人说先生傲慢，给人留下话柄。”二曲还是闭目僵卧，一言不发。张芳一看无法让二曲进城，便带着慎言，与同来周至的省府大员，骑上驿站的快马，星夜赶到省城复命。见到制台和抚军，备陈二曲因疾病实不能动身见圣。制台和抚军让他们在官署暂宿，等候皇上的传唤。

康熙来到西安，总督华显、巡抚鄂海等官员陪同，游了大雁塔、小雁塔、兴善寺。又到藏传佛教广仁寺理佛，应寺僧之邀，题写了寺名额匾。十九日，听华显、鄂海等回奏陕西政务。他们还未开口，康熙先询问二曲先生到了省城没有。华显、鄂海长跪进言："先生年老病危，卧床日久，实难动履，故负圣意，臣等有罪。"康熙沉思了片刻，很大度地说："高年有病，不必相强。"晚上，康熙与华显、鄂海等人闲话。康熙说："李二曲先生，几次以死拒征，今又以病为托，这种志士乃是天下之骨魂，朕甚敬佩。"让人取来笔墨纸张，赐写了"操志高洁"四字，又当场赋了一首诗，让装裱后派员送给二曲先生，并诏令要把事情办得隆重。

十一月二十一日，巡抚鄂海领着慎言到行宫向皇帝谢恩，张芳县令捧着《二曲集》《四书反身录》跪在左边。慎言长跪奏曰："臣父山野迂士，累蒙圣上征聘，臣父每恨身患痼疾，不能一睹天颜。幸今圣驾临陕，咫尺称舆，何况又累旨垂问，不能匍匐行宫，愧恨何极，特使臣代叩天恩。臣父平生所著，本无多书，然贫不能尽刊，今挚友门生所梓成者，仅《四书反身录》《二曲集》二书，仅此上呈圣览。"

康熙问道："尔父何病，今年几何？"

慎言对曰："臣父早失父教，臣祖母彭氏苦苦抚养。臣父少即喜读书，奈以生理艰难，养亲为学，百倍辛苦。以此积劳成疾，年未五十，即以羸疾时卧床褥。今年七十有七，年老气衰，疾病愈深，动履为难。"

康熙又问："尔父平生所读，皆属何书？"

慎言答道："臣父少无师承，百家之言，浪漫涉猎。及后稍知圣学路途，则一归于圣经贤传，不复泛滥博观。晚年，非六经、四子和性理、通鉴及诸儒语录，不轻入目。其教门生子弟，亦唯以此书相劝勉。”

康熙说：“尔父读书守志，可谓完节。朕有亲题匾额并手书诗幅，命该督抚送入尔家，以旌尔父之志。尔回去可好生侍养尔父，朕回京当更有旨也。”于是，慎言和张县令谢恩而出。所进之书，皇上捧手一再翻阅，随即发给南书房所随学士，让他们仔细阅读，看毕回奏。

学士们轮番看完以后，上书奏曰：

> 付蒙圣上下发李颙所著《四书反身录》《二曲集》二书，臣等遵旨阅看。其《反身录》一书，皆发明四书之理，真堪羽翼《朱注》，有功于圣贤之学。盍其书大旨，欲人明体适用，反身实践；人人能反身实践，则人人皆可为君子，世世可跻于唐虞。此书流行，有裨于圣治不浅。《二曲集》一书，乃平日讲学语录及所著文字，亦皆淳正昌明，不愧儒者。臣等学问疏陋，向知有是书，从未细读，今谬呈管见，伏候睿裁。

十一月二十三日，圣上东向回京，慎言随队送驾，目睹圣颜光霁，温纶霭霭。心想父亲以病推托，全志守节，圣上明知就里，不但不兴师问罪，还旌彰为范，其大度圣明，实千古仅见。

到了临潼，停驾少歇，康熙皇帝又想起了二曲，西巡未见先生一面甚感遗憾，特传周至县令张芳到驾前，又询问先生的体征貌相，及家计子孙情况，张县令一一对答，康熙才释然起驾而去。其恋念二曲先生之心，实令人欣慰敬然。

总督华显、巡抚鄂海，遵照皇帝的诏令，将御书匾额精装镀金，画裱如式，红绸罩掩。特差西安知府亲往护送，又命县令张芳偕属远接，并应旌旗列队，鼓乐相随。这天，周至县城像过节一样，万人空巷，都随队来到贞贤里村的二曲门首。知府与县令共揭红绸，起乐悬匾。慎言、慎行及家人长跪致谢。事毕，知府和县令到二曲病榻前祝贺告别，二曲点头示意，始终未发一言。

二曲一生被三次征召，都以疾病坚辞，以崇高的士人气节，做出了难能可贵的人生抉择，引起了强烈的社会震动。此次康熙西巡，很想见先生一面，然二曲拒不为动，康熙只好妥协。最后，一个题匾，一个赠书，使二曲成全了名节，也彰显了朝廷的大度。如此，二曲成了明末遗民中坚守到最后的一位士人。

这件事过后，二曲也长松了一口气，正想静养休息，却接到华阴县教谕李夔龙的来信，信中叙述了重修华山云台观朱子祠的原因及重修的规模盛况，恳请二曲先生写一篇铭文，上碑刻制，以志不忘。二曲想到二十年前许学宪、迟县令及挚友顾炎武和关中诸学人在云台观创建朱子祠的情况，而今他们或远去他方，或归作天人，今又重修，不觉悲喜交加，不顾年老体弱，欣然应命，草成《重修云台观朱子祠记》一文。

这几年，慎言、慎行作务着几十亩庄稼，虽说天道不顺，但一年两料收成下来，一家人的吃喝没了问题。康熙四十三年（1704）腊月，家里杀了头自养的大猪，二十余口家眷，过了一个愉快祥和的春节。康熙四十四年（1705）正月二十五，二曲七十八岁生日，全家人围在一起吃了顿长寿面。二曲这天高兴，多喝了几杯水酒。门人们都来信致问，约定八十岁给老师庆贺待客。然万万没想到，生日过后，二曲的身体一天不如一天。慎言、慎行忙请医生疗治，淑珍和两房儿媳轮流守护在旁，侍候二曲的起居吃喝。一月以后，病情不见好转。这天，二曲把全家人叫到跟前，说：“我大限已到。从今天起，你们也就不要去请医生了，我也停止喝药。”家人听罢，都跪地痛哭，说：“医生还是要请，您也要按时吃药。”二曲摆摆手说：“这一切都已无用。”说着，让慎言、慎行和几个孙儿紧靠他坐定。然后，很严肃地说，“你们以后读书，只读五经、四书、性鉴、衍义等修身明体的有益之书，一切离经叛道邪秽不正之书，千万不可读；交人要交那些德业相劝、过失相规的良友，切不可乱交那些缁流羽士、游客营丁及异端左道、偏颇不正之人；平日说话行事，要符合纲常伦理规范，话要说得在理，事要做得磊落端正；不可出入公门，常怀善念助人之心；立身行己，以《小学》为金镜；惜寸阴，戒佚游，坚其志，强其骨，务思自树自立；宁孤立无助，不可苟同流俗；宁饥寒是甘，不可向人求怜。爱国赴命，以礼自律，则德成品立，不愧须眉。”儿孙们跪地流泪，都说记下了。杨双山坐在床侧，二曲很吃力地握住他的手说：“明体适用之学，就靠你辈践行。”杨双山眼睛里流出泪水，向老师点头示意。这时，二曲再看了一眼家人和杨双山，便闭目端坐，汤水不咽。慎言、慎行要扶父亲平卧在炕头，母亲淑珍流着泪说：“你爹是要坐化而亡，我们不可违背他的意愿。”两天以后，二曲走完了他苦难辉煌的人生。这一天，是康熙四十四年（1705）四月十五日。

听到二曲先生去世的噩耗，王心敬从户县来了，李修从宝鸡来了，党克材从同州来了，杨尧阶兄弟从洛南来了，文佩、郭一之、张五敷、李现慧从甘肃平凉府的泾州来了，远近门人数百人前来吊唁。周至县府、西安知府、陕西督抚衙门都派专人送来挽幛挽联，于二曲灵前焚香悼念。县内的乡绅学人商贾及村社的民人乡党，前来吊唁者络绎不绝。安埋的那天，近千人为二曲送葬。棺柩入穴，乡人已起土成墓，众人大都散去，数百门人还围在墓前不忍离去。杨双山趴在墓前痛哭，众人劝了多时，他才止了哭声。回家告别了师母淑珍和师兄慎言、慎行，杨双山回到阔别五年的家乡。

二曲去世后，其通家兄弟刘宗泗为他撰写《墓表》和《铭文》。其《铭文》曰：

> 圣远言湮，谁明斯道？濂洛授受，阐微抉奥。
> 朱陆继生，各倡世教。下迨王薛，亦从所好。
> 尊闻行知，派别川导。嗟我二曲，崛起西方。
> 融会贯通，参考衡量。苟裨人心，何言不藏。
> 苟利世道，何方不良。一默不昧，作圣津梁。
> 炯炯惺惺，勿使心盲。曰维百行，曰维五常。
> 式履式践，尼父皇王。江西新安，关中姚江。
> 纷纷聚讼，徒事猖狂。操存益固，涵养益精。
> 积厚流光，名彻帝廷。圣眷有德，征召频仍。
> 坚不可屈，高不可凌。清介绝俗，圣世逸氓。
> 忆昔在襄，相从日久。悯世忧俗，痛心疾首。
> 盛德大业，共期不朽。缅怀泰岱，益惭培塿。
> 山水之曲，巍巍斯碣。知德君子，群仰前哲。

二曲入室弟子王心敬，撰写了《祭二曲夫子文》。著名学者全祖望写了《二曲先生窆石文》，其中有语曰：

> 先生起自孤根，上接关学六百年之统，寒饿清苦之中，守道愈严，而耿光四出，无所凭藉，拔地倚天，尤为莫及。

《关学续编》《儒林外传》《留溪外传》《鹤征录》《小腆纪传》《己未词科录》《道学渊源录》《国朝学案小识》《国史儒林本传》《清代七百名人传》《国朝先正事略》等多种文献典籍，都记载了二曲的生平和思想。

二曲虽已作古归天，但他的士人气节不朽，学说思想不朽，品德人格不朽，奋斗精神不朽。他还像一位巨人，巍然屹立在周山至水之间，散发着化俗淳正的清香，四射着修人倡道的光芒，激励着人们在经国治世的道路上披荆斩棘，为实现理想的社会，勇往直前，奋斗不息。